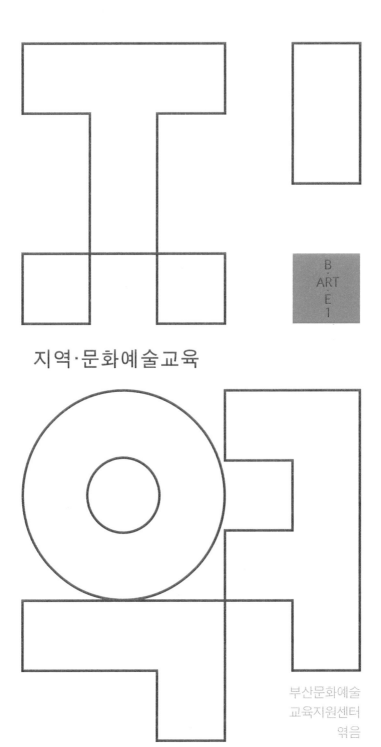

B·
ART·
E
1

지역·문화예술교육

부산문화예술
교육지원센터
엮음

B·ART·E 1

지역·문화예술교육

부산문화예술
교육지원센터
엮음

부산문화재단

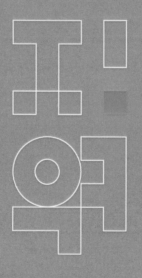

프롤로그

문화예술교육 지역을 꽃피우다.

지역과 나는 어떻게 연결되어 있는가? 지역에서 우리는 어떻게 문화예술교육을 펼쳐야 하는가? 이러한 물음은 지역과 인간의 관계성에 대한 인식이 우리 삶에 필수적이라는 필요성에서 출발한다. 개인의 정체성은 내가 살고 있는 국가, 지역, 마을에 뿌리를 둘 수밖에 없다. 개인은 지역을 근거로 사람들과 관계를 맺고 자신의 존재감을 드러내며 성장하고 정서적 연대감을 가지기 마련인데 지역의 개념이 모호하다 보니 그 범위를 한정하기가 어렵기도 하다.

문화예술교육이 정책적으로 본격 추진된 이래 지역은 지리적 경계에 바탕을 둔 공간적 범위를 넘어 사회적 상호작용에 바탕을 둔 지역 공동체로 그 역할을 확장하고 있다. 2005년 지자체 협력 사회문화예술교육으로 시작된 지역 기반 문화예술교육은 2012년 지역특성화 문화예술교육 지원사업으로 변화하면서 현재는 지역민들의 삶과 일상에 스며들어 소소한 행복을 선물하고 지역사회의 다양한 문제를 풀어나가는 실천적 역할을 담당하고 있다.

총서 2권에 지역을 담기로 한 것은 지역 관련 다양한 사업의 중첩으로 예술가교사, 기획자들에게 지역특성화 문화예술교육 지원사업이 대상과 장소, 프로그램을 설계하기가 점점 어려워지고, 도시재생이 곳곳에서 유행처럼 펼쳐지면서 지역의 공간과 사람, 역사, 이야기를 이어주는 과정에 제대로 된 문화예술교육이 더욱 필요해졌기 때문이다.

1부에는 6편의 글을 담았다. 지역을 이해하기 위한 접근방법과 지역문화예술교육의 가치를 다루는 담론 이순욱, 부산의 지역적 특성과 문화콘텐츠 분석 박창희, 문화도시 사업을 통해 영도 깡깡이 마을 할매들, 마을공동체와 함께한 문화예술교육 사례 송교성, 마을사람들이 어떻게 자신의 삶을 엮어내고 변화의 바람 속에서 더불어 살아가게 되는지를 마을도서관을 중심으로 펼쳐낸 사례 김부련, 영국과 프랑스의 도시재생과 문화예술교육 사례 윤지영, 독일 베를린 마을 공동체 내에서 펼쳐지는 다양한 문화예술교육과 COVID-19로 인해 변화된 일상 속에서 온라인과 오프라인을 통해 마을공동체가 이어지는 따뜻한 이야기 이은서 를 통해 지역 기반 문화예술교육의 이론과 현장을 만날 수 있다.

2부에는 지역의 이야기, 사람, 공간을 연결하는 기획자들의 창의성과 진정성이 빛나는 사례들이 담겨있다. 매축지마을에서 평생을 살아온 어르신들의 삶을 통해 근현대사의 기억을 인형극과 그림자극, 그림책으로 풀어낸 황정미, 학교와 마을을 잇는 문화예술교육의 매개자로 활동하며 학교를 살리고 자신과 마을의 변화를 이끌어낸 김지연, 지역에서 답을 찾기 위해 공간을 일구고 어려움에 처한 마을사람들과 공간을 지켜내며 변화를 개척해나간 채성태, 도시의 버려진 빈 공간에 삶을 불어넣고 서사를 채워나가는 프로젝트를 기획한 박소윤, 다양한 세대의 시민들을 대상으로 지속가능한 경험의 기회를 제공하기 위해 노력해 온 탁경아, 환경과 생태라는 주제로 어린이들과 함께 한 프로그램을 소개한 모상미, 지역민들을 예술애호가로 만들어가는 것을 꿈꾸며 기장의 해녀 할머니들과 일상에서 노래하고 춤추며 삶의 이야기를 창작 뮤지컬로 담아낸 이홍길, 지역에서 다양한 사람들과 연극을 하고 싶다는 꿈을 실천하며 문화예술교육의 저변확대를 위해 시민극단을 만들어 지역민들의 마음에 잔잔한 감동을 선물하고 있는 이상우 등의 사례를 통해 지역의 이야기-공간-사람의 순환적 연결을 발견할 수 있다.

3부에는 문화예술교육과 만난 다양한 참여자들의 인터뷰를 통해 일상에 스며든 행복한 문화예술, 삶의 변화를 가져온 문화예술교육의 놀라운 힘을 담았다. 생활 속에서 누리는 문화예술교육이야말로 자기정체성을 깨닫게 하고 가족 간의 사랑과 믿음을 확인시켜주며, 이웃과 내가 친구가 되는 나와 타자를 아우르는 진정한 소통의 장을 펼쳐내는 것이다.

필자로 참여해주신 모든 분들과 인터뷰를 통해 기꺼이 소중한 경험을 나누어주신 참여자분들께 지면을 빌려 진심으로 감사의 말씀을 전한다. 지역이 품고 있는 다양한 이야기와 다채로운 사람들의 삶이 문화예술교육을 만나 오래도록 향기로운 꽃을 피울 수 있기를 바란다.

2020년 12월

감만창의문화촌에서

이미연 부산문화재단 생활문화본부장

프롤로그 문화예술교육, 지역을 꽃피우다.   7

1부 지역과 문화예술교육

문화예술교육이 지역을 만날 때 이순욱   14

부산의 고유성과 콘텐츠, 부산다움을 찾는 길 박창희   42

지역을 담는 문화예술교육 송교성   62

마을의 촌(村)스러운 문화예술교육,   76

　　　　　마을공동체의 지속가능을 이야기하다! 김두련

유럽의 도시재생과 문화예술교육 사례 문지영   98

지역과 문화예술교육의 관계 : 베를린 사례 이든샘   116

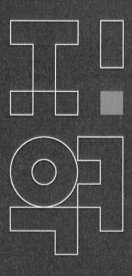

2부 사람들, 그리고 도전들

만나라, 사람이든 일이든. 새로운 길이 열릴 것이다. 황정미 134

문화예술교육과 작은 학교, 마을로 이어진 만남, 150

　　　　　　　그리고 나와 마을의 변화 김지연

문화예술교육, 지역에 답이 있었다. 채성태 164

수정아파트 프로젝트 박소윤 194

인생 100단 욜로 라이프 육경아 206

문화예술교육은 보물찾기다 모상미 218

예술 애호가로 만들어가는 과정 이홍길 234

예술 전문교육에서 예술 저변교육으로 이상무 246

3부 우리들의 문화예술교육 이야기

문화예술교육 현장에서 만난 사람들 김정연 264

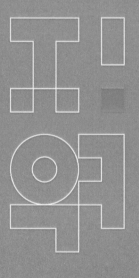

1부
지역과 문화예술교육

문화예술교육이 지역을 만날 때

이순욱

부산대학교 사범대학 국어교육과·대학원 예술·문화와 영상매체 협동과정 교수

오늘날 문화예술교육이란 기능 중심의 예능교육을 지칭하던 전통적인 개념과 사뭇 다르다. 이제 문화예술교육은 문화예술의 내재적 원리를 통해 인간이 자신을 이해하고 성취하는 과정으로서의 교육이자 모든 국민의 문화예술 향유 기회 확대와 삶의 질 개선, 창조력 함양을 위한 정책 대상으로 이해된다. 문화예술교육이 지향해야 할 가치는 인성계발, 정서 함양, 창의력 신장과 같은 전통적인 범주를 넘어선다. 그것은 양극화, 고령화, 과잉경쟁과 사회갈등의 심화, 가족해체, 고용불안 들의 각종 사회문제를 해결하고, 지역 정체성의 발견과 확립, 지역민의 삶의 질 개선, 지역경제와의 연계, 도시재생, 지역발전 견인이라는 무거운 과제와 맞물려 있다. 지역에서 문화예술교육은 마치 만병통치약처럼 정치, 경제, 사회 분야의 모든 문제를 해결해 주리라는 기대에 짓눌려 있는지도 모른다. 이러한 현실에서 문화예술교육은 지역을 어떻게 사유하고 품어야 할까?

문화예술, 지역재생을 이끌다

흔히 문화예술로 지역을 회생시킨 사례로 스페인 빌바오를 꼽는다. 빌바오는 철광석 광산과 제철소, 조선소가 있어 1970년대까지도 호황을 누리던 지역이었다. 하지만 1980년대 이후 경제 불황의 영향으로 중화학산업이 침체하면서 이 지역도 쇠락의 길로 접어들었다. 빌바오가 위치한 바스크주 정부에서는 구겐하임 미술관을 유치하여 쇠퇴를 거듭하던 공업 지역에서 벗어나 지역의 새로운 브랜드를 창출하는 데 멋지게 성공했다. 20세기 최고의 건축물 가운데 하나로 손꼽히는 프랭크 게리의 은빛 티타늄 미술관은 '문화예술을 통한 도시 재생'의 상징으로서 수많은 도시들의 벤치마킹 대상이 되었다. 기술 발전에 따라 사회가 변화함으로써, 또 인구가 급격하게 줄어듦으로써 빌바오처럼 옛날의 좋은 시절을 잃어가는 도시, 쇠락해가는 지역이 어디 한두 곳에 그칠 수 있으랴.

그런 까닭에 도시마다 문화예술을 활용해 지역을 발전시켜 보겠다는 야심찬 계획을 경쟁적으로 세웠다. 뉴욕 하이라인 파크를, 런던 테이트 모던을, 파리 프롬나드 플랑테를 꿈꾸며 지역의 낡고 오래된 것들을 헐어내고 새롭게 탄생시키려 상당한 예산을 투자하는 데도 주저하지 않았다. 성공 사례도 많지만 그렇지 못한 경우도 적지 않다. 후자의 경우 흉

그림 1. 빌바오 구겐하임 미술관 전경 ©The Musical 이상훈

물로 변해버린 벽화나 조형물이 지역을 더욱 을씨년스럽게 만들었다. 당장 눈앞에 보이는 성과를 좇아 일을 추진했던 지자체에서는 거센 민원을 마주하고 철거비를 마련하는 데 애를 먹기도 했다. 성공한 사례라 해서 문제가 없지는 않다. 젠트리피케이션이라 일컫는 둥지 내몰림 현상과 관광객을 모으기 위해서라면 삶의 터전이 '구경거리'가 되거나 '전시'되는 불편을 감수하기도 했다. 이런 일들은 삶의 질을 급격하게 떨어뜨리는 원인이다.

지역의 물리적 환경을 개선하고 지역을 발전시키는 데 문제가 잇따르자, 이번에는 주민들의 삶의 질을 향상시키기 위한 환경을 조성해야 한다는 논리가 힘을 얻게 되었다. 무엇보다 주민들의 자발적인 참여를 유도하고 이를 활성화하기 위해 갖은 노력이 동원되었다. 마을과 동네 사람들이 모일 수 있도록 커뮤니티 공간을 새로 마련하고 마을 단위의 문화예술 활동과 문화예술교육, 공동육아, 그리고 반찬이나 효모 세제, 쿠키 들을 함께 만들어 판매하는 공동 경제활동을 지원하기도 했다. 의미 있는 성과를 드러내는 사업이 있는 반면, 그렇지 못한 경우도 존재한다. 흉물스럽게 남은 벽화처럼 아무도 찾지 않는 커뮤니티 공간에는 빛바랜 전기요금 고지서만 쌓여가기도 한다. 당장 눈앞에 보이는 성과를 좇아 공간을 짓는 예산은 있어도 그곳을 지속적으로 운영하는 데 필요한 예산이 없는 경우가 태반이라 하니, 지역공동체를 통한 지역 발전 역시 그리 녹록한 일이 아니다.

엄청난 예산과 노력을 들이는데도 지역 발전이 어렵고 요원한 까닭은 무엇일까. 구겐하임의 성공 뒤에는 바스크주 정부의 우수한 마케팅 전략과 지속적인 노력이 있었다. 먼저, 바스크 지방의 160개 시골 마을을 분석해 각각의 독특한 문화자원을 관광지로 개발했다. 물론 지역과 마을이 무분별하게 확장되지 않도록 했으며 생태자연의 보호에도 각별한 관심을 쏟았다. 그리고 도로, 항만, 공항과 같은 기반시설을 구축하여 인접 지역들을 연결했다. 가시적인 성과만을 추구하는 이들에게는 빌바오의 성공이 구겐하임의 권위와 프랭크 게리의 건축물 덕분처럼 보이겠지만, 실상 그 이면에는 이러한 노력이 뒷받침되어 있었던 것이다. 그러나 정부 차원의 노력만으로 되는 것도 아니다. 일본의 나오시마 섬이나 후쿠오카의 유후인과 같은 경우는 지역주민들의 자발적이면서도 적극적인 의지가 함께했던 곳들이다. 지역주민들은 별도의 기구를 조직하여 지역의 가치와 정체성을 보존하면서 지역을 개발하는 한편 그들의 삶터를 좀 더 살기 좋게 만들기 위해 노력했다.

이와 같이 문화예술이 지역 발전을 가능하게 만든 동력은 무엇일까? 우리 지역에서는 왜 바스크 같은 전략을 세우지 못하나, 왜 헌신적인 마을 지도자가 없는가 하며 끊임없이 타자를 비난하고 제도만 탓할 것인가? 이른바 성공적인 지역재생이란 지역의 낡고 오래된 것들을 새것으로 바꾸고 랜드마크가 될 만한 거대한 건물을 세우는 데 있지 않다. 또한, 국가나 정부에 의한 위로부터의 억지스러운 마을만들기 사업을 통해서도 이룰 수 없다. 여기에는 문화기획자나 마을활동가, 지역주민 한 사람 한 사람의 지역에 대한 이해와 인식, 그리고 지역사랑이 든든하게 뒷받침되어야 한다. 문화기획자이자 실천가 박진명의 발언은 지역이라는 텍스트를 어떻게 인식하고 다가서야 하는가를 오롯이 보여준다.

다양한 방법들을 다 동원해서 마을이라는 텍스트를 해석하고 주민들과 그것을 공유하면서 새로운 에너지를 길어 올리는 게 중요했습니다. 그 마을의 역사, 환경, 주민 등 특성에 맞게 구상하고 다양한 문화예술의 상상을 빌려 와 실행해야 했고 주민과 행정을 조율해야 했습니다. 마을에 대한 교양서, 주민들이 만드는 신문과 잡지, 마을의 역사와 생활이 담긴 마을박물관, 주민들이 교류하고 다양한 시도를 해볼 수 있는 공간과 프로그램 마련 등을 오가다보면 편집자인 것 같기도 하고, 행정가인 것 같기도 하고, 예술가인 것 같기도 하고, 막일꾼 같기도 하더군요. 수영은 좌수영성의 역사와 전통을 품은 도심 속 보물 같은 공간으로, 영도는 부산신항의 대대적 개발과 달리 수리조선을 포함한 근대유산을 적극 활용하는 것으로 다양한 방법을 동원해 마을에 접속하고 번역을 진행한 셈입니다.[1]

문화예술교육, 지역과 만나다

문화예술교육은 오래 전부터 지역과 끊임없이 소통하고 있었다. 한국전쟁기 부산에는 문화예술교육을 통해 암울한 시대에 한 줄기 빛이 되었던 곳이 있었다. 1953년 8월 먼구름 한형석이 지역 인사들과 함께 서구 부민동에 설립하여 운영한 자유아동극장이 바로 그곳이다. 한형석은 "원칙적으로 국가나 지자체 같은 공공 영역에서 맡아주어야 할 일이나 그를 기다리는 일이 요원하며 일은 시급하기에 뜻을 같이하는 몇몇 동지

---

1   김대성, 「(좌담) 지역의 '청년문화 기획'과 청년의 '지역문화 기획' : 청년세대와 중간세대 사이에서 지역문화 기획자 박진명을 만나다」, 「문화과학」 93호, 문화과학사, 2018, 239~240쪽.

의 협력을 얻어 시작하게 되었다."고 한다. 자유아동극장의 설립 취지문 첫머리를 잠깐 살펴보자.

> 처참한 전화戰禍로서 격증하는 최대의 사회문제로 국가 민족의 장래에 암영
> 을 던지는 걸식아동, 부랑아동, 반직업아동 구두 닦는 아동, 신문 판매하는 아동,
> 아동소행상 등, 고아원 아동과 일반 실학 失學 아동의 교도를 위하야 본 극장은
> "극장교실"로 무료 공개하여 세인이 유기한 다음 세대 주인공의 정신적 주식
> 물—지식과 오락—을 제공할 것이며 암담한 거리에서 방황하는 천사에게 활
> 기 있는 광명의 앞길을 선도하며 이 민족의 병든 새싹에게 '비타민'이 되기를
> 자기 自期하고 분투하려 한다. [2]

'나와 우리 가족'이 밥 먹고 살기에도 척박한 시절에 거리를 떠도는 배고픈 아이들까지 눈에 들어오기란 쉬운 일이 아니다. 그런데도 한형석은 한국전쟁의 참화 속에서 걸식과 유랑을 겪는 어린이들에게 연극을 통해 지식과 오락을 제공하고 이들을 다음 세대의 주역으로 길러내고자 했다. 국가나 지방정부의 손길을 기다리는 대신 자발적으로 실천했다는 점이 더욱 뜻깊다. 이들에게 지역에서 "걸식아동, 부랑아동, 반직업 아동, 고아원 아동, 실학 失學 아동"이란 훈계나 경멸의 대상이 아니었다. 부서지고 아픈 존재일지언정 함께 살아내야 할 구성원이며 지역의 일부라는 인식이 있었기 때문에 이러한 실천이 가능했을 것이다.

부산시 북구 화명동 대천마을은 또 다른 시사점을 준다. 행정지명은

---

2   「자유아동극장 창립취지문」, 「먼구름 한형석의 생애와 독립운동」, 부산근대역사관, 2006, 97쪽.

그림 2. 대천마을에서 열린 그림책 공연 ⓒ 맨발동무도서관

화명동이지만 이 지역의 옛 이름을 소환하여 마을이름을 붙였다. 비록 지금은 지하철이 개통되고 고층 아파트가 주변을 둘러싸고 있지만, 마을 한복판을 흐르던 대천을 호출하여 지역의 정체성을 인식하도록 했던 것이다. 처음에는 공동육아를 위해 설립한 협동조합으로 출발했다. 지금은 쿵쿵 어린이집, 방과후 학교인 징검다리 아이들, 맨발동무 어린이도서관, 대천마을학교, 어린이 시민연대, 반찬가게 두레상과 같은 여러 프로젝트와 공간이 만들어졌으며, 이 안에서 가깝고도 깊은 네트워크를 형성하여 마을공동체를 유지해 나가고 있다.

　마을공동체에서 고민하는 문제는 지역을 획기적으로 개발하거나 경제적인 효과를 창출하는 데 있지 않다. 자녀교육이나 부부 문제, 건강과 같은 우리의 일상과 삶을 구성하는 문제들에 가장 큰 관심을 둔다. 어떤 문제가 있다면 이를 공유하고 함께 해결해 나가고자 하며 이를 실천하는 방법으로 책읽기, 글쓰기, 연극, 그림 그리기, 악기 연주, 춤, 스포츠, 요리, 여행과 같은 다양한 활동을 구성했다. 대천마을이라는 공동의 공간 위에 펼쳐진 이러한 활동들은 삶의 일부가 되었으며, 지역에 새로운 생명의 숨결을 불어 넣었다.

지역에서 문화예술교육을 본격적으로 추진한 시기는 2010년 무렵이다. 문화예술교육이 정책 대상이 되었으며, 예산 편성과 더불어 업무를 담당할 인력도 배치되었다. 충분하지 않았지만 지속적으로 사업을 추진할 수 있는, 이른바 '비빌 언덕'이 생겼다는 점에서 반길만한 일이었다. 많은 문화예술인, 문화예술교육자, 교육전문가들이 관심을 가지게 되었으며, 해를 거듭할수록 나날이 발전하여 오늘에 이르렀다. 문화예술교육 관련 법률이나 조례 제정, 예산 편성은 국가 단위에서는 문화체육관광부가, 지역 단위에서는 각 지자체가 맡고 있으며, 문화예술교육 전담기관은 국가 단위에서는 한국문화예술교육진흥원, 지역 단위에서는 광역문화예술교육지원센터라는 4자 체재로 추진되어 왔다. 광역문화예술교육지원센터는 기존의 행정 체계 위에 지역의 문화예술교육단체나 유관기관과 연계하여 사업을 추진한다. 현재 부산 지역 문화예술교육지원센터의 역할은 부산문화재단에서 전담하고 있다. 이제껏 지역센터 연계사업이 지역정체성을 확보하지 못한다는 평가를 받아온 데는 이처럼 복잡하고도 밀도가 옅은 추진체계가 영향을 미쳤을지도 모른다. 그래서인지 문화예술교육에서 지역과 지역성을 점점 더 강조되는 추세다.

이제껏 문화예술교육 사업을 추진하면서 지역과 관련한 의미 있는 경험들이 축적되었다. 문화예술교육에 지역이라는 키워드가 자리잡게 되자 여러 가지 생각과 아이디어가 프로그램의 형태로 창출되기 시작했다. 먼저 지역의 장소를 활용하는 경향이 두드러졌다. 원래 다른 용도였던 지역 공간을 마을미술관, 마을영화관, 마을극장, 마을박물관, 마을도서관으로 재편하거나 기존의 시설과 손을 잡고 그 안에서 음악, 미술, 공예, 영화 등 여러 장르의 문화예술 활동을 추진하기도 했다. 그 결과 지역을 관찰하고 기록하는 활동이 폭넓게 이루어졌다. 지역 구석구석을 돌아다니며 지역의 역사를 살펴보기도 하고 사진을 찍고 그림을 그리고 영상을 촬영했다. 사진전과 영화제를 열고 그림책을 출간하기도 했다. 마을지도도 만들었다. 늘 배경처럼 존재하던 지역의 환경과 풍광들을 새로운 시선으로 바라보게 되었다. 지역은 서서히 '발견'되었으며 자연스럽게 전경화되었다.

지역의 역사와 전통을 소재로 삼는 경우도 있었다. 지역에 전해내려오는 이야기를 갈무리하여 이야기책을 만들고 지역 전통의 노래나 가락, 장단 같은 풍물을 배워보기도 했다. 지역의 역사적 인물이나 사건을 바탕으로 연극을 만들어 상연하면서 지역사랑을 한껏 키워볼 수도 있었다. 해녀들의 삶과 이야기를 한 편의 오페라로 엮어 감동을 자아내기도 했다.

문화예술교육이 지역과 만나는 또 다른 소재는 지역 현안이었다. 바다라는 소중한 자원을 지니고 있는 부산에는 특히 해양오염 문제를 소재로 한 프로그램들이 많았다. 해양레포츠를 즐기면서 바다의 소중함을 깨닫도록 했고, 아침저녁으로 다르게 빛나는 바다의 풍경을 그림이나 사진으로 담아내기도 했다. 해변을 걸으면서 모래사장의 쓰레기를 줍기도 하고 주운 쓰레기로 업사이클링 아트를 해보기도 했다. 다문화 문제도 탐색했다. 지구상에 존재하는 다양한 문화를 동등한 눈으로 바라보고자 했으며, 나와 다른 문화에 대한 심리적 거리감을 좁혀나갔다. 학교 밖 청소년을 대상으로 하고 싶은 음악을 하고 춤추게 함으로써 스스로 상처를 치유하고 세상 밖으로 나올 수 있는 힘을 길러주고자 했다. 세대 갈등의 문제도 문화예술교육을 통한 부드러운 연결이 시도되기도 했다.

문화예술교육과 지역이 만나는 양상 가운데 가장 의미 있는 일은 지역에 살고 있는 '사람'에 관심을 가지는 경우였다. 지역 사람들이 합창단을 만들어 함께 노래를 하거나 연극과 영화를 만들어 보는 활동은 얼마나 즐거웠을까. 작품이 무대에 오르는 순간의 감동은 차치하더라도 그 과정에서 수많은 추억이 그들 삶의 내력을 모자이크처럼 수놓았을 것이다.

마을 사람들의 이야기를 담아내는 과정은 무엇보다 감동의 과정 그 자체다. 커뮤니티 아트센터 숲에서 진행한 〈당리동 제석골 할머니들의 수다 '장수탕 선녀님'〉, 클래식 라디오 〈이야기를 품은 사하구 '회화나무 빨래터 사람들'〉, 움직임연구소 마르 〈노인을 위한 무지개프로젝트 '이사 오던 날'〉 들은 문화예술교육 프로그램이 곧 지역 사람들의 삶의 내러티브

그림3. 〈노인을 위한 무지개 프로젝트〉 교육장면(2000) ⓒ 움직임연구소 마르

가 된 경우다. 현대무용가 강미희의 미야 美野 아트댄스컴퍼니가 진행했던 〈푸르미들에게 날개를―새로운 나를 찾는 접촉 동작의 춤〉 2011~2016 은 의미가 각별했다. 교육 대상은 상처받고 위기에 처한 지역여성들뿐만 아니라 이들을 도와주는 또 다른 여성들이었으며, 교육에 참여한 모두가 그야말로 새로운 나를 찾고 새로운 도약을 꿈꾸는 계기가 되기에 충분했다.

나라 밖의 사례로 베를린 필 Berliner Philharmoniker 의 지휘자 사이먼 래틀 Simon Rattle 과 안무가 로이스턴 말둠 Royston Maldoom 이 기획한 문화예술교육 프로젝트 〈리듬 이즈 잇 Rhythm is it!〉을 들 수 있다. 이들은 클래식 음악을 들어본 적도 없고 발레를 배워본 적도 없는 소외계층 청소년 250명을 한자리에 모았다. 3개월 동안 춤을 배워 베를린필하모니의 공연에 출연하는 것을 목표로 삼았다.

오랜 시간 동안 사회에 대한 반항과 냉소로 메마른 아이들인데다 무용을 처음 접하다 보니 어려움은 한두 가지가 아니었다. 게다가 곡목은

그림 4. 〈삶을 꿈꾸는 몸 생명이 춤추는 마음〉 결과발표회 장면(2014)
ⓒ 미야美野 아트댄스컴퍼니

그림 5. 다큐멘터리 영화 〈리듬 이즈 잇 Rhythm is it! 〉(2004) 공연 장면

리듬이 복잡하기로 유명한 스트라빈스키의 〈봄의 제전〉이었으니 그야말로 설상가상이었다. 교육을 맡은 선생님들은 아이들을 끝까지 포기하지 않았으며, 그런 선생님의 모습을 보며 아이들은 조금씩 마음을 열고 열정을 쏟아내기 시작했다. 어쩌면 우리가 해낼지도 모른다는 기대 반 설렘 반으로 한 걸음 한 걸음 나아가던 아이들은 마침내 성공적인 공연을 치러냈다.

> "음악은 모든 사람들을 위한 것이죠. 여러분 가까이에 있죠. 사람들은 두려워할 필요가 없습니다. 돈 많은 사업가 부부만 즐길 수 있는 음악이 아니에요. 베를린 필하모닉은 올려다봐야 하는 곳이 아니라 모두를 위해 감동적인 음악을 만드는 곳일 뿐입니다. 모두와 함께, 제가 믿는 게 하나 있다면 음악은 모두의 것이라는 거죠."[3]

---

3   다큐멘터리 영화 〈리듬 이즈 잇(Rhythm is it!)〉 중에서

"음악은 모두의 것"이라는 지휘자 사이먼 래틀의 말은 무대에서 그대로 실현되었다. 그날을 위해 모든 참여자들은 3개월을 쉼 없이 달려왔으며, 바로 그 순간이야말로 아이들이 새로운 인생의 문을 두드리는 시간이었던 것이다. 문화예술교육 활동을 통해 참여자들이 자신을 성찰하고 세계에 대한 인식을 바꾸게 되는 것, 그것이야말로 문화예술교육의 진정한 가치가 아닐까.

지휘자 구스타보 두다멜 Gustavo Dudamel 을 배출한 베네수엘라의 엘 시스테마 역시 널리 알려진 사례다. 마약과 총기가 난무한 환경 속에서 자라나는 아이들에게 악기를 배우도록 하고 이를 통해 자기 자신과 가족, 친구들이 지역사회의 변화를 이끈 대표적 사례다. 우리나라에서도 이를 본뜬 문화예술교육 프로그램이 많이 진행되었다. 물론 성급하게 성과를 좇은 측면이 없지 않다. 두루 알다시피 엘 시스테마는 하나의 오케스트라가 아니라 그야말로 거대한 오케스트라 교육 시스템이다. 구조를 잠깐 살펴보면 이렇다. 엘 시스테마에는 세포라 불리는 지역 음악센터 누클레오가 있다. 전국에 200개가 넘으며 그곳에서 비롯된 청소년오케스트라와 어린이오케스트라가 각각 150개, 취학 전 오케스트라와 입문 단계 유아오케스트라도 100개 정도씩 있다. 실내악 앙상블도 별도로 350여개 운영하고 있으며, 교사 수는 6천명이 넘는다. 교육을 받는 학생 수도 29만 명에 달한다. 최근 베네수엘라의 국가적 어려움 때문에 이 멋진 프로젝트 역시 위기에 처했다고 하니, 자본에서 자유로울 수 없는 문화예술의 운명을 목도할 수 있다.

문화예술교육,
지역에 뿌리내리기 위해서는 어떻게 해야 할까?

현대사회에서 문화예술의 가치는 과거와 크게 다르다. 과거에는 문화예술의 본질적 · 미적 · 절대적 가치가 중요했다면, 오늘날에는 문화예술의 사회적 · 실용적 · 상대적 가치가 중요해졌다. 수월성과 독창성보다는 보편성과 다양성이 중시되며, 창작자에서 관객으로 흐르는 일방성도 창작자와 수용자 사이의 상호작용에 자리를 내주었다. 공식적인 문화기구나 기관, 제도보다는 비공식적 사회단체나 시민조직이 더 중요해졌으며, 만들어진 문화에 대한 접근 기회를 추구하기보다는 문화 제작과 체험 등 직접 참여하고 창작하는 기회를 더 중시한다. 중심축이 자연스럽게 전문가나 엘리트에서 비전문가로 이동했다. 요컨대 세계를 반영한다고 여겨졌던 문화예술의 의미 역시 사건과 배치로서의 의미를 생각하게 되었고, 예술의 자율성보다는 사회적 맥락과의 상호작용에 더 눈길을 준다.

이러한 점에서 볼 때 문화예술교육이 진정으로 지역에 뿌리내리기 위해서는 문화예술교육이 지역사회에서 무엇을 추구해야 하는지에 대한 명확한 인식이 필요하다. 여기 케빈 맥카시 외 여러 연구자들이 제시한 예술의 혜택 이해를 위한 프레임워크를 제시하여 설명을 덧붙이고자 한다. [4]

---

4   Kevin F. McCarthy · Elizabeth H. Ondaatje · Laura Zakaras, Gifts of the Muse: Reframing the Debate About the Benefits of the Arts, Santa Monica: The Rand Corporation, 2004, 4쪽. 이 글은 예술의 광범위한 효과(도구적 혜택, 본질적 혜택)에 대한 연구로, 다양한 예술 참여가 개인과 대중(공동체, 사회 전체)에 어떤 혜택을 발생시키는지 조사하여 이러한 효과를 최대한 확산할 수 있는 정책의 중요성을 역설하고 있다.

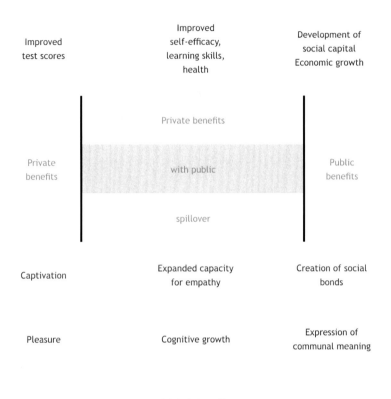

그림 6. 예술의 혜택 이해를 위한 프레임워크
(Framework for Understanding the Benefits of the Arts)

〈그림 6〉의 프레임워크는 예술의 혜택을 도구적 혜택과 본질적 혜택으로 구분하고 이를 사적 영역, 사적 영역이 공적으로 스필오버 spillover 하는 영역, 공적 영역에서 어떤 효과를 제공하는지 구체적으로

제시하고 있다. 사적 혜택에는 성적 향상도구적과 매료, 즐거움본질적이, 공적 혜택에는 사회적 자본 개발과 경제성장도구적, 사회적 유대감 창출과 공동체적 의미의 표현본질적이 있다. 자기 효능감, 학습능력, 건강 향상도구적을 추구할 수 있으며, 공감능력과 인식도 향상본질적되는 효과는 사적 영역이 공적으로 스필오버되는 영역의 혜택이다.

문화예술을 경험하는 일은 일차적으로 개인적인 즐거움을 선사하여 사적인 삶을 풍요롭게 하는 바탕이다. 하지만 이러한 경험이 누적될 때 타인에 대한 공감 능력이 강화되고 세계를 인식하는 능력이 신장된다. 이는 다원주의 사회에 필요한 덕목을 갖춘 시민을 육성한다는 점에서 사적 혜택이 공적 영역으로 스필오버된다고 볼 수 있다. 이러한 스필오버 지점은 다시 사회적 유대감 창출, 공동체적 의미 표현이라는 공적 혜택으로 크게 확장된다. 문화예술은 도구적이든 본질적이든 그 혜택이 사적 영역에 그치는 것이 아니라 공공 영역에까지 두루 미치고 있음을 확인할 수 있다.

사적 혜택, 사적 혜택의 공적 스필오버, 공적 혜택으로 구분하여 문화예술의 도구적 혜택과 본질적 혜택을 살펴보는 일은 오늘날 문화예술교육의 현실과 지향을 이해하는 데 시사점이 적지 않다. 최근 지역센터나 진흥원에서 제안하고 있는 문화예술교육 사업의 취지를 살펴보면, 이러한 다양한 영역의 혜택을 포괄하여 사업목표를 설정하고 있다. 그런데도 현실에서는 이러한 가치와는 달리 사적 혜택의 추구에 머물러 있는 경향이 짙다. 이제는 사적 혜택을 바탕으로 공적 혜택의 가치를 구현하고 있는가를 자문해야 할 시기다. 문화예술교육은 사적 혜택을 넘어 사적 혜택의 공적 스필오버와 공적 혜택을 추구하는 단계로 나아가야 할 것이다.

두루 알다시피 우리나라에서 문화예술교육은 독특한 정책적 개념이
다. 미적 체험이나 예술적 표현, 창의성과 감성 들을 강조하는 예술교육
과 인간과 사회에 대한 비판적·성찰적 이해, 문화 다양성과 소통, 개인과
사회의 연계에 관심을 두는 문화교육이 독자적 영역을 구축하면서도 서
로 복잡하게 연계되어 있다. 즉, 문화예술교육은 개인의 내적 성장뿐만
아니라 사회적 성장을 함께 추구하는 정책 개념인 셈이다.[5] 이러한 맥락
에서 볼 때, 문화예술교육의 혜택 체계 역시 <그림 6>의 프레임워크와
연관시켜 이해할 수 있으며, 문화예술교육의 사적 혜택이 공적 영역으로
스필오버하는 현상에 주목할 필요가 있다.

지금껏 추진한 부산 문화예술교육의 사례를 살펴볼 때 지역 문화예술
교육은 해당 사업에 참여하는 학습자와 사업을 수행하는 단체의 성장과
변화를 지원하고 촉발하는 데 큰 관심을 두었다. 사업 성과 역시 사업 수
행단체 수와 참여 학습자 수를 중심으로 도출하였다. 단순한 양적 팽창
이 문화예술교육 성과의 본질이 되어서는 안 된다는 점을 인식하고 있다.
하지만 현실적으로는 이들 숫자를 확보하고 관리하는 데 적지 않은 행
정력과 에너지가 동원되었으며, 이와 관련한 수행단체의 사업 운영 역시
어려움이 클 수밖에 없었다. 무엇보다 사업 혜택이 해당 참여자와 수행
단체에만 국한되어 확장성을 담보하지 못했다는 점에서 그간의 문화예

---

[5] 문화예술교육은 미적 교육, 문화다양성 교육, 여가교육, 매체교육, 문화적 문해교육 들을 병렬적으로 나
열하는 교육이라기보다는 이러한 교육 영역들이 특정한 지향, 곧 개인의 미적, 창의적, 성찰적, 소통적
역량 들을 북돋워 줌으로써 개인 자신의 발전과 성숙은 물론 사회의 문화적 성장과 성숙을 이끌어 낼 수
있도록 하는 지향 속에 유기적으로 연계된 교육이라고 할 수 있다. 김세훈 외 여럿, 「문화예술교육 중장
기 발전 방안」, 한국문화관광정책연구원, 2004, 15~16쪽 ; 현재 문화예술교육은 형태상으로는 예술교
육(예술을 교육 내용(소재)으로 함)에 가깝지만, 내용상으로는 문화교육(사회적 소통, 공감)을 지향한다.
조현성, 「문화예술교육정책 중장기 추진방향」, 한국문화관광연구원, 2016, 44쪽.

술교육 사업은 사적 혜택 추구에 집중된 측면이 농후하다고 볼 수 있다.

한편, 문화예술교육의 공적 혜택으로 볼 수 있는 사회적 역할의 측면에는 지나치게 단순하게 접근한 경향이 있다. 이제껏 지역 문화예술교육은 지역형 프로그램 개발을 강조하고 지역 문화자원 활용을 주제로 할 것을 요구했지만, 대체로 추상적이고 광범위하여 사업목적을 실질적으로 달성한 사례가 적고 때로는 억지스러운 결과를 도출하기도 했다. 반면, 2019년 부산 꿈다락 토요문화학교 인큐베이팅 사업에는 교육 주제로 인권, 평화, 환경 또는 지역사회가 마주한 사회적 이슈를 선택하도록 제시했다. 이는 더 구체적으로 목적을 구현하도록 했다는 점에서 오히려 고무적인 현상이라 볼 수 있다.

그렇다면 문화예술교육 사업의 공적 혜택으로 어떠한 이니서티브를 설정할 것인가에 대한 논의가 필요하다. 문화예술교육의 목표와 효과는 공정 fairness 개념을 기저로 하는 지배주의적 사회정의이론의 문화적 권리에 대한 평등을 기저로 하되, 다원주의적 사회정의론이 강조하는 시민 우의 civic friendship 의 필수조건인 타인에 대한 관심, 이해, 소통, 배려, 관용과 밀접하게 맞닿아 있다.[6] 이러한 주제는 현재 커뮤니티 기반 예술 community-based art 과 예술기반 행동 연구 art-based action research 를 통해 활발한 연구와 실천이 이루어지고 있다.

우선, 커뮤니티 기반 예술은 커뮤니티를 '위한' 예술, 커뮤니티와 '함께 하는' 예술, 커뮤니티에 '의한' 예술로 정의할 수 있으며, 같은 지역 내

---

6   김인설, 「문화예술교육의 사회적 기능과 방향을 위한 탐색적 연구 : 다원주의적 사회정의이론을 중심으로」, 「문화와 사회」 제24권, 한국문화사회학회, 2017, 80쪽.

에 살고 있는 구성원들이 제작한 작품이나 활동, 그리고 공통의 이슈, 공유하고 있는 문화유산과 전통 등 공통 관심사와 관련한 작품 및 활동이라 정의할 수 있다. 미국의 설치 미술가 로만 데 살보 Roman De Salvo 가 캘리포니아 샌디에고의 내셔널 시티 National city 에서 청소년들과 함께 독특한 자전거 거치대를 디자인하고 제작한 사례, 지역사회 기반 커뮤니티 댄스 프로그램 효과 연구, 커뮤니티 중심의 미술교육 연구를 비롯해 국내외 미술, 무용, 연극 등 다양한 분야에서 논의가 진행되고 있다.

다음으로, 예술기반 행동 연구는 예술을 촉매제로 사용하는 행동연구 전략을 말한다. 예술적 과정을 체계적으로 사용하며 다양한 형태의 예술로 자신의 경험을 실제로 표현·제작하도록 한다. 이때 예술은 문제해결에 직접적으로 개입하기도 하고 문제해결에 필요한 지식과 이해를 구하는 도구로 활용되기도 한다. 무엇보다 이해 관계자나 구성원이 예술 활동에 참여함으로써 연구 대상이나 결과물이 아니라 연구 참여자가 되도록 한다. 전통적인 질적 연구를 통해서는 전달되지 않는 암묵적 지식과 경험을 얻을 수 있다는 점에서 새롭고 변혁적이라 할 수 있다. 궁극적으로는 지역사회의 지속 가능성에 관심을 둔다. 에세이나 시, 소설 등 글쓰기, 노래 부르기, 그림, 사진, 조각 등 시각 미술 활동, 영화와 영상물 제작 들의 다양한 장르 자원을 활용할 수 있다. 예술기반 행동 연구 역시 국내외의 다양한 문화예술 영역에서 연구와 실천이 활발하다.[7] 요약하자면, 앞으로 지역 문화예술교육은 프로그램 수행단체와 학습참여자의 사

---

[7]   최정닝, 「노년문화예술교육에 대한 예술기반 실행연구」, 전남대 박사논문, 2018; 김인설, 「사회자본 증진을 위한 촉매로서의 예술」, 「문화정책논총」 27-2, 한국문화관광연구원, 2013, 121~142쪽.

적 혜택뿐만 아니라 공적 혜택을 확장하는 사회적 기능에 관심을 기울여야 한다는 것이다.

소멸하는 지역과 예술가, 그리고 문화예술교육

저출산 고령화에 따른 인구 구성의 변화는 지역의 소멸을 촉진한다. 최근 한국 농촌지역의 소멸이 거의 완성 단계에 이르렀다는 진단은 가히 충격적이다. 장년층이나 노년층을 제외하고는 떠날 수 있는 사람들은 죄 떠난 까닭에 '사망'만 존재하는 지역이 한둘이 아니라고 한다. 수도권 인구가 천만을 넘어섰다는 유례를 보기 드문 소식이 날아든 것도 이즈음이다. 도시화와 근대화의 격랑 속에서 수도권이 지속적으로 몸집을 키운 사이, 지역은 자연적인 인구 변화에 가속도가 붙으면서 그 자체의 생존을 걱정해야 하는 처지에 놓이게 되었다. 이러한 상황에서 문화예술을 통해 지역을 사유한다는 것은 어떤 의미가 있을까. 지역에서 예술가로서 산다는 일의 무게를 생각해 본다.

하나, 여기 재능 있는 한 예술가가 있었다. 동아대 미술학과 교수로 일했던 조각가 손현욱이다. 2016년 6월 그는 스스로 세상과 결별했다. 제자를 성추행했다는 거짓 대자보가 학내에 게시된 뒤의 일이었다. 자신의 결백을 죽음으로써만 항변할 수 있는 사회는 야만이다. 뜻하지 않게 멈춰버린 그의 삶과 예술을 어떻게 애도할 수 있을까. 그에게 누명을 씌운 동료 교수와 제자에 대한 법적 처벌이 이 안타까운 죽음에 어떤 위로가 될 수 있었을까. 관습과 규범을 깨트리는 작업을 펼쳤던 젊은 조각가와의 느닷없는 이별은 지역 미술사회의 현실을 차분하게 읽어내는 계기가 되기에 충분했다. 이 무렵 예술보다는 권력에 눈길을 두는 문화토호들의 행태를 차갑게 응시하기도 했다. 그렇게 4년이 훌쩍 지났다. 어떤 변화가 있었던가. 안타까운 죽음조차도 이렇듯 쉽게 잊는 법이다.

둘, 2019년 8월 도시개발의 현장에서 예술적 실천을 감행했던 작가 그룹 옥인콜렉티브의 멤버이자 부부로 작업을 함께했던 진시우, 이정민 미술가가 세상을 떠났다. 생활고도 물론이려니와 그룹 내부의 문제가 컸다고 전한다. 2010년 4월에 결정된 옥인콜렉티브는 우리 삶의 내부로 깊숙이 들어가 불평등이나 젠트리피케이션의 문제를 예술작업으로 풀어낸 창작집단이었다. 진시우, 이정민, 그리고 당시 철거 위기에 놓인 옥인아파트에 살던 김화용 작가가 그들이다. 재개발의 광풍 속에서 이들은 지역 주민들과 함께 '예술'이라는 도구로 즐거운 한때를 살았다. 여지없이 철거될 공간에서 이들이 펼친 프로젝트는 그 공간에 깃든 어떤 삶과 사람들에 관한 이야기이자 소외된 예술가 자신들에게 보내는 의미 있는 실천이었다. "바보 같겠지만 작가는 작업을 만드는 사람, 예술이 전부인 것처럼 사는 삶이라 생각했다."는 그들이 남긴 마지막 편지는 예술에 대한 태도를 분명히 드러낸다. 예술에 전 생애를 바친 그들을 통해 예술이란 무엇인가 예술인은 어떤 존재여야 하는가를 거듭 되새긴다.

삶의 철거가 진행되던 공간이었든지 제도 속에서 다소나마 안정을 구가했던 삶이었든지 크게 중요하지 않다. 세상과 아프게 단절한 그들의 선택이 내부의 문제인지 외부의 문제였던가도 마찬가지일 수 있다. 예

술가로 살아간다는 일이 실로 가늠하기 어려운 무게로 다가선다는 사실
만큼은 분명하다. "예술이 전부인 것처럼 사는 삶"은 과연 무엇이며 어
떤 의미를 지닐까.

오늘날 예술가들의 존재 방식은 실로 다양하다. 거리예술이 환기하
는 것처럼 전통적인 방식으로 규정할 수 없는 다양한 흐름이 존재한다.
공공성이라는 개념과 가장 손쉽게 결합하는 쪽도 문화예술이다. 문화예
술교육 지원사업에 신진예술가뿐만 아니라 중견예술가까지 뛰어드는 현
실은 그만큼 그들의 삶이 고단하다는 반증이자 문화예술의 사회적 역할
에 대한 고민이 깊다는 뜻으로도 읽을 수 있다. 그런 만큼 예술이 사업
의 영역에서 이해될 때는 예술가 자신의 고유한 영역과 세계를 고집할
수 없는 상황에 직면할 수도 있다. 다원예술이나 융합장르가 지원신청서
의 다수를 차지하는 현실에서 쉽게 확인할 수 있다. 이즈음 문화예술교
육이 생계의 방편으로 전락한지 오래라는 진단이 단순 비난으로만 읽히
지 않는 것도 바로 이 때문이다. 중요한 것은 문화예술교육이 어떤 가치
를 지향하는가에 있다.

문화예술교육과 지역의 만남은 단지 지역의 구조물이나 환경을 활용
하고 지역의 역사와 전통을 소재로 한다고 되는 것이 아니다. 지역을 구
성하는 요소는 사람, 자연, 환경 등 복잡다단한 층위로 이루어져 있으며,
그 모든 것들이 서로 연결되어 지역을 구성한다는 인식을 가질 필요가
있다. 자신이 어느 아파트에 살건 어떤 집단에 속해 있건, 또 어떤 일을
하건 간에 우리는 좋든 싫든 서로 연결되어 있다. 가령, 동네 마트에서는
생필품을, 빵집에서는 아침에 간단히 먹을 수 있는 빵을 산다. 아플 때는
병원에 가며, 면접장에 가기 전에는 미용실에 들른다. 동사무소에서 필

요한 서류를 떼거나 물건을 보내기 위해 우체국에 가기도 한다. 특히 코로나19 시대에는 택배기사가 없다면 단 하루도 살아가기 힘들지 않은가. 우리들 가운데 그 누구도 이러한 일상으로부터 전혀 동떨어져 살아갈 수 없으며, 상호 관계 속에서 삶이 영위되는 것이다. 같은 지역에 있기 때문에 독특한 정서를 함께 하기도 한다. 우리는 지역에서 성장해 왔으며 우리 삶의 기반이 여전히 지역이라는 사실을 잊어서는 안 된다.

물리적 장소로서의 지역을 넘어선 문화예술교육의 미래

지역은 지역에 속한 구성원들에게 공동의 정서를 부여한다. 가령 부산은 개방적이고 현실적이며 역동적인 해양성 기질을 지녔다고 한다. 만약 자신이 그런 기질이 있다고 생각한다면 부산이라는 토양에서 태어나 자랐다는 사실과 전혀 무관할 수 없다. 동보서적이나 천우장에서 친구를 기다려 본 적이 있다면, 사직야구장에서 치킨 다리를 뜯으며 '롯데!'를 외쳐본 적이 있다면, 자갈치시장 갯가에서 매콤하고 쫄깃한 꼼장어를 씹어본 적이 있다면, 그 이름만으로도 20대에 겪은 1980년대 부산을 함께 기억하게 되는 것이다. 비록 지금은 사라지고 없는 곳들이라 해도 말이다. '지방 출신'이라는 열등감이나 서울 추수주의, 역으로 지역에 대한 과도한 자부심이나 연고주의도 부산 사람들이기 때문에 공유하는 정서 가운데 하나일 것이다. 이런 사실들을 곰곰이 헤아려 본다면 우리가 지역에 대해 느끼는 유대감을 공동체에 속한 사람들과 함께 해야 한다는 사실을 자연스럽게 자각할 수 있을 것이다.

사실 어느 지역에 속하게 되는가는 우연에 의해 결정된다. 어떤 사람을 부모로 맞을 것인지 선택할 수 없는 것과 마찬가지다. 그런데도 지금껏 지역과 지역성, 지역정체성에 관한 고민은 지역 내부로 향해 있었다. 그런데 두 가지 측면에서 지역의 개념에 대한 이러한 인식 구조를 변화시켜야 할 필요가 있다. 하나는 기술혁명이다. 놀랍도록 급속도로 진행된 기술 발전이 지구 구석구석을 섬세하게 연결하고 있다. 과거에는 물리적 공간이 지역의 기본적인 단위였다면, 지금은 사이버 공간이 물리적 공간을 초월해 사람들을 연결한다. 나이, 인종, 계급, 지역을 넘어 취향을 중심으로 초연결되는 시대다. 다른 하나는 코로나19라는 변수가 전 지구적 공동체를 위협하고 있다는 점이다. 전자가 어떤 새로운 가능성에 대한 설렘을 품고 있다면, 후자는 재난상황인 만큼 치명적이고도 우울하다. 왜냐하면 후자는 혐오와 배제라는 새로운 적을 사방에서 만들어내기 때문이다. 자신이 속한 공동체의 위협을 초래한 다른 공동체에 대한 이유 없는 적대와 혐오, 그들과 자신은 다르다며 선을 긋는 차별과 배제는 우리가 예측하지 못했던 새로운 위협으로 다가오고 있다.

과거 문화예술교육이 사적 혜택의 영역에 집중했다면, 오늘날의 문화예술교육은 그 혜택이 지역의 공적 영역으로 흘러넘칠 것을 요구한다. 그렇다면 앞으로의 문화예술교육은 이 공적 영역을 지역 바깥으로 확장하여 사유하고 실천할 필요가 있다. 온 세상을 화폭으로 삼아 벽화그리기를 해 온 주디 바카 Judy Baca 의 작업은 이에 관해 생각할 거리를 던진다. 치카노 벽화운동은 1960년대 중반에 시작된 문화적 저항이다. 치카노 Chicano 란 멕시코계 미국인을 일컫는 말로 '작은 사람'이라는 뜻이다. 이들은 자신들이 살고 있는 동네에 사회운동의 메시지가 담긴 벽화를 제작했는데, 이를 치카노 벽화운동이라 불렀다. 소수자들의 목소리와 시대상을 담아내면서 견고한 제도에 돌팔매질을 시작한 것이다. 초기의 치카노 벽화운동이 저항의 담론을 기저로 하였다면, 주디 바카의 작업은 약간 색채가 다른 제2기로 분류되는 문화운동이다.

주디 바카는 1976년부터 1984년까지 장장 8년에 걸쳐 400명 이상의 청소년들과 함께 캘리포니아의 역사를 거대한 벽화로 그려냈다. 치카노뿐만 아니라 흑인, 동양인, 그리고 백인까지 다양한 인종의 청소년들이 함께 작업하였으며 역사를 바라보는 다양한 관점들을 공유하게 했다. 이

그림 6. 〈The Great Wall of Los Angeles〉

벽화가 바로 〈로스앤젤레스의 거대한 벽 The Great Wall of Los Angeles〉[8]이
다. 백인에 대항하는 소수인종들의 분리주의적 문화운동이 아니라 문화
예술 작업을 함께하면서 인종 간 민족 간의 이해와 협력을 도모하고 다
문화주의의 가치를 몸소 체험하도록 한 문화예술교육이었다. 참여 학
생들은 이러한 과정을 함께 하면서 다양한 역사를 기억하고 서로를 이
해할 수 있었다. 주디 바카는 1987년 또 다른 벽화 작업을 추진했다.
〈세계의 벽 : 공포 없는 미래를 향하여〉는 국가의 경계를 뛰어넘는다.
개별 국가들의 특수한 역사를 다시 바라보게 하면서도 궁극적으로는 인
류의 화합과 균형을 지향했다. 주디 바카의 작업은 거대한 백인 중심주
의에 저항하는 민족운동이 아니라 협업을 통해 새로운 공동체를 만들어

---

8   http://www.judybaca.com/artist/portfolio/the-great-wall/

내는 문화적 실천이었다. 즉 함께하는 문화예술교육을 통해 참여자들의 의식을 변화시키고 인종, 민족, 국가의 경계를 초월해 공동체의 개념을 확장한 시도라 할 수 있다.

베네딕트 앤더슨은 민족을 일컬어 '상상된 공동체'라 하였다. 우리가 지금 열과 성을 다해 추구해 마지않는 지역과 지역공동체 역시 어쩌면 신문이나 소설과 같은 근대매체들을 통해 상상된 것인지도 모른다. 이러한 관점에서 본다면 지역 문화예술교육이 설정해야 할 공적 혜택의 영역은 지역, 지역사회, 지역공동체, 지역민에 머무를 것이 아니다. 지역에서 사유하되 지역을 초월해야 하며, 문화예술교육을 통해 길러내야 할 덕목이 타인에 대한 관심, 이해, 소통, 배려, 관용과 같은 시민 우의적 요소들에 있음을 자각할 수 있어야 하겠다. 아무리 조화를 이루고 있는 공동체라 해도 언젠가는 균열이 생기게 마련이며, 그 균열이 파괴로 이어지지 않게 하는 데도 시민 우의적 덕목들이 큰 역할을 하게 될 것이다.

부산의 고유성과 콘텐츠, 부산다움을 찾는 길

박창희

스토리랩 수작 대표·경성대학교 신문방송학과 교수

고유성, 도시가 살아온 무늬

도시는 그 나름의 내력과 표정을 갖는다. 내력은 흔히 역사성, 표정은 고유성이라 일컬어진다. 도시의 고유성은 그 도시가 살아온 삶의 무늬이자 발전의 얼룩이다. 고유성을 공동체의 자산, 문화적 유산으로 승화시킨 도시는 변화 속에서도 품격을 유지하며 잘 산다. 반면, 고유성을 잃고 남의 것을 좇거나 흉내 내기에 급급한 도시는 숫제 남의 옷을 빌려 입은 듯 불편하고 불안하다.

문화예술교육에 있어서도 장소의 고유성은 중요하다. 고유성이 문화예술의 자양분이 되거나, 지역 스토리텔링과 문화콘텐츠 창출의 질료 matter가 되기 때문이다. 고유성을 이해하려면 질료를 찾아야 하고, 질료를 찾으려면 고유성을 이해해야 하니, 이 두 가지는 서로 긴밀히 엮여 있다고 할 수 있다.

지역의 고유성은 일반적으로 역사성에서 비롯된다. 역사성은 한 지역이 시간적·공간적으로 겪어온 발자취의 총체이다. 부산의 고유성은 멀리는 복천동 고분, 연산동 고분으로 대변되는 가야·신라 시대까지 거슬러 올라가고, 가깝게는 일제강점기 식민도시 개발사와 6·25 피란민들의 예기치 않은 이주사와 연관된다. 그 속에서 지역민들의 생각과 사고, 말투, 음식, 공동체 의식 그리고 지리적 조건과 공간적 변화가 종합적으로 작용해 고유성이 생겨난다.

부산은 도시의 고유성을 제대로 지키고 있는 도시인가? 도시발전의 리듬을 살리고 있는가? 대답을 잠시 미루고, 부산의 고유성과 그 질료들을 탐색해 보려 한다. 관찰하고 발견하고 확장하는 일, 이는 지역문화콘텐츠 창출의 1차 작업이다. 이를 통해 도시의 리듬을 찾을 수 있다면, 더 바랄 게 없겠다.

예로부터 부산은 3포지향 三抱之鄉 이라 불렸다. 산과 강, 바다를 품은 산악 해양도시의 특성을 말해준다. 돌아가신 소설가 최해군 선생은 부산을 4포지향이라 일컬었다. 3포에 온천을 더한 개념이다. 산과 강, 바다, 온천을 다 갖춘 도시는 세계적으로 흔치 않다. 부산은 복 받은 도시다.

사실, 4포지향이란 개념은 자연적 지리적 조건에 대한 이야기다. 부산사람과 부산다움을 말하려면, 부산이란 시공간, 부산사람, 부산말 등에 대한 이해와 분석이 따라야 한다. 관건은 부산성 釜山性, Busanness 이 아닐까 한다. 부산성은 고유성에서 찾아지는 부산다움의 인문학적·문화적 가치라 할 수 있다. 4포지향이란 지리적 조건을 바탕으로 부산의 시공간과 부산사람, 부산말과 길에 대한 탐색은 부산의 고유성을 찾아내는 일종의 진단 키트가 될 것이다.

4포지향은 지역 문화예술의 원천이라 할 수 있다. 집 문을 나서면 걷기 좋은 갈맷길을 만나고, 어디서건 손만 뻗으면 만나는 일상, 여기에 문화예술의 옷을 입히면 삶은 한층 의미가 풍부해지고 도시는 다채로워진다.

부산의 산과 강, 온천

산의 도시

부산은 산의 도시다. 산 너머 산이요, 고개다. 금정산 백양산 장산 구덕산 승학산 황령산 금련산 등 크고 작은 산들은 부산의 골격이자 형질을 구성한다.

산이 많기에 사람들의 삶은 고달팠다. 해안지대에선 고기잡이를 해서 먹고 살았지만, 육지에선 산지를 개간해 삶터를 일구었다. 그나마 동래지역에는 수영강과 온천천이 낳은 평야가 있어 삶이 수월했다. 고대의 조개무지와 철기문화가 발달한 것도 그러한 자연조건에 기인한다. 그것이 부산의 바탕인 동래부, 동래의 역사와 문화를 배태한 원천이었다.

해방이 되어 귀환 동포가 들어오고, 6·25 전쟁으로 전국에서 피란민이 모여들자, 부산 중구, 동구, 서구, 부산진구, 사하구, 사상구 등 이른바 '원도심권'의 산지에 산복도로 山腹道路 가 형성되었다. 산복도로는 부산의 질긴 역사와 고된 삶이 응축된 공간으로, 개항기 이후 근현대사가 녹아 있는 역사적 자원이다. 산허리를 파고 뚫고 연결해 만든 산복도로는 부산에서 가장 높은 곳의 가장 낮은 길이며, 그곳에 사는 사람들은 도시의 서민, 하층민이 대부분이다. 따라서 산복도로에는 먹고 살기 위해 발버둥 친 서민들의 눈물과 애환이 배어 있어 어떤 면에선 가장 부산답고, 부산스러운, 부산만의 고유성을 찾을 수 있는 곳이다.

부산시는 2011년부터 10개년 사업으로 1,500억 원을 투입해 민관협치로 부산 산복도로 르네상스 프로젝트를 전개했다. 그 결과, 산복도로 곳곳에 마을 커뮤니티가 형성되었고, 동구 초량동 이바구길, 좌천동 부산포 개항길, 사하구 감천문화마을, 영도 흰여울마을 등이 일약 산복도로 관광지로 부상했다.

강의 도시

부산의 산들은 강과 하천을 낳고 길렀다. 부산에는 국가 하천 4개소와 지방 하천 46개소, 소하천 32개소 등 총 82개의 크고 작은 하천이 있다. 부산지역 하천의 특성은 지리적으로 해안에 접하며 대부분 하천 연장이 짧고 거의 직선상이며 하상 구배가 급하다는 것이다. 부산의 북서쪽에는 한민족의 대하 낙동강이 유장한 흐름을 마치고 남해로 흘러든다. 낙동강 하구 철새도래지는 천연기념물 제179호로 새들과 인간의 공존을 얘기하는 곳이다.

이들 하천은 부산의 척량 산맥이라고 할 수 있는 금정 산맥을 기준으로 동부의 구릉지를 흐르는 하천과 서부의 평야 지대를 흐르는 하천으로 크게 구분된다. 부산시를 흐르는 낙동강은 양산천이 합류하는 양산시 동면 호포에서 낙동강 하구에 이르는 하류부에 해당한다. 낙동강하구는 수만 년에 걸쳐 형성된 거대한 델타지역으로, 과거 김해평야로 명성을 높였던 곳이다. 현재 부산시와 한국수자원공사가 에코델타시티를 건설 중이다.

수영강은 부산에서 낙동강에 이어 두 번째로 긴 하천이다. 양산 원효산에서 발원하여 남서 방향으로 흐르다가 해운대구 재송동에서 금정산에서 발원하는 온천천과 합류한다. 수영강과 온천천 유역에는 동래 패총, 오륜대 고분, 노포동 고분, 회동동 고분, 복천동 고분, 연산동 고분 등 삼한·삼국시대 유적이 산재한다. 부산의 뿌리와 역사를 더듬을 수 있는 지역이다.

해안으로 유입하는 하천은 동천, 보수천, 부산천, 해운대천, 대연천, 송정천이 있다. 동천은 낙동강과 수영강에 이어 부산에서 세 번째로 긴 강이다. 백양산에서 발원하여 남쪽으로 흐르다가 범내골에서 수정산에서 발원하는 감내천과 합류하여 부산만으로 흘러든다. 동천 유역은 해방 이후 삼성, LG, 대우를 비롯, 수많은 고무공장과 신발공장들이 자리해 기업 활동을 펼친 한국 근대화·산업화의 텃밭이자 산실이었다. 하지만 동천은 산업화 도시화 과정에서 대부분이 복개되어 자연하천의 모습을 잃었으며, 하류부는 심각한 오염에 시달리고 있다.

온천의 도시

부산의 동래 온천은 신비로운 효험을 말하는 백학 전설이 전해지는 전국적 명성을 가진 온천 명소다. 신라시대 때부터 이용했다는 기록이 있으며, 조선시대에는 온정원溫井院을 둘 정도로 관원들과 선비들의 이용이 잦았다. 동래 온천은 조선 시대 왜관倭館과 가까운 곳에 있어 일본인들이 즐겨 찾았으며, 1876년 개항으로 일본인이 이주하면서 온천 이용자가 크게 늘었고, 1910년 11월 부산진~동래 온천장을 잇는 전차가 개통되어 더욱 주목을 받았다. 광복 이후 1960년대에 들어와 탕원湯源의 무

질서한 개발이 진행됨에 따라 관리를 위해 1970년에는 관광지로, 1981 년에는 온천 지구로 지정, 고시되었다. 옛날엔 신혼여행지로 각광을 받 았으나, 날이 갈수록 명성이 쇠퇴하고 있다.

해운대 온천도 한때 전국적 명성을 얻었던 명소다. 해운대 온천은 해 안에 위치하여 해수욕과 온천욕을 즐길 수 있는 한국 유일의 임해 온천 지이며 해운대 팔경 중 하나다. 해운대 온천원 보호 지구 내에는 조선비 치 호텔, 노보텔 앰배서더 부산, 파라다이스 호텔, 해운대 그랜드 호텔 등 에 온천 시설이 갖추어져 있다. 해운대구청 일대에는 여전히 크고 작은 온천탕들이 영업을 이어가고 있다.

동래 온천과 해운대 온천은 '흘러간 물'이 아니라, 여전히 '흐르는 물' 이다. 부산의 고유성을 진단할 때, 온천에 얽힌 추억과 애환은 놓칠 수 없 는 체험의 장소가 될 수 있다.

부산 바다와 해양성

한국사회의 멜팅 폿

바다는 산과 함께 부산을 형성한 빼놓을 수 없는 지리적 사회적 환 경이다. 전국 최대 해수욕장, 세계 5~6위권 글로벌 항만, 겨울에도 제 주도 다음으로 따뜻한 해양성 기후를 가진 도시 여건은 세계 여타 도시 들이 부러워한다. 한마디로, 항만 경쟁력 갑의 부산항인 셈이다. 부산항 과 부산 신항을 중심으로 한 역동적 항만 경제는 부산경제와 국가 물류를 떠받치는 핵심 인프라다. 바다 없는, 바다를 외면한 부산은 상상조차 할 수 없다.

부산연구원은 자체 연구에서 부산을 말하는 3가지 특성으로 해양성, 민중성, 개방성을 꼽았다.[1] 이 가운데 해양성은 부산의 정체성을 형성하는 핵심 요소다.

부산은 한반도 동남단에 위치하며, 바다와 접한 지역적 특성이 이곳에서 살아가는 사람들의 일상생활에 영향을 주었다. 그 결과, 바다의 거친 파도를 이겨내고 살아가는 특성이 투박하고 화끈한, 또 남성적인 강한 생활력의 해양성을 길러냈다는 것이다.

또한 서울, 즉 한양에 대한 지방이라는 측면에서 중앙에 대한 저항과 변방이라는 외침의 방어적 특성으로 인해 형성된 강한 야성 野性 이 결부되어 만들어지는 민중성이 사회적 혼란기에 늘 저항 의식을 꽃피우게 했다. 그런가 하면, 바다로 나아가고 대륙으로 나아가는 전초 기지로 항상 새로운 문물을 먼저 경험하고, 타지의 사람들을 쉽게 만나 교류함으로써 관용성과 개방성을 드러냈다.

이러한 해양성과 민중성, 개방성은 부산다움과 부산성을 형성하는 배경이자 인문학적 자산이다. 임진왜란과 일제강점기, 6·25 전쟁을 거치면서 부산은 사람과 문물, 물류가 이합집산하는 '멜팅 폿 Melting Pot'이 되었고, 그 속에서 전통 자산의 고유성과 근현대적 자산이 융합되는 혼종 사회가 되었다.

---

1   부산연구원, 부산의 미래가치를 말하다, 2016.

富山에서 釜山까지

부산이 처음부터 바다 도시의 정체성을 가진 것은 아닌 듯하다. 해양
성이란 관점에서 발견할 수 있는 고유성도 허약하다.

부산이란 이름은 개항 1876년 이후 내륙인 동래부의 행정과 문화가 서
서히 바닷가인 초량 지금의 원도심 쪽으로 옮겨오면서 부각 된 지명이다. 동
래 東萊 에 대응하는 원래의 부산은 오늘날 동천 하구, 좌천동 범일동 일
대의 한갓진 어촌이었다. 조선 초기 문헌에는 이곳이 '부산 富山'으로 나
타난다. 산이 많아서인지, 고기를 많이 잡아 부자가 되고 싶어서인지
'부자 부 富'를 써 부산포 富山浦 라 이름한 것이다.

조선 초에 편찬된 『세종실록지리지 1454 』에는 '동래부산포 東萊富山浦'
가, 1471년에 편찬된 신숙주의 『해동제국기』에는 '동래지부산포 東萊之
富山浦'라는 지명이 등장한다. 그러다 1474년 『성종실록』에 비로소 '釜
山'이라는 명칭이 나타난다. 같은 공간을 두고 '富山'에서 '釜山'으로 바
뀌는 과정은 다소 느닷없다. 어쨌든 15세기 말엽부터 '釜山'이란 명칭이
일반화된다.

최근의 관심사는 '부산 釜山'의 유래다. 그곳이 어디를 지칭하냐는 것
이다. 지금까지는 동구 증산 甑山 설이 대세였다. 『부산시사』나 시 홈페이
지에도 증산설이 소개돼 있다. 그런데 수년 전 지역 학계 일각에서 자성
대 설을 제기하면서 뜨거운 논란거리로 부상했다.

증산설은 '증산 동구 좌천동 이 곧 부산'이라는 이야기다. 본래 가마솥 모
양의 부산에 왜성을 쌓으면서 산 정상을 깎아내리다 보니 외형이 시루
모양으로 변해 '시루 증 甑'자를 써서 증산이 됐다는 것이다. 1740년 『동

래부지』 산천조에는 "부산이 동평현에 있으며 가마와 같은 산 아래 부산 포·개운포 양진이 있고 옛날 항거왜호가 있었다"는 대목이 있는데 그게 증거라는 거다.

반면 자성대설은 조선시대 부산富山의 원도심은 당시 부산포가 위치 했던 범천東川 하구의 범일동 자성대공원 일대이기에 '자성대가 부산'이 라는 주장이다. 이곳에 일본인 거주지인 항거왜호가 있었으며, 임진왜란 이후 부산진성이 옮겨진 것도 참고할 만하다는 것. 1663년 제작된 부산 지역의 '목장성지도'에도 자성대공원 능선 정상부에 묵서로 '釜山'이라고 표기된 점도 근거로 제시된다.

조선 후기 부산포에는 군선의 선착장이 있었으며, 조선통신사선이 이곳 영가대에서 해신제를 지내고 대마도로 떠나기도 했다. 부산포는 '부산' 유래와 함께 부산의 고유성과 정체성을 말해주는 역사의 타임머 신 같은 곳이다.

해양도시를 둘러싼 논점

부산항과 부산 신항은 '항구들의 항구'다. 대한민국 최대의 항구이며 오대양을 다니는 세계 선박들의 모항이다. 부산항은 2019년 기준, 컨테 이너 화물 처리량에서 세계 6위, 환적화물 처리량에서 세계 2위이다. 부 산항은 국내 컨테이너 물동량의 75% 정도를 처리한다. 지구촌의 80%가 바다로 이어지고, 지구촌 무역의 70%가 바다 무역이며, 국내 수출입물 류의 99%가 바다를 통하고 있다는 사실은 부산항의 역할이 막중하고 위상이 확고함을 동시에 일러준다.

이 때문에 부산시는 오래전부터 '해양도시' '동북아 물류중심도시' '해양수도' 개념을 담은 정책 비전을 제시해왔다. 여러 논의 중에 부산항 개항 시점 논란이 있다. '부산항 개항을 언제로 볼 것인가' 하는 문제이다.

1876년 강화도 조약에 의한 부산항 개방은 부산을 국제 무역항이자 항구 도시로 변모시키는 계기가 되었다. 이 무렵, 왜관이 자리했던 용두산 공원 부근에 일본인들의 거류지가 형성되고, 대형 선박이 정박할 수 있는 항만이 건설되면서 부산항은 점차 근대적 국제 무역항의 면모를 갖춰갔다. 일제강점기가 시작되는 1900년 초에는 경부선 철도가 부설되고 그해 9월 부관연락선이 취항하면서 부산은 일본과 한반도를 철도와 선박으로 오가는 사람들이 거쳐 가는 인적·물적 교류의 요충지로 부상한다.

부산항 개항을 1876년 2월로 보는 것은, 근대적 의미의 개항과 통상을 중시한 해석이다. 이때 개항의 의미는 단순히 외국과의 국교, 통상 관계를 맺는 것에서 더 나아가 쇄국에서 개방, 자본주의 질서 속에 편입됨을 뜻한다. 일제의 기세에 짓눌려 타율적 개항을 불가피 한 개항으로 받아들인 측면도 있다.

학자들 중에는 1609년 기유조약을 부산항 개항의 근원으로 삼자는 사람도 있다. 기유조약은 임진왜란 이후 도쿠가와德川家康 막부의 요청으로 조선이 대마도주對馬島主와 체결한 조약으로, 조선 스스로 문을 열고 일본과의 교류를 재개하였다는 데 의미가 있다. 기유약조 이후 300여 년 간 조선과 일본 간에는 유례없는 선린우호 관계가 유지된다.

향토 사학계 일각에선 1407년太宗 7年을 부산항 개항일로 삼자는 주장을 편다. 『조선왕조실록』에 보면 1407년 부산포와 내이포지금의 진해 웅

천동에 왜관이 설치되고 교린 차원에서 면세 혜택과 함께 일본과의 교류를 허용했다는 내용이 나온다. 치밀한 역사 고증과 국내외 사례가 바탕이 되어야겠지만, 1407년을 개항 기점으로 보게 되면 부산항 개항 역사는 600여 년으로 크게 늘어난다.

역사적 고증 및 상상력에 따라 개항 시점은 얼마든지 새롭게 설정되고 재해석될 수 있다. 북항 재개발사업이 진행되고 있는 만큼 개항 시점 논의를 확장하면서, 부산항 축제를 새롭게 기획해볼 필요가 있겠다.

2019년 7월, 부산시는 '부산문화 2030 비전과 전략'을 통해 부산항 북항 일대를 국내외 예술인들이 자유롭게 활동하는 '문화자유구역'으로 조성하겠다고 발표했다. 해양도시 부산으로 나아가는 의미 있는 첫걸음이다. 국제적 해양문화 도시를 만들기 위해 부산시는 10대 전략과 27개 과제, 89개 세부과제를 제시했고, 2030년까지 2조3,000억 원을 투입한다고 밝혔다.

주요 과제 속에는 오페라하우스가 들어서는 북항 일대에 국내외 예술가가 자유롭게 활동할 수 있는 '문화자유구역' 조성사업을 비롯, 아세안 도시 문화교류 확대, 남북 문화교류 사업 추진, 전국 최초의 해양인문학 센터 설립, 주민 생활과 마을 기록을 담은 특화박물관 20곳 조성 등이 눈에 띈다. 해양도시 담론이 물꼬를 트는 모습이지만, 그 속에서 부산의 고유성과 부산다움을 찾는 것은 여전히 어려운 과제이다.

부산 사람과 부산말

나훈아가 쓰는 부산사투리

가왕歌王으로 불리는 나훈아는 인기 연예인 중에 부산말 잘 쓰기로 소문나 있다. 2020년 추석 하루 전날인 9월 30일 저녁 나훈아는 KBS 2 TV에 출연해 '2020 한가위 대기획 대한민국 어게인 나훈아' 공연을 꾸몄다. 코로나에 지친 국민들을 위로하고 함께 힘을 모아 국난을 극복하고자 마련한 특별 비대면 콘서트였다. 나훈아 개인으로선 15년 만의 방송 출연이란 의미도 더해졌다.

이날 나훈아는 특유의 구수한 부산 사투리로 "오늘 같은 공연은 태어나서 처음 해 봅니더. 우리는 지금 별의 별 꼴을 다 보고 살고 있슴미더. 그래도 여러분 응원만 있으면 할 거는 천지삐까리니까 밤새도록 할 수 있심더. 가 보까예?" 하고 너스레를 떨어 웃음을 자아냈다. 그는 공연 중간엔 자신의 출생지가 부산 동구 초량동이라고 분명하게 밝혔다.

나훈아가 쓴 '천지삐까리'는 '엄청 많다'는 뜻의 부산 사투리다. '천지'는 하늘과 땅을 뜻하고, '삐까리 빼까리'는 '낟알이 붙은 곡식더미' 즉 낟가리를 말하니, '하늘과 땅 사이에 곡식더미가 가득 쌓여있을 정도로 많다'는 의미가 된다. 부산 사람들이야 쉽게 알아차리지만, 타 지역 사람들은 무슨 뜻인지 고개를 갸웃거릴 수도 있다. 그런데도 나훈아는 아주 자연스럽고 능글맞게 사투리로 시청자들과 교감하며 자신의 정체성을 드러냈다.

이는 이례적인 경우다. 보통, 가수나 연예인들은 인기를 얻으면 지역

색을 드러내지 않으려 한다. 인기 관리에 별로 도움이 안 된다고 보기 때문이다. 그러면서 대부분은 출신 지역에 관계없이 어정쩡한 서울말을 쓴다. 방송 연예가에선 지역의 사투리가 개그나 웃음의 소재 정도로 사용되는 게 현실이다.

모바일과 SNS 사회관계망서비스 확산으로 언어사용 환경이 달라지면서 강고한 서울말 중심주의가 약해지는 측면도 있다. 부산 출신의 가수 강산에가 부른 '와그라노'와 장미여관의 히트곡 '봉숙이'는 부산 사투리로 가요계를 공략한 케이스다. 영화 '친구'나 '국제시장'은 부산적인 내용에다 구수한 부산 사투리를 가미해 흥행에 성공했다.

억세지만 정감 넘치는 말

가왕 나훈아의 부산말 사용이 보여주듯이, 부산사람이 쓰는 부산말 사투리은 부산을 말하고 알리는 최고의 고유성이라 할 수 있다. 부산 사투리는 부산 사람들의 삶의 궤적이며 마르지 않는 정신의 샘이다. 그 속에는 오랜 세월 갈고 다듬어진 지역의 역사와 문화, 생활이 숨쉬고 있다. "잘 가라", "빈틈없이 해라"는 말보다, "잘 가래이", "단디 해라"는 말이 훨씬 정감 있고 여운도 짙다. 말 잘해서 욕먹을 일은 없다. 말 한마디가 인간관계를 돈독히 하고 지역 공동체에 도움이 된다면, 장려하고 지원할 일이다.

부산 자갈치 시장에서 생선처럼 퍼덕거리는 억세고 드센 부산말을 듣고 있노라면, 이곳이 '부산이구나', '내가 부산사람이구나' 하는 동질감이 절로 생긴다. 자갈치를 이해하는 가장 빠른 방법은 자갈치에 가서 시장 상인들의 '살아 꿈틀거리는' 말과 행동을 구경하고 체험하는 일이다.

흔히 부산말은 '무뚝뚝하다, 거세다, 직설적이다'는 이야기를 듣는다. 이는 부산말이 가지는 음운적 특징이나 축약 현상, 또는 말하기 방식과 무관하지 않다. 상황을 압축하여 짧게 말하는 방식이나, 다소곳한 표현이나 겉치레 말을 사용하지 않고, 에둘러 말하기보다는 본론부터 곧장 말하는 방식 등은 부산말이 직설적이고 무례하다는 오해를 사기도 한다. 하지만 부산 사투리는 겉과 속이 약간 다르다. 겉으로는 명령하는 표현이나 비속적인 표현들이 사용되어 무례해 보이지만, 그 이면에는 형식적인 언어 표현을 넘는, 친밀함이라는 관계적 의미가 자리한다. 거세고 직설적이고 무뚝뚝하게 보이는 부산말 속에는 언어사용의 경제적 원칙과 함께 다른 말로는 대체할 수 없는 솔직함과 은근함, 친근감이 배어 있다[2]는 것이다.

그런데 우리는 지금까지 서울 중심, 표준말 우선주의에 포박된 말글살이를 해왔다. 언어의 질서와 통합의 순기능을 이해한다손 쳐도 지방의 고유성과 각 사투리의 다양성을 도외시한 정책이었다.

표준어는 만들어진 언어로 우리말의 체계와 역사를 이해하고 한국 사람으로서의 정체성을 확립하는 데 도움이 되지만, 부산을 이해하고 부산사람의 정체성을 확립하는 데는 명백한 한계가 있다. 부산말을 이해하고 지켜나가는 것은 부산사람의 정체성을 확립하는 일이다.

---

2   부산역사문화대전 〈거세고, 직설적인 부산말〉(차윤정)

부산의 미래유산 스토리텔링

요즘 '미래유산' 개념이 주목받고 있다. 미래유산은 문화재보호법으로 보호받지 못하는 지역의 유·무형 문화 중 미래세대로 이어갈 가치가 있는 유산을 말한다. 부산시도 2019년 말부터 관련 조례에 따라 지역의 정체성과 고유성이 담긴 유·무형 유산 찾기에 나섰다. 이에 앞서, 부산시의회는 2019년 11월 '미래유산 보존·관리 및 활용에 관한 조례'를 제정했다. '부산시 소재 문화유산을 체계적으로 보존·관리 및 활용함으로써 시민의 문화적 소양 함양과 지역문화 발전에 이바지'한다는 게 목적이다. 이를 위해 5년마다 기본계획을 수립하고, 미래유산 보존위원회를 구성하도록 했다.

부산시 미래유산 보존위원회는 2019년 12월 1차로 역사 분야에서 부마민주항쟁, 초량왜관, 임진왜란 당시 동래읍성, 다대진성, 박차정 생가터, 6월 항쟁도 등을 선정, 발표한 바 있다. 도시 분야에선 산복도로, 용두산공원, 어린이대공원, 영도선착장 등이 뽑혔다. 부산 사투리와 자갈치·국제시장, 부산밀면 등도 지켜가야 할 미래유산으로 선정됐다.

올해 2020년도 100여 건의 유산이 후보군으로 물망에 올랐다. 미 하야리아 부대 부지 반환 이후 조성한 부산시민공원, 시민 모금으로 세워진 사월민주혁명 4·19 희생자 위령탑, 부산 1호 해수욕장인 송도해수욕장, 부산의 상징 중 하나인 40계단·어묵·달맞이고개 등이다. 장기려 박사 기념관과 요산문학관, 부산 고무신 등도 포함됐다.

어느 것 하나 놓칠 수 없는 미래유산 목록이다. 문제는 아이템 발굴과 1차 스토리 정리에서 나아가 제대로 된 스토리텔링을 통해 문화콘텐츠로 만드는 작업이다. 1차 소재는 사실상 여기 저기에 널려 있다. 사포지향, 즉 산·강·바다·온천 곳곳에 깔린 게 부산 이야기요, 지역 유산이다.

이를 문화콘텐츠로 정교하게 다듬기 위해서는 스토리텔링 본질에 충실해야 한다. 스토리텔링은 문화콘텐츠의 기초 설계도이자 DNA다. 스토리텔링은 단순히 이야기를 텔링하는 수준이 아니라, 고도의 기획·창작 영역이다. 스토리텔링을 제대로 하려면 기본적으로 △선명한 메시지 Message △갈등 구조Conflict △흥미로운 등장인물 Character △참신한 플롯Plot, 기승전결 △감각적 경험Experience △스토리의 진실성Trust 등의 구성요소[3]를 갖춰야 한다.

이것만으로도 부족하다. 스토리텔링에 성공하려면, 드림 포인트소망과 꿈를 만들고, 시류를 반영한 서브 트렌드를 확산시켜야 하며, 원 소스 멀티 유즈 전략을 사전에 강구해야 한다.

지역의 고유성을 바탕으로 스토리텔링을 하고 문화콘텐츠를 빚는 것은 흩어져 있는 역사·문화·예술자원을 정교하게 다듬어 보석을 꿰는 작업이다. 과거 자산이든, 미래유산이든 다시 보고 새롭게 읽는 눈이 필요하다.

---

3   클라우스 포그 외, 『스토리텔링의 기술』, 멘토르, 2008.

부산의 고유성과 문화예술교육의 실천

4포지향의 도시, 부산의 산과 강, 바다와 온천은 생활자원이면서 문화관광 자원이다. 산과 강은 사진이나 그림이 되고, 바다와 온천은 시나 소설, 영화가 된다. 4포지향이란 말은 바로 일상생활 속의 문화예술 체험 공간이 될 수 있다는 뜻이다. 하지만 일상과 문화예술은 가까이 있는 듯 하지만 실은 거리가 멀다. 자연이나 사물을 보는 감식안과 감성, 상상력이 뒷받침되지 않으면 보이지도, 들리지도 않는 게 문화예술이다.

4포지향의 풍경도 마찬가지다. 해운대의 바다를 보고 무엇을 느끼는가? 망망대해와 파도, 그리고 이런저런 조형물만 보았다면 1차적 관찰에 머문 것이다. 이 경우 그 관찰은 사진을 찍어둔다 해도 얼마 못 가잊히게 된다. 반면, 해운대에서 영화 '해운대'의 숨 막히는 장면을 떠올리고, 황옥공주 스토리와 해운海雲 최치원의 선지자적 혜안과 글로벌 감각을 호흡했다면 얘기는 달라진다. 우리 일상에 문화예술이 스며들어 작용한 것과 그렇지 않은 것의 차이다. 일상의 풍경을 단순하게 보지 않고, 음미하고 즐기면서 창조적 에너지를 얻는 것, 그것은 문화예술교육을 통해 가능해진다.

문화예술교육이 제대로 이뤄지려면, 지역의 고유성 연구와 다양한 문화자원의 연결이 우선돼야 한다. 고유성은 역사성을 바탕으로 하는 바, 부산의 뿌리와 연원에 대한 이해가 우선돼야 한다. 도시를 자유롭게 하는 '리듬'을 찾고, 미래 자산을 발굴, 스토리텔링을 통해 도시 브랜드를 만드는 작업도 소홀히 할 수 없다.

이러한 일들을 원활하게 진행하려면, 문화예술교육이 함께 가지 않으면 안 된다. 문화예술교육이 지역을 담아낸다는 것은, 지역의 역사와 고유성을 체득하고 창의적으로 해석하며 궁극적으로 공동체 자산으로 승화시키는 일이다. 이를 위해선 생산자작가, 예술인, 기획자, 행정가 등와 소비자독자, 관객, 시민가 만나서 소통·교류할 수 있는 매체나 플랫폼, 이벤트가 필요하다. 최근 몇 년 사이 부산에서도 문화예술을 나누는 대중적인 콘텐츠가 늘어났다. 일반 시민들이 쉽게 접근해 공유할 수 있는 대중적인 콘텐츠는 축제, 영상, 마을신문, 단행본, 투어 프로그램 등 매우 다양하다. 도시재생이나 마을 만들기 차원에서 시도되는 문화예술 프로그램도 눈에 띈다. 이러한 것들은 지역의 고유성에 가까이 다가서고 지역의 속살을 만나게 하는 문화예술교육의 소중한 토대가 된다. 이 점에서 문화예술교육은 지역문화를 한 단계 끌어올리고, 창조도시·행복도시에 다가서는 중요한 디딤돌이다.

지역을 담는 문화예술교육

송교성

플랜비문화예술협동조합 실장

지역과 문화예술교육

조그만한 배한채 운영했다 / 오늘 하루 해가지고 / 기다리는 영감은 오지 않고 옆 사람한테 물어보니 술을 먹었다 한다 / 저녁 아홉시까지 기다리다 / 자갈치 충무동 센타까지 찾아봐도 보이지 안는다 / 허둥지둥 집으로 와도 사람은 안 왔다 / 시간은 흘르 새벽 세시쯤 / 배가 들어왔던지 보인다 / 막상 배 가보니 옷 인지 사람인지 / 기름무든체 누워잔다 / 아이구 영감님 어쩔까' [1]

이 시의 제목은 「자갈 망댕 우리집」이다. 평생 한 편의 시를 지어본적이 없었던 서만선 님께서 깡깡이예술마을 시화동아리에서 발표한 작품이다. 남편께서는 부산항과 영도, 자갈치를 바삐 오가며 뱃일을 했을 테다. 매일매일 비슷하게 반복되던 일이었겠지만 그래도 매일매일 노심초사 마음 졸였던 마음이 엿보이는 시다. 항구도시 부산에서 삶을 일궈온 사람들의 하루하루가 선명하게 상상되는 시다.

보통의 사람들이 자신의 삶을 주제로 써 내려간 시 한 편이나 그림 한 장이 주변 사람들에게 큰 울림을 줄 때가 있다. 익숙하고 친숙해서 범상하고 진부한 일로 지나쳤던 일상생활의 시간과 장소를 포착해내었

---

1   간혹 맞춤법이나 띄어쓰기에 오류가 있지만 그대로 옮겨두었다.

을 때 그러하다. 「자갈 망댕 우리집」은 그동안 풍경으로만 보이던 영도
의 포구가 치열한 삶의 현장임을 깨닫게 해주고, 늘 가벼운 인사로 지나
던 깡깡이 마을 사람들과 그 터에 새겨진 오랜 이야기들을 슬며시 드러
나게 하였다.

자갈 망댕 우리집

서 관선

조그만한 배한채 운영했다
오늘 하루 허가지고
기 다리는 영감은 오지 않고
옆 사람 한테 물어 보니 술을 먹었다 한다
저녁 아홉시 까지 기다리다
자갈치 충무동 센타 까지
찾아 바도 보이지 안는다
허둥 지둥 집으로 와도 사람은 안왔다
시간은 흘러 새벽 서시 쯤
배가 들어 왔던지 보인다
막상 배가보니 옷인지 사람인지
기름무든체 누워 잔다
아이구 영감님 어쩔까

이런 사례들은 주변에서 종종 볼 수 있다. 2013년 경남 거창군 웅양면에서는 마을의 폐교를 활용해 〈할매, 할배 학교 갑시다!〉 프로그램을 추진했다. 마을주민들이 함께 모여 글짓기 공부를 하고, 백일장을 통해 직접 시를 창작하고 낭송회도 진행했다. 현재는 하성단노을생활문화센터로 탈바꿈한 폐교에 그때의 시들이 전시되어 있는데, 농촌에서의 고단했던 삶, 먼저 떠나간 이들에 대한 그리움, 자식들에 대한 깊은 사랑의 마음들이 생활의 언어로, 지역의 언어로 묻어나 있어 마음을 울컥하게 만든다. 이 프로그램은 최근까지도 경남 거창군 일대의 대표적인 문화예술교육 프로그램으로 추진되면서 지역문화에 의미 있는 궤적을 남기고 있다.

대구 칠곡 인문학도시 조성사업의 일환으로 출판된 두 권의 책『시가 뭐고?-칠곡 할매들, 시를 쓰다』,『콩이나 쪼매 심고 놀지머』도 대표적인 사례다. 경상북도 칠곡군에 사시는 할머니들께서 배우고 익혀 생애 처음으로 쓴 시들을 모아 엮은 시집이다. 사단법인 인문사회연구소 신동호 소장은 다음과 같이 기획의 말을 남겼다. "할머니들의 뼈에 새겨진 이야기 속에는 몸에 마음에 깃든 무늬, 삶의 주름, 수많은 이들사람, 짐승, 식물 등의 거처가 생생하고, 이웃이, 마을이, 지역이 한 몸에 들어앉아 살고 있었다." 지역과 함께하는 문화예술의 힘을 잘 보여주는 말이다.

비단 시와 같은 문학 장르뿐만 아니라 그림, 음악, 공연, 영상, 요리, 축제, 마을 해설 등 다양한 형태와 방식의 문화예술교육 프로그램들이 지역 곳곳에서 주민들과 함께 장소, 지역성을 주제로 진행되고 있다. 특히 지역문화의 진흥과 활성화가 문화정책과 사업의 핵심 방향으로 설정되면서 문화예술교육이 중요하게 호명되고 있다. 최근 지역문화 정책과 사업의 현장에서 가장 '핫'한 사업은 문화체육관광부이하 문체부의

〈법정 문화도시 지정 사업〉이다. 문체부는 지역문화진흥법에 근거하여 "문화를 통한 지속가능한 지역발전 및 지역 주민의 문화적 삶 확산"을 비전으로 문화도시 사업을 추진하고 있는데, 주요한 정책목표를 "지역의 공동체 활성화, 문화를 통한 균형발전, 창의적이고 지속가능한 성장기반 구축, 사회혁신 제고"로 설정하였다.[2] 선정되면 5년 동안 최대 200억의 예산을 지원하기 때문에 전국 각지 도시 간의 경쟁이 치열을 넘어서 과열의 양상에 이를 정도이다. 자연스럽게 각 도시에서 펼쳐지는 각각의 문화예술 사업들도 문화도시 사업에서 강조하고 있는 지역정체성의 강화, 문화적 공동체의 활성화, 문화적 도시재생, 주민주도의 문화예술 프로그램의 기획과 실행 등을 목표로 설정하고 있다. 때문에 지역에서 살아가는 주민들과 함께 지역을 이해하고, 지역과 연결될 수 있는 문화예술교육 사업들이 지역 곳곳에서 요청되고 있다.

왜냐하면 문화예술교육은 실제로 실행되는 과정 속에 단순히 예술에 대한 기능적 교육을 넘어서, 자신의 삶을 돌아보고 살아가는 장소에 대한 이해를 바탕으로 궁극적으로 문화적 공동체를 함께 가꿔갈 수 있는 힘을 담고 있기 때문이다. 문학평론가 고영직은 지역에서 우리가 살아가는 "구체적인 장소place를 온기가 있고 인기척이 살아있는 생명의 '삶터'로 전환할 수 있는 준비를 해야 한다"고 지적하며, 문화예술교육 정책과 실천 속에 장소의 가치 보존을 위한 지역권地役權과 같은 차원이 내재되어 있다고 평가한다.[3] 살펴본 사례들처럼 글을 배우고, 시를 짓는 어

2   문화체육관광부, 2020년 문화도시 추진 가이드라인.

3   고영직, 『삶의 시간을 잇는 문화예술교육 - 미적 인간은 어떻게 탄생하는가』. 살림터, 2020.

쩌면 가장 개인적인 일에도, 이웃과 소통하고 공감하며 공동체적 교류를 만들어 내고, 구체적인 삶이 있는 곳으로 지역을 이해하게 만드는 힘이 담겨있다.

문화예술교육 정책 자체에서도 지역과 장소는 중요한 요소로 사업의 계획과 실행에 반영되고 있다. 단적인 예로, 최근 한국문화예술교육진흥원은 '기초 단위 문화예술교육 거점 구축 지원 사업'을 새롭게 추진하고 있는데, 사업 공모 가이드 자료에서는 문화예술교육과 지역의 관계에 대한 개념에 대해 다음과 같이 설명하고 있다. 우선 사업의 필요성에 대해서 지역별 여건에 맞는 사업을 고민하고 기획할 수 있도록 하는 사업들이 부족했다는 문제의식, 각 지역에서 자율성을 갖고 진행할 수 있는 문화예술교육 사업들을 기획하기 어려웠던 상황이었다는 점을 지적한다. 그리고 '지역에 맞는 문화예술교육 계획 수립'에 대해서는 이렇게 개념을 제시하였다.

> " … '지역에 맞춘다'라는 것은 지역의 여건을 고려한 문화예술교육 활동에 대한 상상력, 즉 기초 단위에서 문화예술교육이 어떻게 이루어져야 하는지에 대한 근본적인 고민이 먼저 필요합니다. 또한 지역 맞춤 문화예술교육의 실행을 위해서는 개인이나 일부 그룹을 넘어선 '다양한 사람들과의 만남'을 기획하고 각자의 현장에서 잘 해낼 수 있는 방법을 함께 고민하는 것이 중요하다고 보고 있습니다. … "[4]

---

4   한국문화예술교육진흥원, 2020 기초 단위 문화예술교육 거점 구축 지원 사업 - 사업설명자료.

즉, 지역에 대한 이해와 고민의 바탕에서 출발해서 지역의 자원을 연계하고 상호 협력함으로써 지역에 적합하고, 지역의 문제를 해결하는 방안으로 문화예술교육의 추진이 강조되는 것이다. 이는 문화도시 사업의 근본적인 원리와도 일맥상통한다. 지역과 만나는 문화예술교육의 핵심은 다양한 개개인의 삶을 지역과 이어나가는 매개에 있다.

지역과 만난 문화예술교육의 한 사례 - 〈깡깡이예술마을〉

지역문화 활성화, 문화예술을 통한 도시재생, 문화도시 조성, 지역거점 문화예술교육 등 지역과 문화예술의 연계가 중요한 흐름으로 정책과 사업 등에서 강조되고 있는 요즈음 참고할 만한 사례로 깡깡이예술마을 사업을 소개한다. 깡깡이예술마을 사업은 부산광역시와 영도구, 대평동 마을회와 영도문화원, 플랜비문화예술협동조합 이하 플랜비 등 민과 관, 전문가 그룹이 함께 추진한 문화적 도시재생의 한 사례이다. 근대수리조선업을 100년이 넘도록 유지하고 있는 영도의 독특한 수리조선 산업지역인 대평동을 대상으로 공공 공간의 조성과 지역의 문화자원을 활용한 프로그램 중심으로 사업이 진행되었다. 산으로 간 사람들의 이야기가 산복도로 도시재생이었다면, 바다로 간 사람들의 이야기를 통한 해양문화수도의 재생이 깡깡이예술마을 사업의 지향점이었다. 2015년부터 추진이 되어 공식적인 지원 사업은 종료되었으나 현재도 대평동 마을회를 중심으로 깡깡이유람선 등 마을투어 프로그램과 마을다방, 마을동아리 활동 등이 운영 중에 있다.

전체 사업은 영도도선복원 유람선, 퍼블릭아트 공공예술, 마을박물관 프로젝트 마을조사, 문화사랑방 공동체, 공공예술페스티벌 예술축제, 깡깡이크리에이티브 브랜딩 등 6가지 영역으로 구성되었는데, 이 중 〈문화사랑방〉이 주민의 참여를 이끌어내기 위한 문화예술교육 중심의 사업이었다. 약 3년의 기간에 걸쳐 진행되어 온 깡깡이예술마을 사업을 현재 확인할 수 있는 것은, 마을박물관이나 바다버스와 같은 거점 공간 혹은 예술작품들처럼 물리적인 성과물들이다. 그러나 표면에 드러난 것 보다 더 많은 인력과 예산이 투여되었던 분야가 문화예술교육이다. 전체 사업을 진행해 나가는 데 있어서 주민, 기술자, 예술가, 행정가 등 다양한 주체가 만나고 소통하고 교류하는 것이 중요했기 때문이다. 그래서 주민의 공감대를 형성하고 공동체 강화를 목표로 강의와 동아리 활동이 추진되었다.

사례 1. 강의형 문화사랑방

우선 사업 초기에는 지역과 만나는 문화예술교육의 전前 단계로 문화와 예술에 대한 강의형 교육 프로그램 〈문화사랑방〉이 진행되었다. 주민들과의 관계 형성을 위해서는 처음부터 적극적인 형태의 사업보다는 서로 인사 정도를 나누며 친분을 쌓는 수준의 프로그램이 적합하다고 생각했기 때문이다. 문화와 예술이 생활에서 멀리 떨어진 것이 아니라, 주민들이 살아가는 생활 속 곳곳에 있음을 공감하는 데 강의의 목적을 두었다. 대평동의 노인회장님이나 마을에서 일하시는 분을 강사로 모셔서 깡깡이마을에 대한 이야기에서부터, 마을 축제 만들기, 타 지역 탐방 프로그램 등 주민들이 부담 없이 쉽게 오실 수 있는 주제로 구성하였다.

무엇보다도 중요하게 생각했던 것은 교육현장의 분위기였다. 단순하게 강의만을 진행하는 것이 아니라 다과와 음식 나눔을 통하여 친근한 분위기를 형성하고, 음악 및 영상감상 등으로 편안하게 참여할 수 있도록 유도하였다. 또 강의 전후로 참여한 주민들이 마을에 대해, 깡깡이 예술마을사업에 대한 생각을 자유롭게 말씀하실 수 있도록 하였다. 그래서 처음에는 어려워했던 분들도 이웃과 함께 맛있는 걸 먹는다, 서로 이야기한다는 생각으로 부담을 덜고 참석하시면서 점차 많은 분들이 함께하셨다.

강의가 끝나갈 즈음에 본격적으로 주민이 직접 참여하고, 실행하는방식으로 여러 종류의 문화예술 동아리를 시작하였다. 예술가들이 결합한 동아리 활동을 통해 마을 사업의 주체로서 주민들의 역량을 강화하는 한편, 문화예술 창작 경험과 발표의 기회를 제공하였다. 마을해설사, 마을정원사, 댄스, 시화, 자서전, 마을다방 동아리 등의 프로그램을 진행하였는데, 대표적으로 시화와 댄스동아리 사례를 소개한다.

사례 2. 시 쓰는 아지매 - 시화동아리

시화동아리는 '시를 쓰고 그림을 그리는 등 자신을 표현하는 행위를 통해 주민 스스로 자신의 삶에 긍지를 갖도록 하며, 그 결과물을 구술 기록물로 남기고자' 진행하였다. 다시 말해 이 프로그램은 시를 잘 짓거나 그림을 잘 그리게 하는 것 보다, 오랫동안 살아온 마을에서의 삶에 대하여 이야기를 나누는 프로그램으로 진행하려는 목적이 컸다. 5~6명의 마을 주민들은 매주 동아리실에 모여 살아온 세월에 대해 담소도 나누고, 나눈 대화를 글로도 옮겨 보며 일상생활을 소재로 글을 쓴다는 것에 조금씩 익숙해지기 위해 노력했다. 영도에서 문화복지사로 비슷한 유형의 프로그램을 만들어온 이혜미 팀장이 기획 운영을 맡았고, 이야기를 끌어내는 경험 많은 강사의 역량이 중요하다고 생각해서 지역에서 오랫동안 활동해온 이민아 시인과 전영주 화가가 함께 강의를 진행했다. 덕분에 처음에는 힘들어하셨으나, 글을 쓰고 그림 그리는 것에 점점 재미를 붙이며, 종래에는 방대한 양의 작품들을 쏟아냈다. 글의 앞부분에 소개한 서만선 님의 시도 시화동아리 활동을 통해 창작되었다.

시화동아리는 주민들 삶의 깊숙한 곳을 서로 연결하는 계기가 되었다. 모두가 어렵고 힘든 시절, 아픔으로 남아있던 기억들을 서로 이야기를 나누고 표현하며 위로를 주고받거나, 기쁘고 즐거웠던 순간을 떠올리며 오랫동안 살아온 마을에 자부심을 가지기도 하였다. "배 씻는 소리 깡깡이 망치질 소리 정말 시끄럽다 덩달아 우리 식당도 바쁘다 김순연, 고모식당 中", "팔십을 바라보는 지금 유치원도 폐교가 되고 보니 그 시절로 돌아가고 싶다 김길자. 대평유치원 中" 등 거친 바다와 육중한 조선소 산업현장에서 억척스럽게 살아온 생활의 흔적들이 묻어나는 시와 그림이 책으로 출간되고, 전시회로 소개되었을 때 마을 이웃들과 자녀분들에게는 남다른 감회와 여운을 주었고, 젊은 세대에게는 세대를 넘는 소통의 장이 되었다. 현재도 작품들은 마을다방에 전시되어 방문하는 이들에게 생생한 마을의 이야기를 들려주고 있다.

사례 3. 춤추는 아지매 – 댄스동아리

" … 저희가 춤을 추기 위해서 온 것이 아니라 아마 춤을 추기 전 과정을 같이
하고 있는 것 같아요. 그래서 그 과정이 어떻게 나왔는지 춤이 왜 생겼는지, 왜
몸이 움직이게 됐는지 이런 과정을 여기 깡깡이 마을 분들이랑 하고 있다고 생
각이 들고요. 근데 그 과정이 다소 어렵기도 해요. … 그럼에도 불구하고 조금
조금 이 시간과 만남을 통해서 어른 분들도 또한 같이 하시는 분들이 춤에 대한
그리고 여태까지 자기가 생각하지 못했던 움직임이 춤이었을 수도 있다는 생
각을 같이 해주셔서 너무 즐겁고 저 또한 다른 생각을 하게 되더라고요. …"[5]

가장 많은 주민들이 신청했다가, 가장 많은 주민들이 떠나간 동아리
가 댄스동아리였다. 왜냐하면 일반적으로 주민센터 등에서 진행하는 댄
스교실과 같은 프로그램을 기대하고 오셨는데, 강의 대부분이 자신의 이
야기를 꺼내게 하거나 집에서 하는 몸짓들을 표현하게 하다 보니 기대
와 다르다며 나가셨던 것이다. 댄스동아리가 추구했던 춤은 우리가 TV
에서 익히 보아오던 것과 많이 달랐다. 공연기획 단체인 '무브먼트 당당'
과 안무가 허경미는 참여한 어르신들이 가지고 있는 몸짓들을 자연스럽
게 끌어내기 위해서 그들의 이야기를 듣고 지역을 돌아보는 데 오랜 시
간을 사용했다.[6]

---

5   『깡깡이예술마을 다큐멘터리 - 춤추는 아지매_먼 곳에서부터(김지곤 감독)』, 댄스 동아리 강사 무
     브먼트 당당의 인터뷰 中

6   참고로 당시 프로그램의 총 20여 차례 진행이 되었는데, 주요한 회차별 주제는 '흔들흔들 우리 몸
     깨우기 (새로운 나의 몸과 인사하기)', '나의 몸으로 말하기 (몸으로 단어, 감정 표현하기)', '지근지
     근 밟아보자! (살랑살랑, 지근지근, 꾹꾹 내 감정대로 밟기)', '내 삶의 전성기 (사진 속 나의 모습
     만들기)', '깡깡이 마을 스텝 만들기 (기존에 만든 스텝 구체화시키기)' 등 이었다.

〈깡깡이아지매 - 먼 곳에서부터〉

살아오면서 생긴 몸의 주름만큼 우리 몸에 배어있는 몸짓이 있습니다. 깡깡이댄스프로젝트는 완성된 춤을 배우기보다는 고유의 몸짓 속의 이야기를 찾아 각자의 '춤사위'가 될 수 있도록 만남을 가졌습니다. 한 사람의 몸이지만 자연스레 나오는 몸짓에는 그의 가족, 마을 그리고 사회 공동체의 기억과 흔적이 보입니다. 그 기억이 겹겹이 쌓여 새로운 깡깡이마을만의 이야기로 공연을 시작합니다. 어디에도 없는 '춤'이지만 먼 곳에서부터 온 우리의 몸일 것입니다. 하청자, 탁애자, 서만선, 김부연, 유호희, 위우임 어머니, 딸, 여성, 아내, 한국 사회의 여자, 노동자, 깡깡이 아지매, 한 사람으로 살아온 그들의 몸짓을 통해 잠시 어깨를 들썩거리며 자유롭게 같이 어울리시길 바랍니다.

깡깡이댄스 프로젝트 공연 소개글

그리하여 댄스동아리와 함께한 어르신들로부터 깡깡이 망치질, 생선 손질, 걸레질하는 모습과 같은 일상의 몸짓들이 흘러나왔으며, 그 동작들이 한데 어우러져 인생이 묻어나는 새로운 형태의 춤으로 탄생하게 되었다. 그리고 그 작품은 〈춤추는 아지매〉라는 제목으로 공공예술축제를 통해 200여 명의 관객 앞에 공연되기도 했다. 당시 공연 소개 글은 댄스동아리가 추구했던 문화예술교육의 의미와 가치를 잘 보여준다.

지역 속으로 한 걸음 더 들어가기

소개한 사례들이 완전히 새롭거나 특별한 프로그램이라고 말하기는 어렵다. 어르신들을 대상으로 하는 문화강좌, 예술창작 교육 프로그램들은 이미 문화예술교육 현장에 익숙한 형태다. 그러나 교육의 과정 속에 참여자들의 이야기를 끌어내고, 각자가 살아가는 삶터를 돌아보게 하면서 지역을 담아내는 것은 조금은 다른 과정이 필요하다고 생각한다. 기획의 초기 단계에서부터 뚜렷한 목표가 설정이 되어야 하고, 강사와도 충분한 교감이 필요한 일이다. 물론 참여하는 주민들도 자신의 이야기를 꺼내어 소통하는 과정을 함께 해야만 가능한 일이다.

그래서 프로그램 실행 이전부터 마을에 대한 조사와 주민 인터뷰를 진행하였고, 이를 예술가들에게 전달하면서 강의의 기본방향을 협의하고 그에 따른 프로그램을 구성하는데 충분한 시간을 가졌다. 아울러 강의가 완료되면 각각 특성에 맞는 방식으로 결과물을 발표할 수 있도록 예산을 배정하고 수강생들이 꼭 결과물을 만들어내도록 독려하였다. 비록 예술적 성취가 높지 않더라도 참여자들 스스로가 창작의 기쁨을 느끼게 하고, 이를 함께한 동료들과 이웃들 혹은 자녀와 소통하는 경험을 통해 살아온 삶에 대한 자부심을 느낄 수 있게끔 노력하였다.

다음으로 중요하게 생각한 기획의 과정은 다양한 문화자원의 연결이었다. 문화예술교육이 지역을 담아낸다는 것은 지역의 역사와 정체성을 개개인들이 몸과 마음으로 창의적으로 재해석하고, 이를 타인과 공유하면서 궁극적으로 문화적인 공동체를 형성하는 일이다. 그러기 위해서는 주민들의 참여 못지않게 지역 내 문화적 자원들을 엮어내어 서로를 촘

촘하게 이어나가고, 서로 다른 관점으로 지역을 다양하게 해석하는 것이 필요하다. 마을 곳곳을 교육 장소로 활용하고, 하나의 교육 프로그램에 여러 분야의 예술가와 전문가들이 각각의 역할과 시선을 가지고 결합하도록 하였다. 또한 서로 다른 교육프로그램들을 묶어서 대중적인 콘텐츠 축제, 영상, 마을신문, 단행본, 투어프로그램 등 로 만들어 주변 사람들과 공유하고 소통하였다. 이러한 요소들이 지역과 만나는 문화예술교육의 중요한 토대라고 생각한다.

지역이 가진 고유의 특성이나 문화를 바탕으로 지역 가치를 존중하고 시민 정주권과 문화권을 동시에 증진하는 것이 시대적 과제로 요구되고 있다. 그래서 구체적인 삶이 있는 지역을 재발견하고, 그 정체성과 가치를 다시 개개인의 이야기로 차곡차곡 연결해가는 예술적 지혜와 감수성의 증진이 문화예술교육 현장에 소명으로 주어지고 있다. 지역 속으로 한 걸음 더 들어갈 때다.

마을의 촌(村)스러운 문화예술교육, 마을공동체의 지속가능을 이야기하다!

김부련

맨발동무도서관 관장

부산시 북구 화명동엔 20여 년 전부터 주민들이 주체가 된 교육, 문화, 생태, 환경 등의 다양한 자생적 단체와 예술가들의 공간이 모여 대천마을이라는 마을공동체가 형성되었다. 이곳에 자리한 맨발동무도서관은 일반 도서관과 달리 마을정체성을 가진 사립공공도서관으로 화명동 대천마을공동체에서 16년째 지내오고 있다. 아이부터 노인까지 온 세대를 아우르며, 주민 누구에게나 문턱 없이 열린 평생학습의 장, 지역 커뮤니티의 거점이자 다양한 문화 플랫폼으로 마을 안에서 수평적이고 자발적인 교육과 문화를 조성하는 역할을 해 오고 있다.

대천마을공동체는 자생적인 주민공동체 활동이 활발했지만 대부분 생활공동체로 조직된 단체들이었고 교육과 문화의 기능을 가진 도서관이 지역사회에 들어서면서 지역주민들이 일상에서 공유할 수 있는 문화적 인프라가 만들어지게 되었다. 일방적이고 소비적인 방식이 아니라 지역사회의 다양한 문화를 반영한 지역주민들이 함께 어울리고 향유하는 문화 활동이었다.

도서관의 문화예술교육들은 새로움을 만들어내는 것이 아니라 마을과 지역에서 만나는 주민, 이용자, 다양한 공동체들의 '이야기와 가치'를 발견하고 '소통과 관계'를 잘 엮어내 지역의 공동체성을 건강하게 성장시키기 위한 것이었다.

누구나 문턱 없이 다양한 문화예술을 즐겁게 만나고 일상적이고 지속적인 문화 예술적 배움을 통해 자기성장이 일어날 수 있도록 진행해 온 도서관의 다양한 문화예술교육은 '자유롭고 평등하게, 스스로 성장하는 힘을 가지며, 나이와 학력에 상관없이 지식과 정보의 독점 없이 함께 배우고 누리기를' 바라는 맨발동무도서관의 운영 철학과 맞닿아 있었다.

도서관을 중심으로 일어나는 일상적인 문화예술교육은 지역주민들이 예술적 감성과 문화적인 태도를 발견하며 주체로서 각자의 문화적인 삶을 성장시키는 계기를 마련해 준다. 지역공동체는 마을과 지역을 좀 더 자세히 들여다보고 함께 해결해야 하는 공동체의 고민을 '문화'와 '예술'이라는 도구로 공유하며 지역주민들이 함께 해결해 갈 수 있는 경험을 가지게 한다.

맨발동무도서관은 문화체육관광부와 부산문화재단의 재원을 바탕으로 진행했던 시민 문화예술교육 활동 지원사업 '시시콜콜', 꿈다락 토요문화학교와 지역특성화문화예술교육을 통해 마을안의 다양한 세대들이 경계 없이 마음을 열고 서로의 이야기에 귀를 기울이며 관계를 맺어가는 소통이 가능해지는 것을 경험했고, '마을 청소년', '마을 재개발'과 같은 마을의 공통 현안을 함께 해결해가는 공동체 구성원의 사회적 관계 강화와 공동체의 성장을 확인할 수 있었다.

인문학과 생활문화예술교육으로
마을사람들의 이야기 밥상을 차리다!

대천마을공동체에 주체적인 삶을 추구하며 더불어 살아가고자 하는 많은 사람들이 모여들었고, 도서관에서 함께 하는 즐거움과 성장을 경험한 다양한 계층과 세대들은 도서관을 넘어 마을에서 이런 필요와 요구들을 소통하고 나누는 일을 하고 싶다는 생각들을 하게 되었다.

2015년 시민 문화예술교육 활동 지원사업 '시시콜콜'을 통해 '마을밥상에 차려진 인생반찬'이라는 주제로 인문학과 생활문화예술교육으로 마을의 밥상을 함께 차리고 '마을'을 주제로 다양한 이야기를 꺼내어 놓으며 경계 없이 마음을 열고 서로의 이야기에 귀를 기울이며 관계를 맺어가는 소통과 나눔의 시간, 삶의 공통 주제를 발견해 보며 이웃과 함께 마을에서 살아가는 이야기들을 가볍게 풀어나가는 소통의 너른 마당을 마련하게 되었다.

맨발동무도서관이 기획하고 대천마을학교와 마을밥상협동조합이 함께 연대하여 일 년간 진행하였으며 마을밥상의 주체는 마을주민이었다. 밥상을 차리는 일도, 밥상을 나누는 일도, 밥상에 둘러앉아 이야기를 나누는 일, 이후 마을에서 하고 싶은 일, 건강한 마을공동체를 가꾸어 나가는 일에 필요한 역량을 만들어나가는 것도 모두가 마을 주민이 자발적이고 주체적으로 모이고 움직이고 채워나가는 과정으로 진행되었다.

마을에는 아이부터 어르신들까지 다양한 연령층이 살고 있다. 아이를 키우고 있는 젊은 세대, 사춘기 자녀를 둔 세대, 삶의 전환기를 맞이한 남성과 여성, 편견이 아닌 공감이 필요한 청소년과 노인들, 직업/사랑/결혼 등으로 세상을 마주한 청년 등 각각의 세대들이 당면한 고민과 요구들이 다양했다.

마을 밥상 위에 올려진 '인생반찬'-인권감수성 교육, 우리는 무엇을 하며 살아야 하는가에 대한 노동 강좌, 앞서 살아본 어른들의 진솔한 경험사람책, 아이들의 교육에 대한 난상토론 등의 열려있는 이야기 마당이었다 - 을 먹으며, 들으며, 이야기하며 편견이 아닌 공감, 삶의 자립, 세상과 마주할 용기, 마을이 함께 아이를 키운다는 위로와 격려를 경험했고 이런 경험은 개인과 이웃과 마을에 대한 관심, 동반 성장으로 이어지게 되었다.

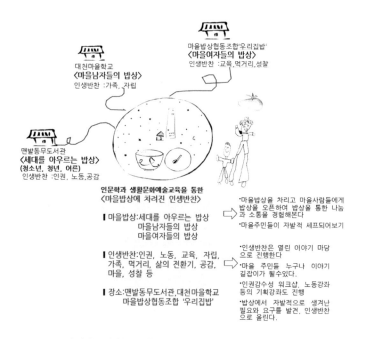

2015년 시민 문화예술교육 활동 지원사업 '마을밥상에 차려진 인생반찬'.
나이, 성별이 다른 마을사람들의 다양한 이야기를 통해
'마을에서 하고 싶은 일, 해야 하는 일'들을 찾아가는 시간이었다.

마을밥상을 통해 10대 청소년부터 80대 어르신에 이르기까지 세대를 넘는 공감과 이해의 시간을 가졌는데 특히 세대를 아우르는 밥상의 진행은 마을사람들이 '청소년'에 대한 이해와 관심을 가지고 마을에서 청소년들의 활동을 응원하고 지지해주는 중요한 계기가 되었다. 세대 간의 소통과 이해를 위해 기획한 '우리 가족의 금요일을 부탁해', '마을밥상 차리기'는 현재까지 대천마을학교의 일상적인 가족프로그램으로 자리 잡고 있다.

시민 문화예술교육 활동 지원사업 '시시콜콜'을 통해 이루어진 성과는 마을 활동가들에게도 있었다. 마을 단체 활동가들의 역량 강화를 위한 워크숍이 진행되었는데, 오랜 마을공동체의 역사를 가지고 있었음에도 워크숍이라는 형태로 마을활동가들이 한자리에 둘러 앉아본 최초의 경험을 가지게 된 것이다. 이를 계기로 인권, 문화다양성, 마을교육, 환경 등 다양한 주제의 마을 공동워크숍이 진행되고 있다. 마을 공동워크숍의 강사는 생활문화예술교육에 참여했던 건강한 음식을 만들고 나누는 일에 관심을 가지고 있는 마을여자, 자립을 위해 혹은 가족을 위해 요리를 배우게 된 마을남자, 어떻게 살 것인가를 고민하며 쉐프의 길을 걸어가고 있는 마을청년이었고 이들 중 일부는 전문적인 역량을 키워 지금도 마을활동가로, 마을 강사로 꾸준히 활동하고 있다.

맨발동무도서관, 대천마을학교, 마을밥상협동조합의 연대와 협력으로 진행된 이 사업으로 마을단체들의 네트워크가 더욱 긴밀해졌다. 마을에 펼쳐진 다양한 밥상을 위해 참여단체들이 구체적, 일상적, 지속적 결합을 하면서 마을밥상협동조합이 마을 청소년들의 분식집으로, 다양한 세대들이 모여 앉은 마을밥상으로 오픈되었고, 대천마을학교가 청소년 동아리의 활동공간으로, 도서관은 마을활동가들의 역량강화의 장소가 되었다.

2015년 시민 문화예술교육 활동 지원사업 '시시콜콜'을 마을에서 진행하려고 했을 때 처음엔 우려의 목소리가 컸었다. 문화예술교육은 흔히 개인적인 흥미나 특정 프로그램에 집중하여 운영되는 일이라 여기고 있었고 무엇보다 다양한 연령과 성별의 마을사람들이 어떻게 참여가 가능할까라는 걱정이었다. 그러나 마을사람들이 강사가 되고 일상적으로 소통이 가능해지면서 지역주민 참여의 문턱은 낮아졌고 적극적인 참여가 이루어졌다.

시민 문화예술교육 활동 지원사업 '시시콜콜'은 마을 단체들이 공동체 구성원의 이야기를 자세히 들여다보고 귀 기울여 지역주민들의 필요와 욕구가 반영된 공동체 활동을 지속하게 했고, 참여주민들은 단순한 문화향유자를 넘어 주체적인 생산자로 마을에서 역량을 키우고 성장하는 계기를 만들어 주었다.

꿈다락 토요문화학교로
마을 청소년들의 이야기를 모으다!

다니엘 페낙은 자신의 책 『소설처럼』에서 "삶이 없는 학교, 삶이 없는 사회가 삭막하고 황폐하다는 것은 두말할 나위가 없다. 그렇다면 삶은 어디에 있는가? 어떻게 학습되고 실현될 수 있는가?"라고 질문한다.

삶이 학교에 있지 않다면 배움의 즐거움도 다른 곳에서 모색되어야 한다. 학교화된 사회의 출구에는 여러 대안이 있을 수 있겠으나, 그중에서 도서관은 의미 있는 전략

이라고 할 수 있다. 왜냐하면 오늘날의 삶의 조건으로 중요하게 거론되는 것이 배우려는 자의 주체성과 자유의지를 존중하고, 평등하게 소통하고, 따뜻하게 유대 할 수 있는 환경이기 때문이다. 연령에 따라 집단을 분리하여 단절과 소외를 조장하지 않고, 조작적인 교육목표와 내용으로 획일적인 훈련을 시키지 않으며, 의미 있는 만남과 상황을 체험하게 하는 곳, 이것이 주민과 이웃들을 위한 평생의 배움터로서 마을도서관이 존재하는 이유다. 〈이야기들이 사는 집〉 이은희 지음, 2016년, 41쪽

마을에서는 다양한 방식으로 다양한 연령대의 사람들의 만남이 이루어진다. 마을 안에서의 만남은 서로의 성장을 도모하며 사회적 관계를 형성하고 이런 관계성을 기반으로 나로부터 이웃, 마을, 지역사회로 공동체성을 확장해 나가면서 삶의 주체가 되는 경험을 가지게 된다. 의미 있는 만남과 상황을 체험하게 하여 배움이 일어나고 그 배움은 획일적이고 기능적인 것이 아니라 자발적이고 수평적인 것, 나이에 따라 제한된 배움이 아니라 나이에 상관없이 누구나 함께 할 수 있는 배움이라고 한다면 마을이라는 안전한 울타리 안에서 그 배움의 시행착오는 아주 다양한 방식으로 문턱 없이 가능해져야 한다. 삶은 독백이 아니라 서로의 소통 속에서 일어나는 것이어야 한다는 생각은 맨발동무도서관이 마을 청소년들과 함께 하고 있는 활동 속에 고스란히 담겨있다.

10여 년 전부터 맨발동무에는 청소년 이용자들이 부쩍 늘었다. 어른들을 따라 도서관 왔던 아이들이 훌쩍 자라 청소년이 되기도 하고, 친구를 따라 도서관을 오기도 하며, 도서관 청소년 프로그램에 참여하기 위해 멀리 해운대, 사하구, 동래 등에서 찾아오기도 한다.

83

도서관을 찾는 청소년들이 해를 거듭할수록 많아지자 마을사람들도 점차 청소년들에게 관심을 가지게 되었다. 청소년들이 모여 함께 뒹굴거리며 놀고 또는 '무언가'를 해보고 싶어 하는 모습을 만나며 마을사람들은 청소년들을 '질풍노도의 외계인'이 아닌 '그냥 마을 사람'으로 대하고 반가운 인사를 나누기도 하고 안부를 묻게 되었다. 조금씩 있는 그대로의 청소년들을 자연스럽게 만나게 되었다.

마을 청소년들의 이야기에 귀를 기울이던 마을 어른들 중 몇몇은 청소년들과 '좀 잘 지내보고' 싶어 청소년 공부모임을 만들었고 8년째 마을에서 청소년들을 만나고 있다. 하지만 이런 일들이 처음부터 순조롭게 일어난 것은 아니다.

2010년에 도서관이 지금의 건물로 이전을 하고 공간이 안정화되면서 학교를 마치고 친구들과 도서관으로 몰려와 도서관 구석구석에서 게임을 하거나 책을 보거나 수다 꽃을 피우며 뒹굴뒹굴 지내기 시작하는 청소년들이 늘어났고 도서관에서 청소년들을 만나는 마을 사람들은 청소년에게 말 걸기가 결코 쉬운 일이 아니라는 걸 알게 되었다. 게다가 도서관에 청소년들이 많이 모이면서 이용자들의 불편함청소년 이용자들의 거친 말투, 아무 곳에나 드러눕기, 왁자지껄한 수다, 잦은 싸움 등이 생기게 되었고 청소년 이용자와 비청소년 이용자 간의 어색하고 불편한 관계가 매일같이 커져갔다.

도서관은 해결 방법을 찾아야 했다. 그리고 도서관이 선택한 것은 청소년들과 함께 '놀아 보는 일'이었다. 그저 단순히 노는 일이 아닌 의미 있는 만남과 상황을 만들고 싶었다. 나이에 따라 제한된 배움이 아니라 나이에 상관없이 누구나 함께 할 수 있는 수평적이고 자발적인 배움이 이루어지고 소통하고 관계를 확장해 나가 청소년은 어른들을, 어른들은 청소년의 존재를 알아가고 이해하고 존중해 나가는 방법, 그리고 이 모든 것이 가능할 것 같았던 부산문화재단 부산문화예술교육지원센터가 주관하는 꿈다락 토요문화학교를 2013년 만나게 되었다.

3년간 매주 토요일마다 마을청소년들을 만나며 진행되었던 꿈다락 토요문화학교는 마을에 많은 변화를 가져왔다.

어느 토요일 오후 꿈다락 토요문화학교를 마치고 나오는 청소년들을 보며 마을 아저씨 한 분이 말했다. "우리 마을에 청소년들이 이렇게 많이 있었어요?" 그리고 며칠 뒤 아저씨는 마을밥상협동조합에서 열고 있던 토요밥상에 열여섯 살 청소년을 스태프로 고용하고 근로계약서를 쓰고 있었다. 덕분에 그 청소년은 한 달 치 용돈을 마련할 수 있었고, 아저

2013~2015년 부산문화재단이 주관한
꿈다락 토요문화학교를 진행하며
3년 동안 매주 토요일 마을에서 청소년들을 만났다.
책문화공연과 의식주의 자립이란 주제로
사진, 미술, 인문학, 요리, 건축, 공예 등
다양한 문화예술교육 활동이 진행되었다.

몸놀이, 마음놀이. 청소년 인권, 청소년 성교육 등
다양한 청소년 강좌가 진행되었고 더불어
마을에서도 비청소년을 대상으로 한
청소년 특강이 열리기 시작했다.
꿈다락 토요문화학교를 통해
청소년들과 '관계의 자립'을 이야기하며
자립여행을 시작하게 되었다.
그리고 무엇보다 많은 청소년들이
매주 만나게 되면서 자연스럽게
마을에서 하고 싶은 일들을 이야기하기 시작했다.
이를 계기로 청소년지원활동, 청소년 동아리,
청소년 문화활동, 청소년 여행학교 등
청소년활동이 마을에서 일어나기 시작했다.

씨는 청소년에 대해 관심을 갖기 시작했다. 지금 그 아저씨는 마을 청소
년들과 함께 도서관의 인문학동아리를 함께 하며 책과 이야기로 청소년
들을 만나고 있다.

2016년부터 도서관엔 청소년 동아리가 만들어졌다. 꿈다락 토요문화
학교에 3년간 참여했던 청소년들이 다함께 먹는 세상을 꿈꾼다는 의미를
담아 '다. 먹. 세'라는 동아리를 결성하고 일주일에 한번 모여 밥을 지어먹
고 이야기하는 청소년 모임을 시작했다. 2016년부터 현재까지 한해에 평
균 5개의 청소년동아리가 자발적으로 운영되고 있다.

'청소년들이 하고 싶은 게 있을까? 게다가 청소년 스스로 만드는 동아
리?'라는 생각은 어른들의 기우에 불과했다. 청소년 동아리 모집 공지가 나가면 으레

2017년 7월 20일 목요일 제 22506 호 11

2017 맨발동두래 청소년자립여행을 위하는
반짝반짝 빛나는 여름밤

2017.7.21(금)

부산 북구 화명2동 마을 도서관인 맨발동무도서관은 마을 청소년들의 자립 여행을 위해 오는 21일 후원 밥집과 후원 주점을 연다. 맨발동무도서관 제공

홀로서기 여행 계획한 아이들 밥집 열어 경비 마련한 어른들

맨발도서관·대천천네트워크 화명동 '마을 공동체' 중심 경비 마련 후원 밥집 등 열어

청소년들의 홀로서기를 위해 마을 공동체가 뭉쳐 나섰다. 맨발동무도서관을 중심으로 부산 북구 화명2동에서 일어나고 있는 일이다.

마을 도서관인 맨발동무도서관을 자주 찾는 청소년들은 올 초 조금 특별한 여행을 기획했다. 어른들이 계획하고 주도하는 여행이 아닌, 여행장소 선정부터 숙소 마련, 식사 해결까지 자신들이 직접 해내야 하는 '자립 여행'을 떠나자는 것이었다.

30여 명의 청소년들은 동아리별로 3개 그룹을 만들어 나름의 테마를 갖춘 여행을 준비했다. 특히 한재팀(부산고교 2학년) 양이 중심이 된 현대대사 동아리 '역사랑'의 경우 제주 4·3사건을 주제로 3박 4일짜리 제주 평화기행을 기획했다.

문제는 경비 마련이었다. 중2~고3 학생들로 구성된 동아리들은 경비를 마련하기 위해 아름다운재단에서 진행한 '청소년 자발적 여행활동 지원사업'에 응모했지만 아쉽게도 면접 등에서 탈락의 고배를 마셔야 했다.

아이들은 쉽게 포기하지 않았다. 자체 회의를 거쳐 '힘을 모아 원일 밥집을 운영해 경비를 마련하자'는 아이디어가 나왔다. 이 소식을 접한 맨발동무도서관 김부련 관장은 가만히 듣고만 있을 수 없었다. 김 관장은 "아이들의 꿈을 실현 가능한 방법과 연결시켜 성사시켜려 하는 것이 마을 공동체의 역할이라고 생각한다"고 말했다.

맨발동무도서관은 청소년을 위한 북구 어른들의 모임인 '깍두기' 등과 함께 오는 21일 후원 밥집과 후원 주점을 연다. 이날 오후 6~8시 맨발동무도서관 야외홀 '우리집밥'에서는 청소년 밥집이 열린다. 음식점을 운영하거나 요리에 관심이 깊은 화명2동 어른들이 재능 기부 형식으로 아이들의 음식 바련을 돕는 셈이다.

같은 날 오후 7~10시 대천천네트워크에서는 후원 주점이 열린다. 여기에서는 간단한 안주와 함께 맥주를 즐길 수 있으며, 밥집과 주점에서 나온 수익금은 모두 아이들의 여행 경비를 지원하는 데 쓰인다.

김 관장은 "공모 사업이나 지원 사업에 의지하지 않고도 마을 공동체가 아이들을 위해 무엇을 해줄 수 있는지 고민을 나눌 수 있는 자리가 될 것이라며 "화명동 주민들의 많은 응원과 관심을 부탁드린다"고 말했다. 안준영 기자

청소년자립여행 경비를 마련하기 위한
마을공동체의 활동이 부산일보에
소개되기도 했다.
2017년 7월 20일

2주 만에 다섯 개의 동아리가 신청완료 된다 책 읽고 토론하는 동아리 <그 책은 예뻤다>, 만화 동아리 <캐릭캐릭체인지>, 부산자유여행 동아리 <부.자>, 놀이 동아리 <라온제나>, 함께 밥상을 차리며 '다 함께 먹는 세상을 꿈꾸는' 동아리 <다.먹.세>, 역사 동아리 <역.사.랑>, 바느질 동아리, 철학 동아리 등 다양한 주제로 청소년들의 자발적인 기획과 운영으로 동아리 모임이 진행된다.

꿈다락 토요문화학교를 진행하면서 청소년들이 스스로의 필요와 요구를 발견하고 함께 하고 싶은 일들을 찾아 '지지고 볶으며' 무언가를 도모하는 일들이 마을 골목골목에서 꽃피워지기를 바랐던 일이 현실이 되어갔다.

도서관은 이를 위해 청소년 동아리 활동비를 예산으로 책정하여 모든 동아리에 지원하고 마을단체

청소년 만화 동아리에서 직접 만든 청소년 자립여행 지원을 위한 청소년 밥집, 맨발주점 홍보지

들의 연대와 협력 속에서 안정적인 공간과 사람을 지원하게 되었다.

　꿈다락 토요문화학교를 통해 매년 떠났던 청소년들의 자립여행도 사업종료 이후 계속해서 진행하였는데 매년 예산이 턱없이 부족했다. '의식주의 자립'이란 주제로 꿈다락 토요문화학교에 참여했던 청소년들의 기획으로 자립여행 경비 마련을 위한 청소년분식집, 도서관 복도에서 땀을 흘려가며 여름방학 청소년 팥빙수 가게를 운영하여 그 수익금으로 자립여행을 다녀오기도 하였다. 그 준비과정이 늘 즐거운 것은 아니었지만 '지지고 볶는' 관계의 자립과 성장을 한걸음씩 내딛는 경험을 꿈다락 토요문화학교 속에서 충분히 가져보았기에 가능했다. 하고 싶은 것을 하기 위해서는 함께 맞춰가야 하는 것들, 견디고 감수해야하는 것들도 있음을 스스

청소년들은 마을공동체들과 기획단계에서 부터 진행까지 주체적인 참여자로 전 과정을 함께 했다. 이때의 경험을 통해 청소년들은 도서관의 청소년 문화예술 서비스에서 주체적인 기획자로서의 역할을 함께 하고 있다.

로 배우고 익혔기 때문이다.

2013년 꿈다락 토요문화학교 때부터 청소년들의 자립여행을 오랫동안 지켜보아 왔던 마을사람들의 응원과 지지가 적극적으로 시작된 것은 지난 2017년이었다. 당시 청소년동아리가 7개가 구성되면서 도서관의 청소년 자립여행 예산 지원이 현실적으로 어렵게 되었다. 많은 의논 끝에 청소년동아리와 맨발동무도서관, 그리고 마을 사람들이 함께 청소년 밥집과 맨발 주점을 열어 자립여행 경비를 보태어 보기로 한 것이다.

청소년들과 회의하고 준비하는 일부터 기꺼이 함께 해주신 황경미 셰프님, "이렇게 푸짐하고 맛있는 후원주점의 안주는 처음이다"는 칭찬을 듣게끔 해주신 김금란 셰프님, 마을세프님들과 손발을 맞추어 가며 함께 해주신 멀리 인도에서 오신 백시내 님을 비롯한 마을 자원활동가님들, 깍두기스 텝

들, 그리고 청소년 동아리 친구들, 집집마다 그릇과 포크를 챙겨와 주시고 무거운 캠핑의자와 테이블을 환한 웃음으로 들고 와 주신 마을사람들, 기꺼이 공간을 내어주신 대천천네트워크, 마을밥상협동조합 우리집밥, 대천마을학교 등 마을연대단체, 그리고 아이들 손을 잡고 밥집으로 친구들과 함께 주점으로 발길해주신 마을사람들, 당일 날 참석하시지는 못했지만 힘껏 응원해주신 많은 마을사람들의 마음이 모였기에 가능한 일이었습니다.

마을청소년들의 자발적 자립여행에 공감해 주시고 응원해주신 온 마을의 모습을 보며 '마을이 힘이란 걸' 다시금 느끼는 뿌듯한 시간이 되기도 했습니다.

이제 맨발동무도서관은 마을청소년들과 길 위에서 놀고 배우며, 스스로 길을 찾고 잠자리를 챙기며 밥을 해 먹는 '지지고 볶는 관계'를 통해 한 걸음씩 성장해 나가는 시간을 만나고 오겠습니다. 그리고 마을청소년들이 마을에서 하고 싶은 일을 만나고 만들어 나갈 수 있도록 마을과 함께 응원하는 일을 지속적으로 해나가겠습니다. 그 길 위에 대천마을이 있어서 참 든든하고 좋습니다.

〈마을공동체에 보내는 감사의 편지〉, 맨발동무도서관

꿈다락 토요문화학교 1박2일 캠프로 시작되었던 자립여행은 마을공동체의 지지와 응원 속에 매년 진행되었고 2018년부터 북구 다행복교육지구 마을교육공동체 사업으로 제안되어 〈청소년 길 위의 학교 '청소년여행학교'〉로 3년째 진행 중이다. 안정적인 예산과 인력지원이 가능해졌고 마을과 지역, 부산의 대표적인 청소년 프로그램으로 자리하게 되었다.

청소년들은 서서히 마을을 안전한 울타리로 인식하게 되었다. 하고 싶고 해야 하는 것들에 대한 이야기를 마을사람들에게 편하게 말을 걸 수 있게 되었다.

"음악을 전공하려고요. 부모님이 반대하셔서 학원비를 제가 벌어야 해서요…… 베이비시터 모집한다고 해서 저도 할 수 있을까 해서요" 도서관에 오는 고2 남학생이 조심히 말을 꺼냈다. 다양한 이유로 일을 하고 싶은 청소년들과 안전하고 건강한 일자리에 대해 고민하며 마을에 청소년베이비시터사업단이 꾸려졌다. 지금 그 남학생은 마을에서 살면서 음악을 전공하는 청년이 되었다.

어색하고 불편했던 청소년들을 매주 만나야 했지만 다양한 문화예술교육을 통해 조금은 편하게, 즐겁게, 가깝게 만나며 청소년들이 스스로의 필요와 요구를 발견하고 함께 하고 싶은 일들을 찾아 '지지고 볶으며' 무언가를 도모하는 일들이 마을 골목골목에서 꽃피워지기를 바라는 마음을 마을에서 키워나갈 수 있었다.

마을은 청소년들과 함께 살아가는 방법을 여전히 찾아가고 있는 중이다. 마을이라는 안전한 울타리 안에서 다양한 문화예술교육을 통해 청소년들이 처한 삶의 환경을 이해하고 문제를 파악하여 도서관, 마을, 그리고 나아가 사회에서 청소년들과 함께 해결해야할 방안을 모색하는 중이다.

2020년 화명2동이 주민자치회 시범 동으로 선정되고 주민자치회 분과를 구성하는 워크숍에서 '청소년 분과'가 제안되었다. 아직은 분과제안으로 그치기는 했지만 '이 마을에 청소년들이 이렇게 많아요?' 라고 놀라워하던 마을에서 몇 년 뒤 일어난 일이다!

오늘도 마을 사람들은 마을 산책길에서, 밥집에서, 골목길에서, 도서관에서, 마을학교에서 청소년들과 만나고 있다. 그리고 조금씩 알아차리게 된다. 마을은 나이와 성별, 지위와 학력, 그 어떤 것에도 차별받지 않고 수평적 소통의 배움을 실현해 나갈 수 있는 안전하고 멋진 학교란 걸 말이다. 그 길 위에서 우리는 다양한 놀이를 궁리하고 있다. "내년에는 마을 어르신들을 위한 의자 프로젝트를 진행해 보면 어떨까요? 예술가들과 마을 청소년들이 마을 공원에서 자주 만나면 좋겠는데요!" 이렇게 마을 곳곳에서 즐겁게 놀다 보면 곧 화명2동 주민자치회에 청소년분과가 생기지 않을까 하는 즐거운 상상을 해본다.

지역특성화문화예술교육으로
마을의 과거, 현재, 미래를 잇다!

도서관이 마을과 나누고 싶은 것은 마을 사람들이 '자기의 길을 자기답게 가는데 필요한 용기와 배움'이다. 그래서 주민들과 이용자들의 주체성과 자발성을 매우 중요하게 생각한다. 도서관 안에서 이루어지는 많은 프로그램들은 교육적으로 계몽하거나 강권하는 방식을 취하지 않는다. 그 시작 또한 자발적이어야 하기 때문이다. 그러나 그동안의 삶에서 자발적으로 자기 길을 자기답게 선택하고 걸어가는 용기, 자존감, 자기긍정성 등 몸으로 익히고 새롭게 배워야 하는 가치들을 경험하고 배워 본 경험이 드물다. 이 길을 찾아 나서는 일은 어렵고 문턱이 높을 수밖에 없었다. 그리고 이 문턱을 낮추는 일이 마을에 필요했다.

마을에는 사람들이 살고, 사람들은 저마다 고유한 이야기를 지니고 있다. 마을에서 자라는 아이들의 이야기부터 중년, 노년들이 함께 살아가는 이야기, 세월 속에 묻혀있던 마을의 오랜 이야기까지. 도서관은 지역주민들과 마을아카이브에서부터 개인의 삶을 기록하는 과정을 통해 마을과 지역주민들이 '자기의 길'을 찾아 나서는 일을 시작해보기로 했다. 그 첫 걸음은 2013년 지역특성화문화예술교육 사업으로 진행한 〈대천마을, 사진을 꺼내들다〉라는 스토리텔링과 사진예술을 결합한 마을사진아카이브였다.

도서관이 위치한 화명2동 대천마을은 오랜 시간 세대를 이어가며 살아가고 있는 원주민과 90년 이후 신도시 택지개발로 이주해 온 신도시 이주민의 일상이 묘하게 어우러져 있는 곳이었다. 누군가에게는 오래전부터 고향이었으며, 누군가는 살다보니 '여기가 내 고향이지' 말하게 되는 곳, 하지만 모두가 대천마을에 뿌리를 내리며 살아가고 있었다. 그리고 마을에 오래전부터 재개발 소식이 들려왔고 언제가 사라질지 모를 마을의 역사를 누군가는 기록해 두어야 했다. 마을 기록의 과정이 원주민과 이주민들 간의 문화적 소통과 화합을 이루어 내고 스토리텔링과 사진을 매개로 마을의 오랜 역사를 아카이브 함으로써 계속 살아갈 대천마을의 미래를 함께 이야기 할 수 있기를 바랐다.

스토리텔링에서부터 구술 기록, 인터뷰 방법, 사진 촬영, 기획 전시, 출판 작업에 이르기까지 낯설었던 문화예술교육이 일 년 간 마을에서 진행되었고 지역주민들의 자생적인 힘으로 사라져 가는 마을의 역사, 장소, 기억을 복원하여 마을문화, 역사를 기록함으로써 주민들의 마을에 대한 자긍심과 소속감을 높이게 되었다.

마을아카이브의 경험을 바탕으로 2014년~2015년에는 지역주민들과 지역 문화예술가들이 만나 참여자 개개인의 이야기를 기록하는 〈내 안의 역사쓰기〉 지역특성화 문화예술교육을 진행하였다. 10여 년 전부터 대천천을 중심으로 지역문화 창출에 뜻을 두고 마을과 마을사람들을 주제로 하는 다양한 작업들을 시도하고 있는 예술가들이 모이기 시작했지만 마을사람들과의 일상적이고 지속적인 소통과 만남이 쉬운 일은 아니었다. 마을사람들과 '우리 마을, 문화예술로 놀기'라는 워크숍을 통해 '자생적, 자발적인 놀이, 마을의 즐거운 놀이, 동네 사람들과 함께 하는 놀이, 그것이 마을문화예술의 시작이다.'라는 공감대를 형성하고 마을예술가들과는 개인의 창작활동을 넘어서 다양한 문화예술장르로 지역주민들의 개개인의 이야기를 어떻게 꺼내어 보고 문화예술 활동으로 풀어 갈 것인가에 대한 워크숍을 진행했다. 시행착오도 있었지만 마을예술가들의 적극적인 참여와 협조 속에서 2014년~2015년에 걸쳐 마을사람들이 '내 안의 역사'를 찾아 울고 웃는 가슴 뛰는 여행을 할 수 있었다.

2013년 지역특성화문화예술교육 지원사업으로 인문학과 사진을 매개로 한 마을 사진아카이브 '대천마을, 사진을 꺼내들다'가 진행되었다. 참여자들이 마을사람들을 인터뷰하고 마을자료들을 발굴, 복원, 기록하는 작업을 했고 마을의 오래된 사진부터 숨어있던 이야기와 마을의 장소들이 발견되었다. 마을아카이브 책이 출판되고 마을사진전이 마을갤러리에서 열리면서 지역의 중요한 이슈가 되어 많은 언론에 보도 되었다. 서울로 이주해 살고 있던 분들이 언론보도를 접하고 사진전시회를 보러 다녀가기도 하는 등 마을아카이브는 마을사람들의 자긍심과 공동체성을 높이는 중요한 계기가 되었다.

2018년 마을의 현안이 되어 왔던 재개발이 현실이 되었다. 마을 사람들의 오랜 삶이 새로운 바람을 거세게 맞이하기 시작했다. 오랜 돌담과 나이 많은 나무들이 정다웠던 마을의 골목과 풍경이 매일 흔적조차 없이 사라져 갔다. 이런 변화는 누군가에게는 깊은 상실감을 또 어떤 이에게는 설렘과 기다림을 안겨주게 되었다. 마을 사람들에게 분명한 것은 이곳은 여전히 함께 살아가게 될 '대천마을'이란 사실이었다. 그동안 지역특성화문화예술교육으로 마을엔 기록하는 주민들의 역량이 생겨났고 오랜 시간 함께 했던 마을에 안녕을, 새롭게 맞이하게 될 마을에 안녕을 나누는 일을 시작했다.

화명2동 주민센터와 함께 2018-2019년까지 '우리동네 행복만들기' 공동체형성 지원사업으로 〈마을, 과거와 미래를 잇다〉 프로젝트를 진행했고 24명의 마을사람들이 모여 곧 사라질 마을의 골목, 집, 나무 그리고 사람들을 그림과 글로 기록하여 『나의 대천마을, 안녕』 책을 출판하였다.

2014-2015년 지역주민과 지역예술가들의 지속적이고 일상적인 만남이 이루어졌던 지역특성화문화예술교육 〈내안의 역사쓰기〉. 도예, 캘리그라피, 드로잉, 음악, 시화, 그림에세이 등 지역예술가들의 다양한 문화예술도구들이 참여자들의 이야기를 만났다. 사업종료 후 참여자중 일부 주민들은 글과 그림으로 개인의 기록을 하는 자생적인 모임과 공간을 만들었다.

2019년에는 60세 이상의 시니어들과 그림책작가가 만나 마을에서 지내온 이야기를 글과 그림으로 엮은 그림 에세이『그때 좋았지』와 4컷의 만화로 구성된『애틋한 돈자』를 출판했다.

지역주민들과 예술가들이 다양한 문화예술도구로 만나게 됨으로써 일상적이고 지속적인 개인의 기록 작업이 가능해졌다. 도서관에는 글과 그림으로 개인의 이야기를 발견해 가는 시니어동아리가 만들어졌고, 몇몇은 그림 취향공동체를 꾸려 문화예술 활동을 지속하고 있다. 마을과 개인의 아카이브 활동 과정 속에서 펴낸 맨발동무도서관의 책들은 마을자료로 활용되어 학교와 연계한 교육 자료로 사용되고 있다. 또한 이런 지속적인 활동들은 마을기록관 설립이라는 성과로 이어지게 되었다.

마을 안에서 소통은 언제나 열려 있는 것은 아니다. 각자가 자리한 마을에서 그 마을다운 방식으로 일어나는 문화예술교육은 다양한 이해관계, 필요와 욕구들이 공존하는 마을에서 서로의 삶을 잘 들여다보며 지역주민들이 자기다운 길을 스스로 찾아 떠날 수 있도록 응원하고 지지하는 일이었다.

마을 안에서 일어나는 다양한 문화예술교육을 통해 지역주민들은 같이 사는 재미와 의미에 공동체의 가치를 더해 가게 되었다. 마을안의 다양한 생각과 경험들이 함께 모이는 공유지가 만들어지고 개인에서 마을로 지역으로 확장되어졌으며 공동체의 일로 함께 풀어나가고 공동체의 가치로 만들어나가는 경험을 가지게 되었다. 마을 곳곳이 문화예술교육

의 장이 될 수 있고 공동체가 함께 풀어가야 하는 고민과 과제들을 문화
예술교육 속에서 놀이처럼 즐겁게 꺼내어 놓고 방법을 모색해 보는, 그
리고 그 속에서 촘촘하게 혹은 느슨하게 엮어진 지역주민들의 ' 관계'가
다시 마을의 건강한 공동체 문화로 자리 할 수 있음을 알았다. 마을의 다
양한 문화예술교육이야말로 마을의 문화적 토양을 가꾸는 중요한 요인
이라는 사실을 인식을 하며 지금도 마을곳곳에서 '문화'와 '예술'을 통한
건강하고 지속가능한 마을의 내일을 그려가는 일들이 펼쳐지고 있다.

2018-2019년 화명2동 주민센터와 '우리동네 행복만들기' 공동체형성 지원사업으로 〈마을, 과거와 미래
를 잇다〉 마을 아카이브 프로젝트를 진행했다. 2013년 마을사진아카이브 문화예술교육으로 지역주민들
의 아카이브 역량이 성장했기에 가능한 일이었다. 마을 재개발이 시작되기 전, 철거직전의 마을재실에서
마을사진전이 마을축제로 펼쳐졌고 마을사람들과 함께 오랜 마을의 풍경에 안녕을 전했다. 재개발로 인한
주민들의 상실감을 치유하고 이해관계로 갈등이 있던 주민들의 화합을 다지는 시간이었다. 도서관은 『나
의 대천마을, 안녕』과 『그때 좋았지』, 『애틋한 돈자』 책을 출판하여 이제는 사라진 마을의 풍경과 이야기
를 여전히 마을에 전하고 있다.

유럽의 도시재생과 문화예술교육 사례

윤지영

부산연구원 연구위원

유럽의 도시재생 탄생 배경

유럽의 도시재생이 시작된 배경에는 전후戰後에 펼쳐진 도시복원 프로젝트가 진행되면서 시작되었다고 볼 수 있다. 당시에는 전쟁으로 폐허가 된 도시복원을 위해 물리적인 환경 변화를 꾀하는 하드 인프라Hard Infra 개발중심 위주의 도시개발이 전부였다. 하지만, 도심 위주의 하드 인프라 개발은 지역 간의 불균형과 계층 간의 양극화를 조장하는 부작용들로 나타나기 시작했다. 전쟁으로 인한 상처를 이해하고 치유하고자 하는 움직임이 시작되면서 다양한 사회적 갈등과 소통의 문제해결 방안을 찾기 시작했다. 유럽 대부분의 국가들은 도시화 과정에서 나타나는 여러 가지의 부정적인 영향에 대한 대처의 일환으로 도시재생을 통해 해결하고자 하였다.

유럽의 도시재생은 1990년대부터 본격화된 탈산업화를 통해 사회·경제적 문제를 겪고 있는 도시를 재생하고 활성화하기 위한 전략으로 유럽 전역에 적용되었다 할 수 있다. 지난 30년 동안 산업화 이후 도시들은 침체 된 경제를 활성화하고 실업 및 박탈 등의 다양한 사회 문제 해결의 일환인 문화 주도의 재생 전략으로 전환하기에 이르렀다. 탈산업화시대를 거치면서 도시 구조 개편과 도심 위주의 개발, 시설물 이전 등

의 이유로 유휴공간이 많아졌다. 남겨진 유휴공간은 문화중심의 도시재
생 정책 실천으로 유럽을 중심으로 발전되고 확장되어 갔다. 이러한 전
략은 의심의 여지 없이 영국과 유럽 전역의 여러 도시에서 성공적인 행
보로 이어졌다.

1990년대 이후부터는, 유럽 각국이 문화예술의 경제성에 주목하면
서, 도시화의 관점에 문화예술을 접목시키는 움직임이 일어났다. 이 과
정에서 정부의 일방적인 사업 추진의 한계와 개선해야 할 사안들이 도
출되면서 다양한 주체들이 파트너십의 형태로 도시재생사업에 참여하
는 것을 유도하기 시작했다. 도시재생의 수단으로써 지역공동체의 정
책적 유입을 추진하는 문화예술 주도의 도시재생 정책이 확산되기 시작
하였다.

문화예술을 도시재생에 적용하는 정책은 유럽 전역에서 발생하였고,
확산되었다. 도시가 겪고 있는 다양한 사회적 갈등요인과 문제들을 개
선하기 위한 방안으로 문화예술 개념이 수용됐고, 문화예술 주도의 도시
재생이 갖는 긍정적 효과는 환경적 변모와 사회적 갈등 해소 성과로 이
어졌다. 이러한 이유로 문화예술개념은 단기간에 도시재생 정책에서 중
추적 역할[1]을 담당하기 시작했고, 사회적 갈등의 새로운 해결 방법론으
로 등장하였다.

도시재생은 도시쇠퇴로 찾아온 기회와 도전으로 시작하였지만, 문화

---

1   김새미, 영국의 문화주도 재생정책 : 뉴캐슬게이츠헤드 사례 연구, 유럽연구, 12, 30(3), 2012,
     184쪽.

예술의 개념과 과정을 반영한 상호작용의 결과로써 도시 부흥을 만드는 대응 정책으로 자리 잡기 시작했다.

지역주민과 공공예술

최근 도시정책의 방향은 공공부문과 민간부문이 결합하는 형태로 도시의 다양한 갈등과 소통의 문제들을 해결하는 정책으로 민관民官이 협치하여 해결하는 방향으로 가고 있다. 이 과정에서 지역 주민과 공공이 도시재생정책의 주요 항목으로 등장하게 되었다.

도시재생은 주민들이 지역발전 기회에 참여하고 이로부터 유무형적 이익을 얻도록 기술, 능력, 주인의식, 열망을 높이는 것을 목표로도 하고 있다. 도시재생의 과정에서 파트너십, 커뮤니티, 지역주민 참여 등의 중요성이 증대하면서 이들을 참여시키는 다양한 방법들에 대한 고민이 시작되었다. 도시재생사업이 물리적 환경 정비 중심의 환경 개선이 전부가 아닌, 도시재생은 지역주민 삶의 의미를 부여하고 공간에 생기를 불어넣는 소프트한 방식으로 접근해야 함이 대두되기 시작했다.

도시재생에 있어 공공예술은 기획-추진-결과로 이어지는 과정속에 공공성의 의미 the public attraction 를 중요하게 다룬다. 주민이 주체가 된 공공예술은 확실히 도시재생에 효과가 좋은 촉매제로 활용되었다. 주민들이 직접 참여하여 공간을 조성해 나가는 과정에서 지역에 대한 애착심과 관심도가 커지고, 무엇보다 쇠퇴되었던 공간에 활력이 일어났다.

지역의 많은 문제들을 해결하기 위한 방법으로 주민과 함께하는 공공예술을 통해 접근하기 시작했다. 도시재생의 주체가 주민이고, 공공예술의 주체자도 주민이기에 공공예술을 통해 도시재생 실행이 가능했던 것이다.

주민이 주도하는 문화예술중심의 도시재생은 보다 넓은 의미의 문화와 예술로 구현하는 방법과 지속적인 관리의 메커니즘을 통해 지역사회를 적극적으로 향상시키고 활기를 불어넣을 수 있었다. 지역에 대해 주민들은 더 많은 자부심을 가지며 문화예술 중심의 재생과 거주자로서의 정체성을 연계함으로써 장소에 대한 애정이 강화되었다. 즉, 주민이 참여하고 주도하는 공공예술활동이 지역사회를 바람직한 방향으로 촉진하는 방법 중 하나로 작용하였던 것이다.

유럽 전역에 광범위하게 사용되었던 문화예술 중심의 도시재생은 협업의 중요성을 강조해 왔다. '무엇을'이라는 결과보다 '어떻게'라는 과정이 더 중요하다고 생각했던 유럽의 도시재생은 도시재생의 과정을 관官과 주민, 전문가로 구성된 협업 구조를 바탕으로 추진하였다. "공공公共"의 개념 하에 공공 공간과 공공예술과의 메커니즘의 효과는 주민참여의 의미뿐만 아니라 사회문제의 인식과 문제해결 능력을 이끄는 창의적인 해결책으로 부상하기 시작했다. 주민들은 도시재생의 가치 구현을 위해 공공예술을 통한 기여와 예술 제작에 참여하는 것이 도시재생 정책 실현에 긍정적으로 기여할 수 있다고 주장했다. 이처럼 도시재생 정책에 있어 주민 주도의 문화예술적 개입에 대한 옹호론은 급진적으로 수용되기 시작했다.

유럽의 도시재생과 문화예술교육 사례

영국 게이츠헤드 England, Gateshead

문화예술 주도의 도시재생은 유럽 곳곳에서 시행되었으나, 특히 20세기 말에서 21세기 초 사이에 영국을 중심으로 급속히 확산되었다. 영국 정부는 문화적 투자의 가치를 인식하고, 문화예술을 도시재생정책에 반영하는 것을 적극 장려하기 시작했다. 영국의 도시재생은 전쟁으로 인해 경제적으로 침체된 도시와 지역에 활력을 불어넣기 위한 문화 사업하에 도시나 지역의 새로운 이미지 창출을 위한 문화예술 주도의 재생 프로그램으로 시행되었다.

지난 25년간 영국의 포스트 post 산업 도시들은 침체된 경제를 활성화하고 실업과 빈곤 문제를 해결하기 위한 정책 수단으로 문화 주도의 재생 전략을 점점 더 채택해 왔다. 영국은 2000년대에 들어서면서부터 도시재생과 관련된 지속가능한 커뮤니티 정책들이 본격화되면서 도시재생 어젠다의 주요 주제로 문화예술교육의 중요성이 대두되었다. 탈산업화로 사회 경제적 문제를 겪고 있던 영국의 도시와 지역을 재생하기 위해 모든 국민의 창의성을 장려하고 진흥의 일환으로 창의교육정책을 강력하게 추진하였다. 창의교육은 사회에 퍼져있는 여러 사회적 문제들에 대한 비판적 질문을 던지고 이를 해결하기 위한 과정을 문화예술교육을 통해 진행하였다.

영국의 문화예술을 통한 도시재생은 개인적 역량 강화, 시민의식, 환경 개선, 애향심을 일으키는 다른 어떤 요인보다 효과적으로 나타났다. 도시재생에 있어 문화예술이 수단이자 방법이 되었고, 그 자체가 정책의 성과가 되고 지속적으로 추구해야 할 방향을 제시하였다. 영국 정부는 문화예술이 주민들의 삶의 질을 높이고 문화적 혜택을 누리는 동력으로 인지하고, 도시재생 정책의 주요 해법으로 활용했다.

영국의 도시재생 정책에 있어 문화와 예술의 가치를 활용한 게이츠헤드는 세계적으로 널리 알려진 도시재생 사례이다. 게이츠헤드 Gateshead 는 영국에서 35개의 가장 빈곤한 지역 중 하나로 북부 타인위어 Tyne and Wear 주에 있는 작은 도시이다. 게이츠헤드는 영국 북부의 대표 탄광도시로 한 때 전성기를 지녔으나, 석탄산업의 사향화가 되면서 도시공간과 경제는 무너져가기 시작했다. 어려운 시기가 도래하자 케이츠헤드는 도시를 재생하기 위한 수단으로 문화와 예술을 통한도시재생 정책을 선택했다.

새로운 도시 이미지를 구축하기 시작한 게이츠헤드는 문화예술도시의 면모를 알리고자, 1986년에 개최한 공공예술 프로젝트인 '북쪽의 천사'를 추진하였고, 성공을 거두었다. '북쪽의 천사'의 성공으로 게이츠헤드는 문화 및 예술이 도시를 활성화할 수 있다는 확신을 가지고 본격적인 문화예술을 주축으로 한 도시재생을 추진하기 시작했다.

'게이츠헤드 키 프로젝트 Gateshead Quays Project'는 게이츠헤드의 선

게이츠헤드(Gateshead)의 랜드마크 '북부의 천사'

창가에 관광명소를 만드는 프로젝트로 도시재생을 목표로 추진되었다. 게이츠헤드 키 프로젝트 중 2004년에 문을 연 세이지 음악당은 지역민들의 문화향유와 예술교육을 통해 삶을 풍요롭게 하는 것을 목표로 두었다. 세이지 음악당의 비전은 아동 및 청소년, 고령층과 취약계층들이 전문가들과 함께 참여하는 것에 두고, 음악 교육 프로그램을 운영하고 있다. 태어나서부터 70세까지 다양한 계층을 대상으로 하는 이 교육 프로그램은 시민 모두가 음악을 만들고, 음악을 듣고, 음악에 대해 배울 수 있도록 구성되어 있다.

게이츠헤드 키 프로젝트의 또 하나의 성공 프로젝트는 밀가루 공장을 개조 해 2002년에 개관한 발틱 현대미술관 Baltic Centre for contemporary Art 을 들 수 있다. 이 발틱 현대미술관은 지역민들의 예술체험 교육 프로그램을 운영하며 지역예술인들을 발굴하고 양성하여 전시기회를 제공하

세이지 음악당

는 장소이다. 발틱 현대미술관도 취약계층과 함께 일하는 것을 우선시하며 광범위한 학습과 시민 참여프로그램을 제공하고 있다. 한 해에 약 28만 명이 참여하여 활동한다.

게이츠헤드의 문화예술경험은 주민들의 정서적 유대감을 높이는 귀중한 참여 수단이자 도시재생의 관심과 참여로 응집되는 힘을 보여주는 효과를 보여주었다. 게이츠헤드의 도시재생 정책의 성공은 외부관광객 유치에 목표를 두고 추진한 것이 아닌 주민들을 위한 문화예술 서비스를 우선적으로 제공하는 데 중점을 둔 점이다.

게이츠헤드는 2008년 유럽문화도시로 선정되었다.

발틱 현대 미술관

프랑스의 썽캬트르 France, Cent Quatre 104 Paris

    프랑스는 문화예술교육의 대상과 범위를 가장 넓게 정의하고 있는 국가로 모든 교육에 문화적 측면과 예술적 측면을 포함시키고 있다. 프랑스의 문화예술교육은 방과 후의 모든 활동을 지칭한다고 해도 과언이 아닐 정도로 교육 전반이 문화예술을 대상으로 구성되어 있다. 학교 교육을 벗어난 영역에서도 어린이 청소년뿐 아니라, 성인들도 모두 문화활동 Activité Culturelle, 문화 활성화 Aninmation culturelle 라는 이름으로 불리며, 이것이 이뤄지는 공간도 강의실이나 교실 Classes 보다는 작업실 Atelier 에서 진행되고 있다. 문화예술교육 Education artistique et culturelle 은 그 자체가 사회문화 활동 영역에 속하고 정책 영역으로도 구분되어 있지 않다.

프랑스의 문화예술은 사회 불평등 해소를 위한 사회문화활동으로 모든 정책의 기본 철학이자 국민이 가져야 할 기본권의 개념으로 정책을 추진하고 있다. 프랑스에서 문화예술은 인간의 기본적인 권리이며, 문화예술교육은 시민 스스로 선택하고 즐기는 활동으로 추진되고 있다. 프랑스의 사회문화예술교육은 인문학적으로 설계되는 문화예술교육 프로그램으로 시민 자신의 생기를 깨우는 과정으로 설계되어 있으며, 활동이 이루어지는 곳도 강의실이 아닌 작업실에서 진행된다.

프랑스는 모든 국민을 대상으로 문화접근성을 최대한 높이고 지역 간, 계층 간 문화접근성을 강화하는 목표와 원칙을 세웠다. 방과 후 예술활동을 적극 장려하고, 예술가와 예술작품과의 만남 기회를 제공하고, 예술사 수업과 문화예술교육에 대한 교육커리큘럼을 강화하는 목표를 수립하였다. 또한, 청년 아티스트를 대상으로 창작 지원에 관한 법안을 제정하고 젊은 예술가 양성 등 청년을 대상으로 한 정책에 초점을 두고 추진하고 있다.

파리 외곽지역의 19구에 있는 썽캬트르 CENTQUATRE-PARIS 는 원래 1873년에 지어진 장례용품 제작소였던 이곳을 2008년 지역 주민들을 위한 현대 예술 복합 센터로 번지수 104를 그대로 사용한 썽캬트르로 개관했다. 파리에서 가장 경제적으로 낙후된 지역 중 하나인 파리 19구에 위치한 썽캬트르는 슬럼화되어가던 이 지역에 새로운 활력을 불어넣고, 세계 각국에서 모여든 젊은 예술가들과 시민들이 함께 이곳에서 작업을 하고 있다. 대중적이면서 동시에 현대적인 문화예술프로그램들을 통하여, 언제든 예술가의 작품을 감상하고 체험할 수 있는 열린 공간으로 생활 속에서의 문화예술활동을 제공해 주는 것이다.

이곳은 예술가들뿐만 아니라 시민들이 자유롭게 각자의 문화예술 활동을 즐길 수 있도록 열린 공간을 제공하고 있다. 이 복합문화공간은 파리시가 주도하여 문화활성화 정책의 일환으로 새롭게 문을 연 공공 문화 협력 공간으로 지역의 청소년들이 창작 활동과 전시 및 공연을 할 수 있는 장소이다.

'썽캬트르 파리'는 프로그래밍 및 거주 예술 팀의 지원을 받아 수많은 파트너 특히 협회, 사회 센터, 학교 및 대학 와 함께 광범위하고 지속 가능한 문화예술 활동을 개발하고 있다. 시민들은 이곳에서 각자 필요로 하는 것을 배우기도 하고, 예술가들의 작품과 공연을 관람하면서 일상이 문화예술 활동을 하는 삶의 방식을 추구하고 있다. 프랑스 국민 모두가 문화예술을 향유할 수 있도록 한다는 정부의 정책 방향을 이 곳 104 파리에서 보여주고 있다.

Cent Quatre 104 Paris

썽까트르 파리에서는 미술, 음악뿐만 아니라 연극, 춤, 시각예술, 마술, 서커스에 이르기까지 장르를 불문하고 문화예술의 범위를 확장하여 모든 분야가 서로 어우러지면서 발생하는 시너지 효과도 보여주고 있다. 아티스트들이 거주하는 아뜰리에 atelier 에는 지역 주민에게도 개방하여 소통을 하고, 아이들을 위한 공간도 별도로 마련되어 있어 누구나 문화예술적 체험활동을 할 수 있도록 개방되어 있다.

도시재생에서의 문화예술교육의 함의

유럽 전역에서 추진되고 있는 도시재생의 중추 역할로 문화예술이 중요한 부분을 차지하고 있다. 실제로, 다수의 유럽 도시는 도시재생계획의 중심에 지역 주민이 참여하는 문화예술 프로젝트를 운영하면서 도

Cent Quatre 104 Paris

시재생계획을 수행하였다. 이는 주민 참여예술 프로그램에 대한 증가와 지역 요구에 대한 대응책으로 지역 주민을 도시재생 정책의 주요 자산으로 인지하고 추진되고 있음을 시사한다. 유럽 곳곳에서는 예술기관, 학교, 지역 정부, 관계기관의 자발적 참여가 증가하면서 과거에 비해 가치 지향적인 문화예술교육이 진행되고 있다. 여기에는 주민들의 문화예술교육과 문화예술활동 참여가 도시재생에 필요한 핵심 정책이라는 사회적 합의가 있었다.

유럽 곳곳에서 쉽게 발견할 수 있는 것들 중 하나가 폐 산업시설을 문화예술공간으로 리모델링하여 활용하고 있는 시설들이다. 런던의 테이트모던 Tate Modern 미술관, 유네스코 문화유산인 독일 에센 Essen 시의 탄광지대였던 졸페라인 Zollverain, 프랑스 남부 마르세이유 Marseille 에 위치한 '라 벨 드 메 la Belle de Mai' 지역의 담배공장을 개조해 문화예술 단지로 조성한 사례들을 만날 수 있다.

영국과 프랑스의 문화예술을 접하는 개념에는 차이가 있으나, 지역 주민과 예술가의 협력에 있어서 '과정'이 중요하다는 것을 확인할 수 있다. 영국은 문화예술교육이 지역 공동체의 활성화와 낙후된 지역을 변화시키는 데 유용하다는 관점이 명확하다. 프랑스의 경우 문화예술정책은 문화예술을 '인권' '국민의 기본권' 개념으로 이해하고 있는 반면, 영국은 문화예술교육 분야를 국가의 복지나 국민의 창의성 함양으로 접근하여 지원하고 있다.

영국의 경우 상대적으로 공교육에서도 문화예술교육이 강화되어 있지 않으며, 학교 밖 교육에서는 선택에 의한 교육으로 되어 있기에 전 방

에센시의 졸페라인 Zollverain

위적인 문화예술교육정책으로 보기는 어려운 부분이 있다. 자유방임주의적인 영국의 문화예술교육 정책은 탑다운 top-down 방식이 아닌 보텀업 bottom-up 방식으로 자발적인 개인의 미적 성취와 창의성 함양에 중점을 둔 문화예술교육의 형태로 정책을 추진해 왔다.

영국의 문화예술정책과는 조금 다른 방향으로 추진되어 온 프랑스는 일관성 있는 문화예술정책으로 문화는 국민의 기본 권리이며, 국민 스스로가 즐기고 향유할 수 있는 평등한 권리로 정책을 추진하고 있다는 점이 영국과는 다소 다르다. 모든 분야에 문화예술적 감성이 투영될 수 있도록 하고 인문학적으로 설계되는 문화예술교육 프로그램은 내용적으로나 질적으로도 수준 높은 커리큘럼으로 구성되어 있다.

마르세이유시의 라 벨 드 메 la Belle de Mai

영국과 프랑스의 문화예술교육 정책의 공통점은 시민 모두가 평생 동안 예술과 문화적 경험을 누릴 수 있도록 지원과 기회를 제공하는 것에 두었다는 점이다. 또한, 삶의 가치를 성찰하는 사고를 중요하게 생각했고 이를 일상에 실천하는 과정에서 창조적인 잠재력을 키우는 것을 문화예술교육을 통해 실현한다는 점이다. 모든 시민들에게 문화예술의 향유의 기회를 부여하고 인재 양성과 취약계층 지원, 문화예술교육프로그램 등을 지원하였다. 문화예술활동이 단순히 예술가들에만 한정된 영역이 아닌 지역주민 모두가 일상에서 삶과 함께하는 문화예술교육이 자연스럽게 이뤄지고 이를 통해 형성된 사고와 안목을 바탕으로 자발적 움직임에 의해 도시재생 활동으로 이어지고 있는 것이다.

이러한 정책의 지원과 문화예술의 잠재력의 가치를 인정하고 일찍이 문화예술정책을 추진해 왔던 유럽은 도시재생사업에 있어서도 문화예술의 긍정적인 면이 필수적으로 전제되어야 함을 강조했다. 시민들이 일반적으로 누릴 수 있는 삶의 가치를 증진시키는 핵심수단으로 문화예술교육을 강력히 추진했던 것이다.

유럽의 도시재생은 "어떤 지역을 만들 것이가" 라기보다는 "누구를 위한 도시로 만들 것인가"를 더 중요한 정책의 방향으로 삼고 추진해 왔다. 도시 쇠퇴와 지역 커뮤니티의 붕괴, 이웃과의 관계 등 삶에 있어 본질적인 사회적 문제들을 해결하기 위한 방안으로 문화예술이 등장했고, 문화예술교육의 중요함으로 연결되었던 것이다. 여기에는 일상에서 누구나 문화예술을 경험하고 다양한 소통을 할 수 있는 환경을 만들어 주는 정부가 있었고, 이를 통해 주민들은 일상의 삶 속에서 문화예술을 경험하고, 자발적이고 주도적인 태도로 사회적 활동을 하며 살아갈 수 있도록 하기 위함이 있었다.

성공적인 도시재생은 주민과 정부가 함께 고민하고 성장해 나가는 것이 진정한 도시재생이 되는 것이다. 주민도 정부도 우수한 창의적 사고와 안목을 갖춰야 가능하다. 도시재생은 단순히 개발하는 도시계획이 아닌 지역민의 삶의 질과 행복지수를 높이는 방법으로 접근해야 지속가능한 도시재생으로 귀결될 것이다.

참고문헌

김새미, 영국의 문화주도 재생정책:뉴캐슬게이츠헤드 사례 연구, 유럽연구, 12, 30(3), 2012, 183-216쪽,
(협)예술과 도시사회연구소, 해외 문화예술교육 트렌드 연구, 2018.

https://learningfoundation.org.uk

https://froma.co.kr/420

https://www.zollverein.de

http://www.lafriche.org/magazine

https://sagegateshead.com/conference-events

https://research.ncl.ac.uk/northerninnovation/exhibits/thesagegateshead

https://research.ncl.ac.uk/northerninnovation/exhibits/thesagegateshead

https://learningfoundation.org.uk

지역과 문화예술교육의 관계
: 베를린 사례

이은서

한-독 리서치네트워크 소나기랩 연구원

'문화예술교육'이라는 용어를 살펴보면 일면 모순이 있다. 문화와 예술이 누구나 생산할 수 있고 향유할 수 있는 것이라면, 이는 '교육'으로만 가능한 것은 아니기 때문이다. 한 미국의 유명 미술대학 교수의 일화를 보자. 아들이 미대로 출근하는 아빠에게 "아빠는 어디 가요?"라고 묻자, 아빠는 "학교에 학생들을 가르치러 간단다."라고 답했다. 이어 아들은 "아빠는 무엇을 가르치는데요?"라고 하자 아빠는 "그림 그리는 것을 가르치지."라고 답했다. 아이는 이해할 수 없다는 표정으로 아빠를 바라보았다. "배워야만 그림을 그릴 수 있나요? 불쌍한 학생들"이라고 했다는 이야기이다.

아이의 입장에서 그림 그리고 노래하는 것을 배워야만 한다는 것은 이해할 수 없는 상황이었을 것이다. 짧은 이야기이지만, 여기에서 문화예술교육에서의 '교육'이 어떻게 이루어져야 하는지에 대한 핵심을 들여다볼 수 있다. 문화와 예술은 만들어지는 것이 아닌 원초적인 본능에서 이미 발생한다. 그러나 누군가와 '공유'하기 시작할 때 '교육'이 개입한다. 문화예술을 가르치고 배운다는 것은 타인과의 원활한 공유를 위한 시작이다. 여기에서 '지역 문화예술교육'에서 지역과 문화예술의 연결고리를 유추해 볼 수 있다. 이 글에서는 독일 베를린의 사례를 통해 지역과 문화예술교육의 관계를 살펴보고자 한다.

지역 중심의 국가, 독일

독일은 연방제 국가로 독일 헌법 30조는 '국가적 권능의 행사와 국가과제'를 16개 연방주에서 독립적으로 수행한다고 명시하였다. 국가적 권능의 행사와 국가과제에는 행정, 치안 등의 기본 역할 뿐만 아니라, 문화예술 부문에 관한 정책 수립과 관련된 주요 역할도 포함된다. 따라서 독일의 문화예술정책은 연방 정부가 아닌 16개 주 정부가 주도하면서, 각 주별로 독립적인 정책을 실시하고 있다. 이는 독일의 정부부처 조직도를 보면 더욱 명확히 드러난다. 독일에는 별도로 연방 차원에서의 문화부가 없으며[1], 대신 국가 차원에서 지원이 필요한 문화예술 프로젝트 및 국가 주요 문화 시설 관리를 위한 연방 총리 직속 문화 미디어 특임관 Beauftragter der Bundesregierung für Kultur und Medien, BKM 만을 별도로 두고 있다.[2] 즉, 문화 예술에 관해서는 각 주가 별도로 문화부처를 두고 있어서 지역단위로 문화예술 정책이 수립된다는 것이 가장 큰 특징이다. 또한 각 연방주들이 문화 정책 문제들을 다루기 위한 공동 기구로 주 문화장관 상설회의 Ständiger Konferenz der Kulturminister der Länder in der Bundesrepublik Deutschland 를 설치하여, 주별로 협력이 필요한 공동 문화정책 관련 사안들을 협의하면서 효율성을 도모한다.[3]

16개의 주 중에서 베를린, 함부르크, 브레멘은 독특한 역사적 배경 덕

분에 도시이자 독립적인 주 정부를 구성하고 있다. 베를린은 독일의 수
도로 문화예술을 관장하는 주 부처로 베를린 유럽 문화부Senatsverwaltung
für Kultur und Europa를 두고 있다. 그러나 베를린 시는 홈페이지에 공개
된 문화정책 개괄에서, 시/주 정부는 문화정책의 전체적인 가이드라인
을 그려주는 역할만을 담당한다고 밝혔다.[4] 다시 말해, 실질적으로는 구
규모의 지방자치단체들과 지역 문화예술기관 당사자들이 문화예술의 행
정까지도 주도하고 있다는 것이다. 이는 지역사회를 기반으로 하는 풀뿌
리 문화의 전통과 문화예술에 대한 지역사회의 강한 후원이 있었기에 가
능한 일이다. 독일의 문화예술은 지역 중심으로 이루어져 온 오랜 전통
이 있었고, 예술 활동을 통해 사회에 기여하는 예술가들을 보호하고 지
원해야 하는 것을 사회적 책임으로 여기고 있다. 이는 올해 온 세계를 휩
쓸었던 코로나19에 대한 베를린의 보조금 정책에서도 여실히 드러난다.
베를린 시는 코로나19로 인한 프리랜서/소기업/자영업자에게 '즉시 지
원금Soforthilfe'을 지급할 때 문화예술인을 포함하였다. 베를린 시는 1인
자영업자문화예술인 포함부터 5인 이하의 팀 및 소기업에는 3개월간 최대
9천 유로한화 약 1천 200만 원의 직접 지원금을 지급하였으며, 10인 이하에
는 최대 1만 5천 유로한화 약 2천만 원의 지원금을 지급하였다.[5] 뿐만 아니
라 코로나19로 인해 문화예술행사가 취소되고, 입장권이 환불 조치되면

---

4   https://www.berlin.de/sen/kultur/kulturpolitik

5   https://www.ibb.de/de/foerderprogramme/soforthilfe-corona.html

서 이로 인해 예술가 사회보험[6] 가입자들의 수입이 끊기고 납세의
무를 이행하지 못하는 경우가 발생할 것을 고려하여, 변동된 예상
수입을 신고하여 보험료를 재산정하거나, 보험료 납부가 어려울 경우 지
불 조건 완화를 보장할 수 있도록 하였다.

또 예산이 지원되었던 문화 프로젝트 및 행사가 코로나19로 인해 조
기 종료되는 경우, 공공 예산 및 보조금법률에 따른 사례별 조사 후 이
미 프로젝트 진행을 위해 소비된 예산은 회수하지 않기로 하였고, 행사
취소로 인해 남은 예산만을 반납하도록 했다. 이 밖에 소상공인, 프리랜
서 예술가 포함 의 6개월간 주거비 보조를 위해 110억 유로 한화 약 15조 4천억
원 를 추가 지원 예정이라고 밝혔다. 국가 및 주 정부 차원의 문화예술에
대한 든든한 지원과 더불어 눈에 띄는 것은 문화예술에 대한 지역사회
의 적극적인 후원과 지지이다. 앞서 언급한 국가 및 주 차원의 지원 이외
에도 #Saengerhilfe 성악가 돕기, #support your local artist 지역예술가 돕기,
#join us at home 집에서 함께해요, #ich will kein geld zurueck 환불받지 않겠
습니다. 등의 온라인 해시태그 운동 등 예술가들과 함께 하는 움직임이 활
발하게 진행되었다. 특히 #성악가돕기 운동에는 스타 테너 요나스 카우
프만 Jonas Kaufmann 이 참여하면서 일주일 만에 10만 유로 한화 약 1억 3천만
원 를 모금하였다.

---

6   예술가 사회보험(Künstlersozialversicherung) 대부분의 예술가가 고용 관계에 놓이지 못하고 자
영 예술가로 활동하면서 적은 소득으로 인한 경제적인 어려움을 겪고 있는 것은 독일도 마찬가지
이다. 이에 따라 고용 관계를 갖지 못한 프리랜서 예술가들을 사회보험체계 안에서 보장하기 위
해 독일 연방정부에서 1981년에 관련법을 통과시켰다. 이를 통해 예술가들이 법적 사회보험 가
입대상의 자격을 취득하여, 근로자와 같이 의무적으로 연금보험, 의료보험 및 요양보험에 가입할
수 있다. 예술가 역시 근로자와 동일하게 사회보험료의 50%를 자기가 부담하고, 나머지 50%는
국가가 20%, 언론, 출판사, 갤러리 등의 저작권 사용자가 30%씩 납부하는 시스템으로 운영된다.

베를린에서의 지역과 문화예술의 끈끈한 관계는 언어에서도 그 흔적을 쉽게 찾아볼 수 있다. 독일어로 '키이츠 Kiez'라는 단어를 살펴보자. 이는 동네, 생활권이라는 의미로 쓰이며, 베를린과 함부르크 등 북독일 지역에서 쓰는 단어였다. 하지만 글로벌이 아닌 로컬의 바람이 불던 2010년 전후로 전 독일에서도 통용되는 말이 되었다. 특히 이 단어는 동네라는 지역적 특성을 지칭할 뿐만 아니라, 그 지역만의 특별한 지역문화를 일컬을 때도 쓰인다. 예를 들어, 베를린에서는 독일의 화가 이름을 딴 베를린의 '콜비츠 키이츠 Kollwitz Kiez'가 유명하다. 베를린 북쪽에 있는 작은 콜비츠 광장을 중심으로 예쁜 카페와 상점이 많고, 광장에 주말마다 작은 시장이 들어서며, 동네 사람들이 자기의 물건을 내다 파는 벼룩시장도 열리는 곳이다. 사람들은 이런 '힙'한 문화를 가지고 있는 키이츠를 좋아하고, 자신들의 라이프스타일과 비슷한 느낌의 키이츠를 찾아 거주지를 옮기기도 한다. 대부분의 키이츠는 자전거나 도보로 이동할 수 있는 정도의 반경을 일컫는다. 사람들은 키이츠 안에서 생활하고, 키이츠 안에서 교류하며, 키이츠 안의 문화와 예술을 공유한다.

동네 책방에서 일어나는 문화예술교육

베를린 동남쪽의 프리드리히스하인 Friedrichshain 지역의 동네 책방 '파울과 파울라 Paul und Paula'는 근처 키이츠의 인기 책방이다. 이곳에서는 매주 토요일 오후 2시 초등학생을 위한 프로그램이 진행된다. 누구나 사전신청 없이 참여할 수 있는 이 프로그램은 아이들에게 어린이 도서의 신간을 소개해주고, 짧게 책 속의 이야기를 들려주며, 이를 그림으로 표현해보는 간단한 프로그램이 진행된다. 약 1시간 30분의 프로그램은 무료이고, 모든 아이들에게 열려 있다. 아이들은 그곳에서 최근에 나온 어린이 책에 관한 소식을 듣고, 책방 주인과 함께 책에 관한 다양한 이야기를 나눈 후, 자유롭게 그림을 그린다. 보통 매주 대여섯 명의 아이들이 참여하고, 아이들이 그림을 그리는 동안은 책방에서 판매하는 오디오북 CD를 틀어놓고 모두가 고요하게 그림을 그리며 책의 세계에 빠진다. 벌써 6년째 진행 중인 프로그램은 단순해 보인다. 하지만 이를 통해 맺어진 동네 아이들과 책방의 관계는 생각보다 끈끈하다. 아이들은 심심할 때마다 책방에 들르고, 급히 도움이 필요할 때도 책방을 찾는다. 친구들과의 약속도 책방에서 하며, 책방에는 책뿐만 아니라 오디오북, 각종 문구류, 책과 관련한 굿즈 등도 함께 팔고 있기 때문에 친구의 생일 선물도 책방에서 산다. 또한 필요한 책이 있으면 늘 '파울 앤 파울라'에서 구입을 하고, 혹시 원하는 책이 없더라도 대형서점이나 온라인 쇼핑몰을 이용하지

않고, 꼬박꼬박 동네 책방으로 향한다.

책방에는 아이들 프로그램뿐만 아니라 평일 저녁 어른들을 위한 북콘서트, 강연 등이 열린다. 유명 인사를 초청하기보다 그 지역에 사는 사람 중 특별한 이야기를 가진 사람들을 초청하거나 지역의 역사에 관한 강연이 열린다. 철저히 키이츠 중심의 프로그램이 기획된다. 지리적 의미에서 '지역 중심'이 '사람 중심'의 지역문화를 구성하는 '파울 앤 파울라'는 로컬을 넘어선 하이퍼 로컬의 측면에서 지역문화예술교육의 훌륭한 예이다.

지역구청과 음악학원의 협력

베를린에서도 남서쪽 슈테글리츠-첼렌도르프 Steglitz-Zehlendorf 지역구에는 독일에서 가장 규모가 큰 음악학교 Musikschule 가 있다. 레오-보하르트 음악학교 Leo-Bochard Musikschule 라고 불리는 이 학교는 학생들이 정규 학교 수업 후 악기만을 배우기 위해 방과 후에 가는 곳이기 때문에 한국의 관점에서 보면 사설 음악학원에 가깝다. 그러나 베를린 주 정부에서 운영비의 50%를 지원받고 있으며, 풀타임으로 고용된 정규 교사 18명, 파트타임 교사 300명, 학생은 약 7,000명에 이르는 상당히 큰 규모이다. 음악학교의 규모가 클 수밖에 없는 것은 이곳에는 세상에 존재하는 거의 대부분의 악기를 가르치고 있으며, 솔로, 듀엣, 합창에서 오케스트라에 이르기까지 전 규모의 음악 영역을 다루고 있기 때문이다. 베를린에는 주 교육청에 등록된 음악학교가 12개가 있는데, 주 정부에서 이

학교에 연간 120만 유로 한화 약 16억 원 의 보조금을 지급하고 있다.[7]

따라서 학생들이 악기 1개를 배우는 데는 한 달에 약 15유로~30유로 한화로 약 2~4만 원 정도의 저렴한 비용만 지불하면 되고, 대부분의 수업이 1대1로 이루어지거나 3~4명의 소그룹으로 진행되어 교육의 질은 높다는 장점이 있다. 또한 음악학교에서 대부분의 악기를 구비하고 있어서 별도로 고가의 악기를 구입할 필요 없이 대여해서 사용할 수 있는 것도 큰 장점이다. 따라서 이는 사설 음악학원이라는 형태라기보다는 공공적 성격을 띤 평생예술교육기관으로 보는 것이 더 적합할 것이다.

이 음악학교의 특별 프로그램 중 하나는 만 6~9세 아이들이 신청할 수 있는 '1년 회전목마 코스 Instrumentenkarussell'이다. 회전목마 코스는 1년에 5가지의 악기를 회전목마 타듯 바꾸어서 배우는 것인데, 1개의 악기 당 약 4~5주 정도 경험을 해보고, 자기에게 가장 마음에 드는 악기를 찾아 나가는 수업이다. 한 반에는 3명의 아이들이 배정되고, 악기를 배운 다기보다는 '경험'하고 느껴보는 등의 교육방식으로 이루어진다. 매번 한 가지 악기를 체험한 후에는 가족들을 교실로 초대하여, 자신이 배운 것을 선보이는 시간을 갖는다. 실제 참관의 기회가 생겨 회전목마 코스의 악기 발표 시간에 초대받았는데, 그곳에는 악기를 배우는 아이 3명의 가족들로 가득 차 있었다.

피아노를 체험했던 아이들은 총 4회 동안 경험한 피아노를 시 낭송과 함께 선보였다. 첫 번째 아이가 등장해서 '토끼가 깡충깡충 뛰는 것'에 대

---

7   https://www.tagesspiegel.de/berlin/bezirke/steglitz-zehlendorf/leo-borchard-musikschule-steglitz-zehlendorf-verlorenes-vertrauen-zurueck-gewinnen/20992552.html

한 시를 낭송한다. 그러면 다음 아이가 등장해서 양손의 검지를 펴고 독수리 타법으로 토끼의 움직임을 스타카토 주법으로 연주한다. 다음 아이가 나와서 '바람과 태풍'이라는 시를 읊는다. 그러면 선생님이 피아노 뚜껑을 연다. 세 아이가 동시에 나와서 저음을 이용해 바람과 태풍이 휘몰아치는 저녁을 연주한다. 이는 모두 즉흥으로 이루어진다. 그리고 바람이 잦아들면, 소리도 멎어든다. 아이 한 명이 의자 위로 올라가 열린 피

아노 뚜껑 안으로 손을 넣어 줄을 튕긴다. 그러고는 마지막으로 울려 퍼
지는 장엄한 대사, "피아노는 이렇게 소리가 납니다." 숨죽였던 가족들
은 그제야 우레와 같은 박수를 보낸다. 그렇게 짧은 15분의 공연이 끝나
면 모두 삼삼오오 모여 대화를 나눈다. 선생님에게 아이와 악기가 잘 맞
는지 상담도 받는다. 악기를 정한 아이들은 약 2~3년 간 한 악기의 수
업을 받게 된다. 그 후는 반드시 오케스트라에 참여하도록 권유받는다.

레오-보하르트 음악학교에서 오케스트라와 합창 수업은 모두 무료로
이루어진다. 이는 개별 악기를 훈련하고 기술을 익히는 데에 음악교육의
목표가 있지 않음을 시사한다. 학생들은 오케스트라, 트리오, 콰르텟, 합
창단, 중창단 등 다양한 규모의 그룹에 자신의 악기를 들고 참여할 기회
를 갖는다. 이후 이러한 그룹들은 음악학교가 속한 슈테글리츠-첼렌도
르프 구 단위의 지역행사에서 활발한 활동을 벌인다. 특히 봄, 여름, 가
을마다 이루어지는 지역의 축제와 부활절, 크리스마스 등에 벌어지는 지
역의 마켓에서 학생들의 음악이 울려 퍼진다. 어린이, 청소년 이외에도
성인부터 노인에 이르기까지 다양한 연령의 학생들이 음악학교를 다니
고 있다. 그렇기 때문에 다양한 연령대와 규모의 음악학교 내 그룹일종의
'동아리'를 살펴보면, 지역 내 대부분의 사람들과 연결고리가 있다는 것
을 알 수 있다. 뿐만 아니라 음악학교는 주변 연극/뮤지컬 학교와 연계
하여 함께 뮤지컬 공연 등을 만들기도 한다. 이는 단기간, 일회성의 행
사가 아니다. 약 2~3년 여 간 매 주말마다 모여 천천히 연습해서 무대에
올라가는 장기 프로젝트이다. 사람들은 음악학교에서 학생이지만 지역
에서는 공연자이다. 즉 문화예술교육을 통해 음악을 배우는 피교육자임
과 동시에 지역의 예술 축제에서 공연자로서 문화를 만들어 내는 생산자

가 되는 것이다.

이사를 자주 다니지 않는 독일인들의 특성을 고려해 보았을 때, 어떤 이들은 아이였을 때부터 노인이 될 때까지 매주 하루는 음악과 함께 삶을 보내왔다고 해도 과언이 아닐 것이다. 마치 사람들의 삶 안에 음악이 흐르도록 자연스럽게 스며든 음악학교는 지역문화예술교육의 또 다른 좋은 예이다.

장애와 지역과 문화예술교육이 만나는 곳, 페퍼베어크 Pefferwerk

베를린 남서쪽 리히터펠데 Lichterfelde 지역에 인류 최초로 조종 가능 글라이더를 개발한 오토 릴리엔탈 Otto Lilienthal 이 살았던 집터가 있다. 이 집터에 두 채의 소규모 아파트가 지어져 오랫동안 요양원으로 사용되었다. 그 요양원 건물을 페퍼베어크 도시문화재단 Pfefferwerk Stadtkultur gGmbH 을 매입한 후 예술가 아틀리에로 문을 열었다. 이후 서쪽의 부유하고 조용한 동네였던 리히터펠데 지역에 많은 변화가 감지되었다.

페퍼베어크 도시문화재단은 1991년 설립되었으며, 어린이, 청소년, 가족들을 지원하고 도시 문화를 형성하기 위한 다양한 활동을 벌이고 있다. 재단은 17개의 유치원을 운영하고 있으며, 2개의 특성화 학교도 설립하였다. 뿐만 아니라 배움에 어려움을 겪는 청소년을 돕는 프로그램, 주거가 불안한 청소년 및 학생들이 거주할 공간을 제공하는 프로그램, 향후 진로를 위한 직업 훈련 프로그램, 지역 문화예술 프로그램 등을 운영한다. 페퍼베어크는 앞서 언급했던 기관들에 비해 '지역'과 '문화'에 더욱 큰 초점이 맞추어져 있는 곳이다. 특히 이곳은 장애, 인종, 나이, 종교 등에 의한 차별에 맞서고 사회적 약자들이 지역의 문화를 만들어가는 데에 독립적이고 자립적으로 참여하고 기획할 수 있도록 하는 장을 마련해주고 있다.

리히터펠데 지역의 페퍼베어크 아틀리에는 함부르크의 페퍼베어크 갤러리에 이은 두 번째 예술 기관이다. 특히 페퍼베어크 아틀리에는 자폐예술가를 위한 공간으로 예술가들의 작업장과 거주지가 모두 갖추어져 있다. 거주를 원하는 예술가들은 이곳에 살면서 지역의 주민들과 자신의 작업을 통해 소통하고, 공동 작업을 하기도 하며 주민들이 참여할 수 있는 예술 프로그램을 기획하기도 한다. 모든 프로그램은 장애 예술가뿐만이 아니라 비장애 예술가도 함께한다. 애초에 장애와 비장애를 구분하지 않는 것이 페퍼베어크의 정신이다. 사회를 이루는 구성원은 장애인, 비장애인, 어린이, 청소년, 외국인 등 다양한 사람이 있고, 모두 어우러져 사는 사회를 꿈꾸는 것이 페퍼베어크 재단이 지역문화를 만들어가는 데 있어서 가장 중요하게 여기는 지점이다.

지난 7월 방문한 페퍼베어크 아틀리에는 '노아의 방주'와 닮은 배 조형물 작업이 한창이었다. 이 조형물은 아틀리에 오픈 행사에 맞추어 공개될 예정이었는데, 이미 동네 사람들은 길을 오가며 배가 완성되어가는 과정을 지켜볼 수 있었다. 뿐만 아니라 직접 조형물을 만드는 것에도 참여할 수 있었는데, 각목과 각목을 연결할 수 있는 철사를 다룰 줄만 알면 누구나 쉽게 참여할 수 있는 작업이었다. 페퍼베어크 관계자는 한 지역에 자신들의 유치원, 학교, 문화 시설을 오픈할 때마다 꼭 이 조형물 작업을 지역 사람들과 함께 하는 것이 일종의 의례가 되었다고 설명했다.

배는 '함께 탄다.'는 의미가 있고, 배를 만드는 과정이 누구나 할 수 있을 만큼 매우 쉽기 때문에 지역민들과의 연결을 상징한다고 한다. 실제로 배 만드는 현장에는 유치원생에서 어린이, 아틀리에에 사는 예술가들, 길을 걷다 배 조형물을 보고 우연히 참여하게 된 지역 주민들이 자연스레 섞여 있었다. 예술가들이 배 만드는 요령을 간단하게 전수해주면, 어느 모양으로 어떻게 만들어갈지는 각 참여자의 몫이다. 어떤 정형화된 결과물이 정해져 있지 않고, 참여자들에 따라 다른 결과물이 나온다.

이 과정에서 어떤 이는 가르치고, 어떤 이는 배워야 한다는 구분이 없었다. 어떤 이는 예술가이고, 어떤 이는 일반인이라는 구분도 없었다. 또한 어떤 이가 이곳의 주인이고 어떤 이가 이곳의 이방인인가 하는 구분도 없었다. 만들어져 나가는 배가 있었고, 그 배에 함께 타고 있는 사람들만 있었을 뿐이다.

함께 발 딛은 곳에서 서로를 연결하는 문화예술

코로나가 시작되자 모든 것이 멈추었다. 3월 17일부터 약 3개월 동안 아이들은 학교와 유치원에 가지 않았고, 책방도 음악학교도 모두 문을 닫았다. 키이츠 안에 다양한 문화예술로 연결되어 있던 삶에도 약간의 불안과 균열이 생기기 시작했다. 사는 곳도 연락처도 모르지만 책방과 음악학교와 아틀리에에서 만나며 안부를 묻던 사람들과 한꺼번에 단절이 되었다. 특히 독일의 경우 코로나 봉쇄 초기에는 놀이터도 폐쇄되고, 공원과 같은 야외 시설에서도 사람이 모일 수 없었기 때문에 사람들에게는 상상 이상의 고립감을 가져다주었다. 유치원과 학교, 학원도 일제히 온라인 수업이나 이메일을 통한 학습 자료 등으로 대체 되었다. 자연스레 지역의 문화를 연결하는 온라인 플랫폼에 사람들의 관심이 쏠렸다. 독일의 지역 온라인 커뮤니티 플랫폼인 '네벤안' nebenan.de 은 코로나 시기에 지역 공동체를 연결해주는 역할을 톡톡히 했다. '네벤안'에 동네에서 일어나는 모든 일이 올라오고, 그 해결책도 동네에서 나왔다. 잘 쓰지 않는 공구나 텐트 같은 용품을 공유하거나 자기가 쓰지 않는 시간 동안 자전거나 자동차를 빌려주기도 한다. 관심사가 비슷한 사람끼리 만남을 주선하기도 하고, 아이의 연령대가 같은 가족이 온라인 플랫폼으로 연결되어 놀이터에서 만나 놀기도 한다. 네벤안은 특히 코로나 시기에 지역 공동체를 연결해주는 역할을 톡톡히 했다. 바로 노약자를 위해 시장을 봐주거나 병원에 데려다주기, 긴 시간 집을 비웠을 때 식물에 대신 물주기 등 필요한 사항을 올리면, 서로 연락해서 도움을 주고받는다. 오프라인으로 연결고리가 끊겼던 문화예술 공유의 경험이 네벤안에서 새롭게 시작되기도 했다. 코로나 이후 동네 예술가들의 하우스 콘서트나 이벤트, 미술·연극 수업 등을 홍보하고 동네 중심의 발코니 콘서트를 기획하거나 작은 요리 워크숍을 기획하여 필요한 사람에게 음식을 나누어 주는 등 3~5인 중심의 문화예술교육 활동을 조직하는 것을 돕기도 했다. 공공도서관이 문을 닫자 자기 집의 책장을 공유하고, 함께 읽은 책에 관해 이야기를 나누는 '문학의 밤'과 같은 행사가 열리기도 했다. 네벤안은 코로나로 인해 자신의 작업을 지속할 수 없게 된 예술가들을 위해서 동네 중심의 '판'을 마련해 주는 데에 작은 힘을 보태고 있다.

이웃과 연결 되어있는 느낌은 삶에 다른 차원의 안정감을 가져다준다. 우리는 유치원과 학교, 동네에서 벌어지는 다양한 문화예술교육 기회를 통해 그 안정감을 획득할 수 있었다. 이 재난의 끝은 보이지 않지만, 재난 속에서도 '어떻게 함께 살아갈 것인가.'에 관한 힌트는 보인다. 그 안에서 문화예술은 '보이지 않지만 가장 강력한 선'으로서 우리의 삶을 단단하게 지탱해주고 있다.

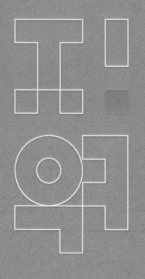

2부
사람들, 그리고 도전들

만나라. 사람이든 일이든.
새로운 길이 열릴 것이다.

황정미

지식나눔공동체 이마고 대표

만남에는 늘 새로운 길이 있다. 그것이 사람과 사람 간의 만남이든 사람과 일과의 만남이든 상관없이 말이다. 만남은 연결이고, 연결은 곧 새로움의 탄생이다. 문득 지난 시간을 돌이켜보니, 나를 오늘에 서게 한 삶의 굽이굽이에 만남과 새로운 길이 있었음을 알겠다. 매축지 마을로 가서 어르신들을 만나고 난 후에는 마을 어르신들과 함께 6·25 전쟁 당시 피난민촌인 매축지 마을의 모습과 이야기로 그림책과 인형극 작업을 할 수 있게 되었고, 중구 산복도로에서 커뮤니티 문화센터의 센터장으로서 산복마을 주민들과 만난 이후에는 피난 시절 이주의 역사를 그림자극으로 창작하거나 또는 사진이야기 책으로 기록하는 등 마을 주민들과 함께 이런저런 다양한 일들을 만들게 되었다.

그림책포럼 회원들과 매축지마을 어르신들과의 만남

2012년 '지식나눔공동체 이마고'의 회원 중 그림책을 좋아하는 회원들과 또 부산문화재단의 콜로키움에서 만난 예술가들과 함께 '그림책포럼'이라는 그림책읽기 모임을 결성하였다. 함께 모여 그림책을 읽는 시간은 우리에게 큰 행복감을 주었다. 여러 분야의 전문가인 각자의 시각으로 그림 속의 다양한 이미지들을 찾아내는 것도 즐거웠고, 그림책을

읽으며 자신들이 살아온 이야기를 나누기 시작하면서 그림책읽기 모임
은 우리 모두에게 치유의 장이 되어갔다. 이렇듯 행복한 시간이 이어지
자, 좋은 것을 함께 나누고픈 생각이 들기 시작했다. 우연한 기회에 동
구 범일 5동에 '매축지마을'이라는 오래된 마을이 있다는 것을 알게 되었
고, 그림책포럼 회원들은 매축지마을의 '사랑방마실'이라는 어르신들의
마을 쉼터로 갔다. 그곳의 어르신들과 함께 그림책을 읽기 위해서였다.

우리들이 방문했을 때는 마침 마을 어르신들이 마을의 현안을 의논하
시는 시간이라, 잠시 후의 만남을 약속 받고 마을 구경에 나섰다. 시간
을 거슬러 어린 시절의 골목길로 들어선 듯, 마을은 골목골목 옛날 모습
을 그대로 간직하고 있었다. 다망구, 술래잡기, 오징어육군, 시마차기하
며 신나게 놀던 어린 내가 마치 모퉁이를 돌아 뛰어나올 것만 같았다. 마
을을 둘러보고 나서, 어르신들을 뵈러 다시 '사랑방마실'로 갔다. 회의를
마치고 함께 계시던 어르신들은 밝게 웃으며 맞아주셨고, 함께 그림책을
읽고 싶다는 우리의 뜻을 받아들여 주셨다. 지금도 어르신들의 그 밝은
모습이 생생히 떠오른다. 그렇게 우리의 만남은 시작되었다. 아무런 보
상 없이 그림책을 읽어드리러 매축지마을에 들어갔고, 이렇게 찾아주니
오히려 고맙다며 우리를 넉넉히 품어주신 마을의 어르신들과의 우연한
만남! 새로운 길이 열리는 순간이었다.

그림책을 함께 읽는 동안 어르신들의 이야기가 쏟아져 나오기 시작했
다. 그림책의 내용을 매개로 대화의 장이 열린 것이다. 어린 시절 이야기
부터 매축지마을에 시집 온 이야기, 경남의 시골에서 부산으로 시집간다

고 출세했다면서 동네잔치까지 치르고 왔는데, 4평 6홉 작은 집에 열두 식구가 살고 있더라는 이야기부터 빨래할 곳이 없어서 빨랫감을 모아두었다가 하루 날을 잡아 안창마을 골짜기에 빨래하러 가던 이야기, 여덟 살 어린 몸으로 1·4 후퇴 때 전쟁을 겪으면서 남쪽으로 내려오신 한 아버님의 이야기 등이다. 닥종이 인형 전문가, 동양화가, 시인, 판화가, 팝업아트 전문가 등으로 구성된 우리 회원들은 진지하고도 재미난 역사의 작은 이야기들을 모아서 그림책으로 만들어보기로 했다. 어르신들이 직접 한지를 찢어 붙여서 이미지를 만들고, 연필로 간단히 그림을 그려서 『매축지마을 할머니 이야기』라는 그림책을 완성했다. 화려하고 멋진 책은 아니었지만, 이마고 그림책포럼인 우리와 매축지 어르신과의 만남이 그림책이라는 결과물을 탄생시킨 것이다. 출판기념회 날, 국제신문사에서 우리들의 작은 출판기념회를 취재해 동영상으로 인터넷판에 올려 주셨다. 여러 기관의 관계자들과 특히 어르신들의 가족과 함께한 『매축지마을 할머니 이야기』 그림책 출판기념회는 눈물과 웃음이 범벅된 채 감동적으로 진행되었다.

그다음 해에는 매축지 어르신들과 닥종이 인형을 직접 만들어 옛날이야기를 재현해냈고, 어르신들의 스토리에 맞게 사진작가가 닥종이 인형을 사진으로 찍고 이야기를 넣어서 그림책을 만들었다. 『매축지마을 할머니 이야기』 두 번째 그림책이 출간된 것이다. 어르신들의 닥종이 인형 작업과 그림책 창작은 부산문화재단의 지역특성화 문화예술교육 지원 사업 덕분에 수월하게 진행할 수 있었다. 지원 사업에 선정되고 보니 수업이 좀 더 전문적이면서 여유 있게 진행되었고, 닥종이 인형과 그림책이라는 특이한 결과물도 만들어 낼 수 있게 된 것이다. 각 분야의 전문가들과 함께 수업을 진행해 감에 따라 매축지 어르신들은 점점 자신감을 가지게 되고, 문화예술교육 매개자인 나도 덩달아 전문가가 되어갔다. 게다가 매축지 역사 스토리텔링과 닥종이, 판화, 그림책, 인형극과의 콜라보로 인하여 수업에 참여한 여러 전문가도 각자 자기 전문 분야의 다양화를 경험하게 되었다. 서로가 서로에게 도움이 되는 이 현상이라니! 아무도 예측하지 못한 새로운 분야가 탄생된 것이다. 그 후 2016년까지 매축지 마을 어르신들의 이야기는 인형극과 그림책으로 계속 창작되었고, 거의 전문가가 된 어르신들은 지금은 '매축지할머니 문화사업단'이라는 단체를 꾸려 운영 중이시다. 단, 매축지마을의 계속되는 재개발사업으로 어르신들의 공간도 없어지고, 우리의 그 모든 활동도 역사 속으로 사라지게 되어 안타까운 마음이지만, 뭐 어쩌겠는가... 시절은 변하는 것을. 그래도 한 때 우리가 만나서 만들어냈던 유형무형의 결과물들은 우리들 마음 속에, 또 역사의 한구석에 자리를 잡아 가끔씩 행복을 가져다주고 있다.

매축지마을의 어르신들이 직접
만든 닥종이인형과 어르신
자신의 이야기로 엮어낸 그림책
『매축지마을 할머니이야기 2』
표지 (2013년)

금수현의 음악살롱 커뮤니티 문화센터에서
대청동 산복마을 어르신들과의 만남

매축지 마을에서의 문화예술교육 매개자로서의 경험은 내 삶의 유익한 자양분이 되어 나를 또 새로운 만남의 장으로 데려다주었다. 2013년 7월 중구 대청동 산복도로에 '산복도로 르네상스 사업'의 일환으로 건립된 '금수현의 음악살롱'의 센터장에 공모 선정되어 운영을 맡게 되었다. 마을의 커뮤니티 문화센터이기도 하고, 국민가곡 「그네」의 작곡가 금수현 선생이 대청동 산복도로에 거주하셨던 이유로 '금수현의 음악살롱'이라는 두 성격의 이름이 지어진 곳. 1, 2층 공간을 혼자서 운영해야 하는 일은 막막했다. 그 때 제일 먼저 시작한 일이 동네 주민을 만나는 일이었다. '길이 보이지 않을 때는 만나라!' 평소의 신념대로 주민을 찾아 나서기 시작했다. 마을에는 거의 어르신들만 거주하고 계셨는데, 어르신들도 구성원의 성격에 따라 여러 가지의 모임이 있었다. 그중 제일 젊은 어르신들은 70대 초반의 젊은? 어머님들이었고, 그리고 80대 이상의 고령의 어머님들, 또 70대 이상의 남자 어르신들 등으로 모임의 성격을 크게 나눌 수 있었다. 70대 초반의 젊은 어머님들은 화투 놀이를 제일 좋아하시고, 80세 이상 고령의 어머님들은 햇살 좋은 곳에 나와 앉아 이야기 나누기를 좋아하시고, 남자 어르신들은 따로 모이지는 않으시지만 지난날 공직에 계셨다든지 사업을 하셨던 터라, 나름대로 혼자서 붓글씨를 쓰거나 인문학에 관심이 많아 멀리 있는 학당으로 공부를 하러 다니는 분들도 계셨다.

일단 만났으니 또 새로운 길로! 화투를 좋아하시는 어머님들을 찾아 나섰다. 어머님들은 한 집에 두 팀으로 나누어 앉아 화투치기에 여념이 없으셨다. 나는 그 옆에 붙어 앉아 화투를 배우기도 하고, 또 게임에 참여하지 않으시는 어머님과는 이런저런 이야기도 나누었다. 어머님들은 거의 타지에서 이주를 해오셨는데, 자갈치에서 생선을 분류하기도 하고, 다라이를 이고 행상을 다니거나, 영도 조선소에서 깡깡이 일을 하면서 아이들 배를 굶기지 않으려고 애썼다고 하셨다. 어머님들의 이야기 속에 6.70년대 부산 원도심의 모습이 날 것 그대로 펼쳐졌다. 그렇게 어머님들과 친해지고 난 뒤, 어머님들께 화투를 가지고 프로그램을 한 번 해보지 않으시겠냐고 제안했다.

프로그램명은 〈놀이하는 산복마을 : 호모화투스〉 워낙 노는 걸 좋아하시는 유쾌한 분들이라, 화투를 주제로 한 놀이와 맞춤형 예술창작 프로그램을 진행하면 좋을 것 같았다. 어머님들은 흔쾌히 프로그램에 참여해 주셨고, 커뮤니티 문화센터는 드디어 어머님들의 잦은 발걸음으로 북적이기 시작했다. 프로그램을 진행해가면서 나도 화투에 대해 많은 것을 알게 되었다. 꽃과 새가 주요 소재이며 월별로 스토리가 있고, 그림 별로 사랑, 돈, 손님 등 주제가 있어서 예술과 접목하기도 좋았고, 삶을 이야기 나누는 주제로 삼아도 좋을 것 같았다. 화투 치면서 자연스럽게 나오는 몸짓으로 춤도 개발했고, 계절 별로 마을에서 피어나는 꽃으로 화투 꽃 간식도 만들어보았다. 거대 화투를 만들어 놀이할 때는 어머님들의 점수 계산력에 감탄했다. 역시 어머님들의 세월이 실력을 만든 건가?

2017 한영 컨퍼런스의 일환으로 대청동 산복마을을 방문한 영국의 시니어 문화예술 전문가들이 마을 어르신들과 호모화투스놀이를 함께하며 즐거워하고 있음 (2017년)

2017년 한 해 동안 지역특성화 문화예술교육 지원사업으로 '호모화투스 놀이'를 진행하면서 산복도로 어머님들과 많이 친해졌다. 하나의 목표를 향해 달려온 덕분이었다. 연말에는 한영 컨퍼런스의 일환으로 영국에서 시니어 문화예술 전문가들이 마을을 찾아와 어머님들과 함께 윷놀이와 화투, 주사위게임을 접목한 '호모화투스 놀이'를 함께 하고, 어머님들이 직접 만드신 비누꽃 꽃다발도 선물로 드리게 되었다. 인정 많고 경치도 아름다운 이곳 산복마을이 마치 천국 같다는 찬사도 듣고, 영국 남서부 지방인 웨일스의 한 마을과 교류를 하고 싶다는 제안도 받았다. 어머님들은 출세했다며 무척 기뻐하셨다. 내가 좋아하고 즐거운 일은 지구 반대편 다른 나라의 아티스트들에게도 행복한 일이 될 수 있다는 것을 어머님들이나 우리 프로그램 진행자들이 몸으로 직접 실감하게 된 게기였다. 그 이후, 화투놀이에만 열중하시며 밖에 잘 나오지 않던 어머님들이 커뮤니티 문화센터에 삼삼오오 모이게 되었고, 좋아하시는 노래 교실, 건강체조와 어르신댄스 교실도 열심히 참여하시며 건강을 찾아가고 계신다. '서로 만나서 마음을 열어 이해하게 되면 이렇듯 행복한 일들이 벌어지는구나.' 하루하루 감사한 나날이었다.

산복마을 어르신들의 삶이 인형극으로 재현되다

활동적이며 역동적인 젊은 할머니들과는 달리 80세 이상의 어머님들은 경로당에 누워 계시거나, 햇살 아래 앉아 계시는 일이 하루 일과의 대부분이었다. 나는 문화센터 앞 공터 벤치에 앉아 계시는 어머님들께 음료나 간식을 가져가서 옆에 앉아 이야기를 나누기 시작했다. 언제, 어떻게 이곳 산복도로로 오시게 되었는지, 어떤 일을 하셨는지 여쭈어보자, 드라마가 한 편씩 펼쳐지기 시작했다. 황해도에서 6·25 전쟁 직전에 이남의 국군에 입대한 남편을 찾아, 배를 타고 네 살 딸아이를 업은 채 9일

대청동 산복 마을 어르신들이 들려주신
마을 역사이야기를 소재로
인근 덕원중학교 학생들이 직접
인형극을 만들고, 그림책으로 만듦
(2016년)

동안 내려오시게 된 사연을 들었다. 그것도 남편만 찾으면 금방 집으로 돌아갈 수 있을 줄 알고 여섯 살 큰딸은 시부모님께 맡겨두고 내려왔는데, 전쟁이 끝나자 삼팔선이 그어져 황해도 고향은 영영 갈 수 없는 곳이 되어버리고 말았다는 96세 조필례 어머님의 기막힌 이야기였다. 86세의 차삼순 어머님은 해방이 되자 일본에서 부산으로 오는 귀국선도 못 타고 암거래로 귀국을 도왔던 배를 타고 부산에 도착했는데, 할 수 있는 일이 아무 것도 없어 대신동 산동네의 꽃마을에 임시 정착한 이후, 매일 구포까지 산을 타고 나무를 하러 다녔다 하셨다. 책상보다 더 큰 나뭇짐을 지고 엄광산을 넘어 대신동 시장까지 지고 와서 나뭇단을 팔았다는 이야기를 펼치셨다. 그리고 마을에 딱 하나 있던 공동변소 이야기며 공동수도에서 물 긷던 이야기, 난생 처음 보따리장사를 나갔다가 단속에 걸려 유치장에 다녀온 이야기 등을 들으며, 그 기막힌 사연들이 사라져가는 것이 안타깝다는 생각이 들었다. 고민을 거듭한 끝에, 매축지마을 이야기처럼 실제 이야기들로 극본을 짜고, 인형극 전문가와 함께 인형극과 그림자인형극을 만들기로 했다. 우선 마을의 학생들이 이 역사를 꼭 알아야한다는 생각이 들었고, 마을 인근의 덕원 중학교 학생들과 마을 어르신들이 함께 프로젝트를 진행해보면 어떨까 생각해보았다. 간절히 원하면 길이 열린다던가! 때마침 신청했던 꿈다락 토요문화학교에 선정되어 1년 동안 프로젝트를 진행할 수 있게 되었다. 우리 근현대사를 잘 모르는 중학생들이 어르신들의 이야기를 듣고, 극본을 구성하고, 함께 인형을 만들고 인형의 움직임을 연습하여, 마을축제 때 인형극 공연을 올렸다. 공연을 마치고 보니 아이들의 몸과 마음이 부쩍 자라 있었다. 마을 어르신들과 학생들이 함께 이루어낸 결과였다. 도저히 가능할 것 같지 않은 일이었지만, 역시 자주 만나서 함께 이야기를 나누다보니 예상치 못한 결과를 이루어낸 것이다.

여든 살 넘는 생활의 달인, 주민강사 되다!

80세 이상 고령임에도 기억은 생생하여 이야기를 듣다 보면 격동의 세월을 견딘 스토리가 블록버스터 영화급이다. 원도심 산복도로의 생활권이 자갈치시장, 국제시장, 부평깡통시장과 궤를 함께하기 때문인듯 싶다. 11살부터 꽃마을에서 구포까지 나무하러 다닌 차삼순 어머니는 남성여고 앞에서 40년 넘게 화원을 운영하셨고, 자갈치시장 어판장에 수십 년 동안 일을 다닌 박봉오 어머님은 생선 손질이나, 조개 까는 일은 눈 감고도 하신다. 그 밖에 평생 한복을 만든 한복집 사장님, 미싱 일만 수

'대청마루 예술창작소' 활동으로 '생태공예' 전문가로 활동하시는 마을의 남자 어르신들.
직접 만드신 초가집 그리고 닥종이인형과 함께 (2018년)

십 년 하신 미싱의 달인 어머님 등(…) 생활 속 달인들이 바로 고령의 어머님들이었다. 그분들에게 '주민 강사'라는 자리를 마련해 드리면 어떨까 생각했다. 마침 공모 중이던 중구 평생학습 프로그램에 선정되어 진행했다. 결과는 대만족이었다. 어머님들은 능숙하게 가르칠 줄은 모르셨지만, 손에 익은 달인의 능력에 젊은 어머님들은 감탄을 연발하며 서로가 서로에게 선생님이 되는 순간을 맞이했다. 내 안의 가치가 빛을 발하는 순간! 지금은 뒷방의 늙은이지만 내 안의 능력으로 세상에 기여할 수 있다는 사실만으로 행복해하셨다. 그 이후로 마을 어머님들모두 선생님이 되신 것은 물론이다.

앞에 잠깐 언급했듯, 마을 아버님들은 딱히 할 일이 없어 집에만 계시거나, 멀리 충렬사로 가끔씩 인문학 강의를 들으러 다니셨다. 86세인 나의 친정 아버지도 딱히 할 일이 없어서 센터로 나오시게 했다. 원래 손으로 뭔가 만드는 걸 좋아하셔서, 솔방울, 도토리, 대나무 등으로 곤충이나 동물, 솟대를 만드는 '생태공예'라는 새로운 분야의 자연예술창작 강좌를 시작하였다. 더 풍성한 내용을 위해 박병일 생태공예 전문가를 모시로 하고 마을역량강화 사업 공모에 신청하여 선정되었다. 마을 아버님들뿐 아니라, 지역주민들도 관심이 많아 많은 분이 신청해 주셨고, 자격증 과정으로 수업이 진행되었다. 수업 진행 후, 생태공예교육 전문가 자격증을 딴 어르신들은 선화여자중학교의 '자유학기제 강사'로 활약하기도 했다. 중학생들의 선생님이 되어 열심히 강의하고, 강사비가 입금되었을 때의 그 기쁨이란 말로 다 할 수 없었을 것이다. 또 인문학을 좋아하는 아버님들을 위한 〈산복도로 생활인문콘텐츠〉도 빼놓을 수 없다.

동아대학교, 부산대학교의 철학 연구자들과 함께 『차라투스트라는 이렇게 말했다』, 『논어』 등 고전을 소리 내어 읽어나가는 강독 형식으로 해마다 프로그램을 바꿔가며 시간이 걸리더라도 꾸준하게 인문학 공부를 했다. 해를 거듭하며 공부를 계속한 결과는 어떨까? 수업에 오시는 길, 책을 옆구리에 딱 끼고 걷는 아버님들의 당당한 걸음걸이 하나만으로도 노년의 삶이 어떤지 알 수 있다.

그 밖에 박영진 사회적 기업 '해와 달' 인형극단 대표와 지역의 주부들과 함께 인형극단 '산복'을 결성하여 동아리 형태로 마을의 작은 역사 이야기와 금수현 선생의 이야기들을 발굴, 극본을 만들고 성우처럼 읽기 연습을 하여 음원을 녹음하고, 그림자 인형을 만들어 그림자극으로 만들어가는 중이다. 2020년 지방 선거 때에는 선거관리위원회의 의뢰로 공정 선거를 위한 캠페인의 일환으로 창작 그림자극을 만들어 공연하기도 했

마을 어르신들의 앨범 속 마을 옛날 사진과 이야기를 모아 사진이야기 책으로 엮음 (2019년)

다. 주부로 살다가 우리 스스로 인형극단을 만들어 단원으로서 작품 의뢰를 받는 전문가가 되어 가는 일은 또 얼마나 멋진 일인가?

서로배움으로 거듭나는 우리의 행복한 삶

이런저런 사업을 진행하다 보니, 2018년에는 금수현의 음악살롱이 중구 공유배움터로, 2019년에는 중구 행복학습센터로 지정 되었다. 덕분에 평생학습 프로그램을 운영할 수 있게 되어 마을 어르신들과 함께 프로그램 운영에 대해 의논 했다. 어머님들이 원하셨던 운동 프로그램은 〈어르신 건강체조와 라인댄스〉로 정하고, 마을에서 늘 봉사활동을 하시는 선생님이 강사가 되었다. 어르신들에게는 익숙한 강사와 함께하는 프로그램이라 편안하고, 주민 강사는 강사로서의 자리가 마련되어 서로 발전할 수 있는 좋은 수업이 되어 대성황을 이루었다. 마을의 문화센터를 잘 활용하면 이렇듯 마을 내에서 역량 있는 주민을 발굴해 강사로서 발전할 수 있는 토대를 만들 수 있다. 그 밖에도 2014년부터 2018년까지 〈마을 예술창작소〉로 희망마을 만들기 사업 공모에 당선되어 환경을 생각한 천연비누와 화장품 만들기, 손바느질 교실, 간단 옷 만들기 교실, 생활 리폼공예, 닥종이 인형공예, 도자기 공예, 연필화 그리기 등의 전문가들을 모셔다가 수업을 진행하니, 우리 마을뿐 아니라 중구 지역민들도 커뮤니티 문화센터를 이용하게 되었다. 이때 어르신들과 젊은 세대와의 공감이 이루어졌다. 젊은 사람들이 많은 프로그램의 참여를 꺼리시던 어르신들이 어느새 젊은 세대와 친해져서 점심 먹고 가라고 집으로 초대하거나,

간식을 늘 준비해오거나 재미있는 일들이 수시로 벌어졌다. 그러면서 자연스럽게 산복도로 옛날이야기들이 화제에 올랐다. 그 모습을 지켜보던 나는 그 이야기들을 그냥 흘려보내는 것이 아까워, 어르신들의 앨범 속에서 잠자고 있던 사진들 속 이야기들을 끄집어내어 『옛 산복도로를 기억하다』라는 옛날 사진 이야기책을 만들었다. 역시 우연한 만남이 만들어 낸 멋진 결과물이었다.

그렇게 우리는 마을의 커뮤니티 문화센터에서 만나 쉼 없이 새로운 일들을 시도해 왔다. 격동의 세월을 온몸으로 겪어온 마을 어르신들이나 지역의 주민들은 새로운 공부나 작업에 도전하는 일을 꺼리지 않고 적극적으로 참여하였고, 인문학 연구자나 예술가들은 먼길을 마다 않고 달려와 강의를 이끌어주었다. 그 같은 마을 주민의 요구에 맞는 프로그램 진

직접 쓴 마을 역사이야기 그림자 인형극의 극본 녹음을 위해
리딩 연습을 하는 마을그림자인형극단 〈산복〉 단원들 (2019년)

행은 나와 같은 문화예술교육 매개자가 있어서 가능했다고 감히 생각해 본다. 좀 더 자세히 말하자면 마을 주민들과 충분히 소통하고, 마을 문화센터라는 공간을 잘 활용하여 세대별로 바라는 점들을 수용하고, 맞춤 프로그램을 기획하여 전문가들과 주민들을 만나게 해주는 중간 매개의 역할을 말한다. 그리고 그 프로그램을 시행할 수 있는 뒷받침인 각종 공모 사업 또한 중요하다.

그런 즐거운 일들은 2020년 들어 생각지도 못한 철퇴를 맞고 말았다. 바로 '코로나19' 사태이다. 2020년 2월부터 현재까지 전 세계를 휩쓴 이 집단 감염 사태를 겪으며 생각해보니 지난 세월, 매축지 마을 활동이나 문화센터를 운영하는 동안 늘 바빠 정신 없이 내달렸던 그때가 얼마나 행복했는지, 당시에는 그 고마움을 자각하지 못했던 것이 어리석었던 것 같다. 토요일이면 마을 어머님들과 팝콘 튀겨 나눠먹으며 빔 프로젝터로 영화를 보던 마을극장도, 음악에 맞춰 스텝을 밟으며 신나게 춤추던 라인댄스도, 교수님과 마을의 아버님들과 함께 들숨날숨을 세면서 조용히 내면을 들여다보던 마음공부와 명상 시간도 언제 다시 시작될지 모르는 기억 저편의 일이 되어가고 있다. 만남으로 인하여 이루어졌던 모든 일이 눈에 보이지 않는 바이러스로 제지를 당하게 되니, 이제는 또 직접 만나지 않는 기발한 만남을 기획해야 되는지... 착잡한 심경이다. 하지만 위기는 언제나 새로운 기회라는 생각으로 마음을 다잡고, 마을 어르신들과 중지를 모아봐야겠다. 온갖 고난을 몸으로 겪어 오신 어르신들의 이야기를 듣다 보면 지금까지 그래왔던 것처럼 그 경험 안에 분명히 답이 있을 테니까!

문화예술교육과 작은 학교,
마을로 이어진 만남,
그리고 나와 마을의 변화

김지연 제제

프락시스 공동대표, 달강세월협동조합 상임이사

2007년 당시 교육연극 기획자이자, 경기문화재단의 문화예술교육팀 원이었던 필자는 경기도와 양평에서 작은 실험들을 하고 있었다.

첫 번째는 예술교육가들이 10차시 프로그램을 구성하여 초등학교 학급에서 교사들과 협력해 프로그램을 진행하고 모니터링 하는 사업이었고, 두 번째는 양평지역 초등학교 교사들과 극단 해마루와 함께 여름-겨울 교육연극 연수캠프를 진행하며, 2개 학교에서 교사-예술교육가 협력 시범사례 발굴을 추진하는 사업이었다. 그리고 이 2개교 중 1개 학교가 양평군 세월초등학교였다. 교육프로그램이 끝나갈 즈음 당시 이 사업들을 함께 했던 정지은, 손준형 교육예술가들이 나에게 제안을 해왔다.

"제제, 세월초 선생님들이 참 좋아, 그런데 학교를 살리고 싶은데 이렇게 문화예술교육으로 가능할까 생각도 하시고, 학교 축제를 만들어보고 싶다는데, 제제가 한 번 도와드리는 게 어때?"

이것이 시작이었다.

문화예술교육으로 학교를 살릴 수 있을까?

세월초는 2008년 당시 전교생 50여 명의 분·폐교에 놓인 작은 학교였고, 참교육의 관심을 가진 교사들이 함께 고민하자고 모이고 있는 학교

혁신학교의 전신 였다. 2007년 문화예술교육으로 '교육연극'을 처음 접한 세월초에서 일 년 동안 문화예술교육을 학교 교육과정으로 진행하며, 이것이 축제까지 이어지도록 만들어보자는 우리끼리의 도전이 시작되었다.

그렇게 시작된 문화기획자, 전체 학년 교사들, 문화예술 전문가는 매주 회의를 하면서 문화예술교육에 대해 이야기하였고, 교사가 예술가로서 새로운 시선을 갖고 프로젝트를 추진할 수 있는 방법에 대해 논의하고 실행하였다. 우리에겐 예산이 없었기에, 외부에 의존할 수밖에 없었다. 학교 예산을 모두 끌어들이고 마을에도 함께 하자고 제안했다.

당시 커뮤니티 아트 프로젝트에 관심이 많던 필자는 극단 해마루와 세월리, 세월초 이야기로 '커뮤니티 시어터'를 제작할 수 있도록 함께 논의하면서 문화재단의 지원금도 받았다. 그리고 학부모들과 마을 옛 사진전, 5학년과 전문 그룹과 영화 만들기, 마을 주민, 학부모 전체가 참여하는 타일벽화 제작 등을 진행하였다.

그러나 더 흥미로웠던 것은 교사들의 활동이었다. 문화예술교육 수업을 별도로 해보지 않았던 선생님들이지만, 우리는 매주 회의에서 각자 하고 싶은 것을 이야기했다. 그 과정에서 아이들과 목공으로 문패 수업을 하고 싶다던 류명숙 선생님은 아이들과 나뭇가지를 주워와 사과 박스를 재활용해서 문패를 만들었다. '버스가 안 와요', '길이 미끄러워요' 등 아이들이 일상에서 겪는 이야기를 담은 문패를 직접 못으로 박아나갔다.

어느 날 마을 산책을 하던 김도현 선생님은 농촌 빈집들을 아이들과 들어가 보더니, "빈집 프로젝트"를 제안했다. 거기에 1~3학년들도 합세하였고, 이장님을 통해 어렵게 마을의 빈집을 빌렸다. 1~3학년은 매주 빈집에 가서 쓸고 닦고, 그리기를 하였고 어른들은 풀베기도 하였다. 그렇게 5개월이 지나자 김도현 선생님의 아이디어는 비로소 빛을 발하였고, 빈집에 있던 오래된 물건들이 마당으로 나와 새로운 작품이 되었다. 그리고 그 과정은 멋지게 전시되었다.

6학년 남궁역 선생님도 처음 해보는 영화 만들기 수업을 직접 하면서, 아이들과 찍은 영상을 편집 중에 날리기도 하고 여러 전문가에게 물어보며 스스로 아이들과 '고마운 마을 분들'이라는 다큐멘터리를 만들었다.

이렇게 전 학년은 8개월간 해보고 싶은 모든 것을 해볼 수 있었다. 전체 예산 및 운영, 프로젝트의 구현을 위한 강사 및 예술단체 섭외, 마을의 협력, 진행 과정 및 축제 홍보에 대해 문화기획자는 그 모든 이들의 조율자로서 역할을 하였고, 2008년 10월 세월마을학교 축제 '달님과 손뼉치기'를 잘 마쳤다.

2013 축제

그 뒤로 12년의 인연은 지금까지 이어졌다. 당시 마을학교축제를 기획했던 모두의 노력으로 학교는 정착을 시작하였고, 그 뒤에도 교사들과 기획자, 문화예술전문가의 회의와 축제는 지속되었다. 그 시간 속에 혁신학교로서의 학교 위상이 만들어졌고, 학교를 찾아오는 학생이 늘어났고, 세월초는 2015년 예술꽃 씨앗학교 한국문화예술교육진흥원 주최·작은 학교 지원사업 로 선정되면서 2018년까지 4년간의 문화예술교육 2단계를 추진하였다. 지금은 예술꽃 새싹학교 2년차 코로나19 교육 환경 속에서 방향 모색 중이다.

학교와 마을이 만나는 것은 무엇일까?

세월초는 2008년 축제를 준비하면서부터 마을-학교를 중심에 두었다. 최근 몇 년 사이에는 지역과 교육의 정책과제로서 마을-학교의 중요성, 삶과 문화의 중요성이 대두되고 있지만 그것보다 양평 세월초와 농촌사회에는 필요불가분의 관계로 여겨졌다. 학교가 분·폐교 위기에 놓이는 농촌학교들은 마을에 아이들이 없다. 당시 국가는 방과후지원사업 등을 통해 예술, 스포츠 특성화 학교를 만들고 악기, 공간 지원 등을 했지만, 학교는 강사와 예산의 문제로 3년을 넘기지 못하고 다시 원점이었다. 그래서 섬 같은 학교가 살아나려면 마을에 대한 신뢰가 학부모들에게 생겨야 했고 지속적으로 지역에 머물고자 하는 젊은 세대가 늘어가야 했으며 학교 또한 마을에 다가가서 지역의 신뢰를 얻어야 한다는 생각이었고, 세월초의 마을학교축제는 그렇게 시작되었다.

2008년 첫해에는 매달 마을-학교 회의를 통해 이장단과 학부모회, 교사단, 기획자 회의를 하며 마을의 여러 이야기가 축제의 재료이고 공간이 되도록 했다. 주민들도 참여자가 될 수 있도록 하였고, 마을 이야기로 '커뮤니티 연극', '영화', '빈집프로젝트', '옛 사진전' 등을 진행하며 마을 곳곳을 돌아보고 사람들의 이야기를 담아내고자 하였다.

하지만, 그 뒤 빠르게 늘어나는 전입생의 고민 속에서 마을은 탐색의 공간이 되었고 그 사이 이사 온 가족들, 아이들, 마을 주민 사이의 거리는 멀어짐으로써 마을과 학교의 거리도 멀어지는 듯하였다.

2013년 '세월모꼬지'라는 모임 단체는 교사, 학부모, 기획자로 마을과 학교의 중간역할을 하고자 하였다. 이들을 주축으로 한 '마을 사랑방 만들기', '달시장' 등이 열렸고 아이들과 교사가 마을을 탐색하며 찾은 마을 달인들은 도자기 작가, 짚풀 할아버지, 김치. 팥죽 할머니, 재활용 할배·할매, 모험놀이터 할아버지 아이들에게 삶을 보여주는 교사가 되었다. 이들을 통해 마을과 학교의 거리는 조금씩 다시 가까워진다.

서울, 경기도의 대도시와 다르게 양평군은 학생 수, 지역주민 수, 학교 개수도 많지 않은 작은 사회이다. 그래서 학교와 마을의 친밀도는 1980년대까지 남아 있었고 지역에 바라는 기대도 컸다. 작은 활동이 만들어내는 파장이 크고, 소소한 관계 형성만으로도 마을의 변화를 만드는 힘이 되기도 한다. 양평군을 보면, 서울시의 마을-학교 연계사업과 같은 조직성을 갖지 못하지만 마을 곳곳의 초등학교에서 학교 축제가 마을 축제가 되고, 청소년들의 학교 밖 활동이 매우 의미 있게 축제를 만들고, 청소년들의 정책 제안이 지역에 영향을 미치는 상황을 자주 지켜보게 된다.

이제 학교와 마을의 만남은 농촌사회 학교 살리기를 넘어서고 있다. 마을이 아이들로 하여금 삶을 배우고 주체적 활동을 내주는 공간이자 넘나들며 배울 수 있는 또 다른 교육 공간이 되고 있다. 학교는 학생과 학부모들을 통해 마을과 삶을 바라볼 수 있는 동기를 제공해주는 주요한 역할을 하는 동시에 아이들을 중심에 둔 배움의 공간을 확장해 주는 새로운 배움, 교육 기관으로 발전되는 것이다.

문화예술교육이 교육혁신, 지역공동체를 위해 무엇을 할 수 있을까?

'문화예술교육'은 2000년대 초반에 정책적으로 시작되었다. 그러면서 이전 한국 교육의 장르 중심 '예술교육'에 대한 문제 제기가 함께 시작되었고 문화적 해득력, 문화다양성의 가치를 강조하는 문화교육 개념 속에서 예술교육의 사회적 확장도 강조되었다. 한편 일자리로 출발한 예술강사 제도가 다시 장르화 한다는 문제도 있었으나 정책적 방향은 '미적 체험으로서의 창의 예술교육', '탈근대적 문화예술교육', '미래교육 패러다임으로의 창의적 문화교육'[1]을 담고 있고, 이것이 학교와 지역이 문화예술교육과 만나는 가치가 되고 있다. 현대사회에서 자본과 경제적 가치의 절대 우위가 공적 자아의 부재로 이어지고 이기적인 사회를 만들어 가는 데 있어 교육의 역할이 더욱 중요하게 대두되고 있으며 예술

---

1   최보연, 「문화예술교육 지원정책 분석 및 개선 방향」, 한국문화관광연구원, 2017.

이 갖는 표현과 공감, 다의성과 과정지향성, 관계성이 지역사회와 문화를 재해석할 수 있는 힘을 준다는 가치로 확장되면서 문화예술교육이 더욱 중요하게 대두되고 있는 것이다.

'문화예술교육'의 철학은 폐교 위기의 세월초에서 교사와 아이들이 예술적 시선으로 마을의 역사와 자연, 주민의 삶을 돌아보는 과정과 마을 주민 및 학부모들을 또 다른 교육의 주체로 끌어내는 과정 속에서 잘 드러났다. 이것은 넓은 범위에서 교과서에서 요구하는 목표 중심성을 내려놓고, 주변에서의 배움으로 시선을 돌려 모두에게 가치를 부여하는 것이었으며 그 삶을 몸으로 느끼고 경험하여 학교가 일상 교육의 장이지 다양한 경험의 장으로 만드는 것이었다. 물론 예술꽃 씨앗학교가 되면서 장르 강사의 이름으로 학교문화예술교육에 다양한 강사들이 참여하게 되었지만, 본질적으로 이 역할은 마을와 이야기, 손작업, 소리 작업이라는 틀거리에서 아이들이 자신을 표현하고 신체의 오감을 여는 시간이며 예술적으로 지역에 다가가는 방법을 탐색하는 과정이고 교사는 아이들과 일상적 관찰과 탐색을 통해 전문가의 예술성과 만나 구체적 결과물로 확장하게 이어주는 힘이 되는 것이다.

'문화예술교육'의 태도와 관찰, 활동이 교사, 아이들, 지역주민들로 하여금 일상의 공간과 사람을 새로운 시선으로 보게 하고 새로운 맥락을 만들어줌으로써, 점점 사라져가는 마을 공동체의 맥락 찾기와 연결될 수 있었다.

마을에서 삶이 된 문화기획자

'문화예술교육'은 '마을교육공동체'와 참 많이 맞닿아있다.

세월초에서 시작한 필자의 활동은 '아이들', '선생님', '학부모'들이 마을과 연계되어야 한다는 생각에 '세월모꼬지'로 이어졌다. 또 우리들은 2014년 마을회관 2층을 '세월문화사랑방'을 만들어 아이들과 학부모들이 마을 속에 한 발 더 들어올 수 있도록 리모델링 사업을 하게 되었다. 그 뒤 '시시콜콜 지원사업'한국문화예술교육진흥원, '농어촌 문화복지 프로그램 지원'농어촌희망재단을 통해 아이들, 학부모, 마을 어르신들을 위한 다양한 프로그램을 진행하였다. 그러나 일말의 불편한 마음도 들었다. 교육 프로그램, 주민 참여 프로그램을 해 가지만 많지 않은 학생, 주민들 속에서 학부모들이 일의 과부하를 느끼고 아이들의 참여율은 저조해지고 어르신들은 프로그램은 재미있어하지만, 개인적인 욕심을 자꾸 드러내셨고, 서로 이간질을 하기도 하였다. 우리가 지향하는 것은 공동체이고 함께 어우러짐이었는데 프로그램의 한계를 느끼는 시간이었다.

다른 한편 고즈넉한 농촌 마을, 남한강, 골안 계곡, 마을 달인들을 보는 외부 사람들의 시선은 참 아름다운 마을, 포근한 느낌이었다. 그 속에서 마을 독수리 8형제 추진위원들을 만들어 내가 제일 막내다 이야기를 해 나갔고, 마을에 사는 미술 작가들에게 함께 할 거리를 만들어 가자고 조금씩 손을 뻗쳐 나가기도 하였다. 그렇게 또 다른 네트워크, 또 다른 판들을 만들어 가는 시도를 해나간다.

마을 박미정작가와 아이들 (2020)

2019년 '세월마을 뚜벅이 여행지도'를 만들었고 마을 지도, 길 안내판, 근대사 이정표들을 만들어나갔다. '지영자 발효밥상'이 담긴 마을 투어도 진행해 보았다. 2019년 양평군 '마을 활성화 방안' 연구 과제를 추진위원들과 함께 직접 연구하면서 필자는 세월리의 10년을 꿈꿔보게 되었다. 마을의 허브센터인 커뮤니티센터가 만들어져 주민들의 물건들도 판매하고, 차 한 잔 하며 수다도 떨고, 동아리 활동도 활발한 공간. 마을을 찾아오는 뚜벅이 여행객들이 한 달 살이를 하며 마을에 정착을 꿈꾸고, 어르신들을 도와주는 SOS 지원단이 공공복지가 하지 못하는 사각지대의 간극을 메워주는 마을. 그 10년을 꿈꾸고 나니 세월마을에서 해보고 싶은 일들이 떠오르고 열정이 다시 샘솟는다.

2020년 세월마을은 새로운 일을 시작했다. 진짜 커뮤니티센터를 짓게 된 것이다. 마감 5일 전 알게 된 경기도 '유휴공간 문화재생' 지원사업에 (구)정미소를 '커뮤니티센터'로 만들겠다는 제안이 합격되어 설계에 들어갔다. 그리고 마을 유튜버 수업도 하면서 마을 홍보를 한다. 마을 작가들이 남한강가에 포토존을 만들고, 산중옛길 가는 길에 마을 벽화도 그린다.

이렇게 12년 동안 마을 속에서 학교와 마을을 잇다 보니 사람이 보이고, 관계가 보이고, 엮어낼 수 있는 다양한 가능성이 보인다. 문화예술교육으로 학교를 살린다는 시도는 이제 학교의 색깔을 넘어 마을의 색깔 만들기로 나아가고 있다.

학교와 마을을 이어주는 문화기획자

세월초에서 교사를 만나며 학교 시스템을 좀 더 깊이 들여다보니 지금 사회는 학교와 교사에게 너무 많은 책임과 의무를 떠맡기고 있음을 본다. 온전히 아이들을 만나야 한다고 말하면서, 아이들 교육에 필요하다는 이유로 해야 하는 행정 업무가 많다. 교사 또한 부담스러워한다. 큰 학교로 가도 전담교사가 있다고 하지만 아이들 전체를 대상으로 하는 일들, 더군다나 교사들에게 익숙하지 않은 문화예술교육의 판을 짜는 것은 쉽지 않다. 그러다보니, 관련 사업에 대해 장르 강사에게 일임하게 되고 발표회에 집중하며 외부와 연계되는 다양한 체험활동은 교육과정과 분리된 일회성 행사가 된다.

2008년 마을학교축제를 준비하며, 문화기획자로 전체 예산계획을 세우며 학교예산뿐 아닌 여러 지원 수단, 그리고 마을의 협조를 요청하며 축제를 준비하였다. 그리고 교사들, 예술전문가들과 매주 회의를 거치며, 서로 배워갔다. 아이들을 온전히 돌보는 교사들을 통해 프로젝트 중심의 예술기획에서 과정을 좀 더 기다려 주는 여유가 필요함을 배웠다. 다음 해부터도 이어진 10여 년의 과정에서 학교는 공연 추천을 원하기도 하였고, 1년 동안 축제를 준비하면서 무대화하는 과정의 협조를 요청하기도 하였다. 또한 매주 회의를 하면서 학교의 문제의식이 축제 목적에 들어왔고, 새로운 축제의 판들을 짜면서 마을 공간을 새롭게 접근하는 모색도 했다. 2015년부터 예술꽃 씨앗학교 문화코디네이터를 전담하면서, 학교 교육과정에 문화예술교육이 안착하는 구조를 모색하며 그 동기를 이해하는 예술강사들의 협조를 통해 구조를 만들어 갔다. 1년의 문화예술교육 과정에 필요한 예산의 집행과정을 조정하며, 적절한 운영 방향을 모색했다. 학교의 교육구조와는 다른 문화 지원기관의 예산계획을 적절히 학교예산 구조에 맞춰 사업을 추진할 수 있도록 하였다.

지난 10년 세월초뿐 아니라 다른 학교들의 사례를 좀 더 가까이 지켜보게 되면서 깨달은 것이 있다. 학교 교육구조 틀에서 예술을 보며 아이들에 책임감을 갖는 교사와 프로그램의 과정과 결과, 가치에 중심을 두는 예술가 / 예술강사 사이에 다른 언어가 사용되고 있다는 점이다. 학교는 점차 지역의 문화, 사람, 자원들과의 협력과 교류를 통해 지역공동체를 만들어 가달라는 제안을 받지만, 교사들에게 아직 지역공동체의 시선은 낯설다. 살지 않는 마을에서 자원을 찾는 것 자체는 또 다른 일이며, 이것은 끊임없이 관계를 발굴하고 확장 시켜가야 하는 일이며, 일상과 삶, 그리고 이것을 이어주는 문화예술의 역할을 새로운 시각으로 바라볼 수 있어야 하는 것이었다.

아이들 중심의 학교 안 교육과정을 구성하기도 바쁜 교사들에게 학교 밖 자원을 연계하는 것, 그리고 학교로 들어오는 강사들과 좀 더 적극적으로 협력해 나가는 것, 문화예술 및 마을공동체 접근을 이야기하고, 주 관심이 될 수 없는 교사들에게 책임을 지게 하는 것은 문화예술교육으로 학교를 활성화시킨다는 접근에 있어, 양적 성장의 한계이다.

세월초에서 문화코디네이터로 학교와 12년의 관계, 7년간 마을에 살면서 마을공동체를 지향하며 맺어가는 관계 구조, 청소년과 지역 예술가로 확장되는 지역 연계성, 그리고 다양한 예술, 예술교육 프로그램을 파악하기에 자연스레 학교문화예술교육을 연계해 나가는 과정은 세월초와 마을 속에서 문화예술교육을 활성화하는 데 힘이 될 수 있었다.

'예술꽃 씨앗학교'의 문화코디네이터 제도를 적극 활용하며 만들었던 지난 시간 속에 이제 지역 사회와 학교를 이어주는 브리지, 매개자 역할을 교사에게 전담시키는 것이 아닌 새로운 역할- 문화기획자의 필요를 생각하게 된다. 그리고 이것이 1~2개의 특별한 사례로 그치는 것이 아닌, 현 시기의 교육과제, 지역 사회 문화복지를 해결해 가는 주요한 접근이 될 것이라고 생각한다.

문화예술교육, 지역에 답이 있었다.

채성태

문화공간 싹 대표

하루빨리 새로운 공간을 찾아 떠나야 할 상황이다. 그래서 공간을 정리하다 보니 추억의 산물은 산을 이룬다. 지역의 다양한 삶과 만나며 생산되고 모인 소중함이기에 고이고이 간직했으나, 지금은 관계의 짐으로 마음이 무겁다. 이제 버리고 가져갈 것을 결정할 순간, 그에 얽힌 만남에 미안함과 죄스러움으로 또다시 판단은 흐려져 추억만 만지작거리며 하루를 넘기고 말았다.

걸어온 길을 돌이켜 새로운 공간에서 펼칠 문화예술교육의 길을 찾는다면 지금의 무겁고 흐려진 판단도 단호해지지 않을까 한다.

생활에서 찾은 행복

과거에서 현재로 이어진 길에 서다

내 어릴 적 꿈은 화가였다. 누구도 불평등 없이 행복하게 어울려 사는 풍경을 현실의 지구에 그려내는 화가가 되고 싶었다. 어린 눈에 비친 세상은 약자에게 불합리해 보였고, 배움의 불평등이나, 더 가지고 이기려는 어른의 싸움에 함께 친해질 수 없을까 하는 궁리에서 내 어린 꿈이 시작되었다. 그 꿈은 현실에 그리는 그림이기에 화면이 작은 사각 틀일 필요는 없다고 생각했다. 내 표현의 이야기가 타인에게 영향을 주고받으며 세상에 울려 퍼진다면 내가 바라는 이상의 세계를 실현할 수 있다고 그땐 그렇게 믿었다. 그 꿈은 아직도 풀리지 않는 현재진행형의 내 과제이며, 내 미래이다.

그 시절 내 생활 형편은 넉넉지 않은 터라 꿈을 지지해주는 이는 주변에 없었으나, 내 생각과 표현을 긴 호흡으로 들어주고 봐주던 스승이 있어, 움츠리지 않고 당당하게 꿈을 키울 수 있었다. 사람이 자기 생각을 표현하며 살아간다는 것은 당연한 권리이며 얼마나 소중한지를 그분을 통해 알았기에 나 또한 어른이 되면 나와 같은 아이들 생각을 진심으로 들어주고 표현하도록 지지해주리라 다짐했었다.

그렇게 성인이 되었고 난 그림을 그렸다. 그때의 그림은 세상의 현상을 내 프레임에 가두려는 성질이 강했다. 얄팍하게 느낀 감정을 혈기의 즉흥으로 한 내 만족의 그림이었다. 그림 표면은 그럴싸해 보였을지 모르나, 타인의 공감은 끌어내지 못했다. 그에 편치 않은 마음은 감추고 그

룻된 논리만을 주장하던 그 과거가 내 문화예술교육의 시작이다.

현장의 현실에 내가 가진 재능을 나눌 심사로 쉽게 현장으로 찾아갔다. 그러나 돌아오는 것은 허무함이었고, 서로가 벽만 쌓아가는 행위의 연속이었다. 그때만 해도 예술은 물질적 풍요로운 사람이 누리는 호사라 여기던 시절로 나와의 만남에 사람들은 거리부터 두었다. 만남은 잠깐의 휴식을 위한 수단의 체험이었고, 그들 삶과 밀착되지 않아 그들의 것이 될 수 없었다. 그러다 지쳐 꿈을 내려놓으려 할 때, 그들 이유가 궁금해 아무 준비 없이 그들 삶으로 들어가 이야기를 듣게 됐다.

그 삶의 현장은 물질적 풍요는 느껴지지 않았으나 모두 이유 있는 삶을 살고 있었다. 그들에게도 꿈과 미래가 존재했고 최선을 다하는 삶 속에 내가 배울 삶의 태도도 보였다. 그 삶의 이야기 속에는 자기 혼자보다 함께 풀어갈 문제도 산재하고 있었다. 그러한 현실에서 그동안 난 편견의 시각으로 삶의 외형만 붙잡고 그들 삶으로 들어가지 않았으며, 그들의 이야기도 진심으로 듣지 못해 그들이 보이지 않았던 것이다. 그들을 위한 만남을 계획하고 추진했다고 했으나 그것은 모두 내 허세란 걸 알았다. 삶을 존중하지 않는 자세로 그들을 만나 내 목적을 위한 수단으로 그들을 이용한 것이나 다름없었다. 그런 의도는 생각지도 않았으나 내 태도가 그렇게 가고 있고 그 결과를 만들었다.

그 깨달음은 그들 앞에서 참으로 낯 뜨거운 부끄러움이었다. 그래서 그간 만나며 활동의 무례함에 용서를 구했으나, 그들은 오히려 자신의 이야기를 들어 주어 고맙다고 답했다. 그날 이후 난 죄를 지은 듯, 한 발짝도 밖으로 나갈 수 없었고 어떠한 것도 계획할 수 없는 멈춤의 상태를 유지했을 때, 그들이 찾아와 내 상태를 걱정하며 날 일으켜 세웠고 다음의 만남을 재촉하였다.

그것이 문화예술교육이었다. 그들에 의해 내 마음이 움직였고 조금씩 다시 시작할 수 있겠다는 용기도 생겼으니, 그들은 내가 어떤 방향으로 내 꿈을 어떻게 풀어가야 하는지를 몸소 보여주는 문화예술교육을 하고 있었다. 그렇게 나는 변화의 기회를 맞았다.

지역과 대상 이해 과정은 문화예술교육의 출발이다.

그때부터 세상이 더 넓어 보였다. 세상에는 내가 인식하지 못했던 소중하고 다양한 삶이 존재했기 때문이다. 그 삶과 함께하기 위해서는 내가 알아야 할 것들이 너무 많아 문화예술교육을 쉽게 기획하고 펼칠 수가 없었다.

만나는 삶 속에서 긍정적 변화 모색은 내 삶이 아닌, 그 만남의 삶에서 이루어져야 하므로 '대상을 위한 문화예술교육으로', '대상이 주체가 되어야 한다는' 것을 경험에서 알았기에 중요하다고 판단했으며, 현재의 활동에서도 가장 중히 여기며 지켜가려는 부분이다. 그래서 대상 삶과 연관된 요소를 알아가는 것은 대상을 이해하려는 노력의 과정으로 문화예술교육의 출발이다.

나는 그 과정을 통해 대상과 함께할 이유가 더 분명해졌고 대상에게 문화예술교육이 왜 필요한지도 선명해졌다. 또한, 함께 풀어갈 방향도 보였으며, 대상 삶의 익숙함에서 대상 스스로 더 나은 삶을 위해 고민하고 창의성을 발휘할 수 있는 교육 주제도 그 과정에서 발견될 수 있었다. 그렇게 해서 문화예술이 대상과 먼 것이 아닌 자신 삶 가까이에 존재함을 인식하고 생활에서 문화예술을 누리는 삶으로의 전환을 나는 바랐다.

어떠한 대상이든 그 삶과 지역은 떼려야 뗄 수 없는 관계로 대상이 사는 지역적 여건이나 그 문화를 살피고 분석하는 것은 그 삶과 연관성으로 중요하지만, 실행에서 문제 해결이나 활동의 창의적 확장성 측면에서 교육의 효과를 높이는 꼭 필요한 부분이었다. 그러다 보니 현장의 실행 기간은 짧지만, 기획 과정은 대부분 1년~3년의 긴 기간을 두고 여러 개의 기획을 동시에 추진했다.

기획과정은 지역의 범위에 따라 여러 각도에서 분석하고, 지역에 따른 대상 삶의 여건, 대상 생애주기의 특성과 사회적 이슈의 영향 등을 알아가려 노력했으며, 대상 삶의 현장으로 들어가 대상과 연관된 인물 인터뷰 등도 기획을 위한 준비과정이었다.

그 당시 기획을 위한 현장 분석은 앞에서 말한 부분도 추진했으나, 내가 현장을 즐기며 기획 과정에 도움이 된 현장 분석 방식이 있다. 그것은 대상의 생활 동선에 있는 일상의 사물까지도 교육에 활용할 수 있는 소재라 여기고 일상의 자원을 꼼꼼히 파악하며 찾는 과정이다. 대상이 일상에서 보고 느끼고 사고하는 요소를 통해 교육은 대상의 생활로 확장되기를 고려해서이다. 그래서 그 분석 요소를 교육 내용에 연계하여 대상이 주체적이고 적극적으로 참여할 수 있는 가능 방식들을 고민하며 프로그램을 구성해 갔다.

대상 삶의 생활 동선을 분석하는 과정에는 즐거운 사건도 자주 발생했다. 대상의 생활 동선을 대상의 입장에서 걸어보고 그 주변에 보이는 것은 무엇이며 느껴지는 감정은 어떤지 경험했다. 또 마을의 지리적 위치에 따라 토양이나 환경자원, 생활사와 방언, 마을의 쓰레기 등도 분석하며 지역적 상황을 이해하고 교육에 활용할 것을 찾기도 했다. 그러한 방식으로 지역을 분석할 때, 그곳에 사는 주민들은 내 행동을 이상하게 보는 경우가 많았다. 그러다 내 행동의 이유를 설명해주면 이상한 사람이라 여기면서도 좋은 일을 한다며 지역의 대상 특성을 알려주기도 했고, 자신도 동참하고 싶다며 참여 방법을 묻기도 했다. 또 어떤 주민은 재료로 활용할 수 있는 것을 모아 주기도 하고, 어떤 주민은 운영 경비에 보태라고 돈을 주는 주민도 있었다.

나는 그러한 경험을 통해 세상은 뜻이 통하면 함께하는 방법도 많다는 것을 느꼈다. 그러다 보니 자연스럽게 그 지역의 대상 외의 다른 세대와도 관계가 형성되었으며, 그들을 위한 문화예술교육을 기획하고 추진하기도 했다.

지역분석 과정에는 많은 이의 도움이 필요했다. 자칫 내 주관으로 지역을 해석할 수 있기에 지역을 잘 아는 분에게 도움을 청하고 협력해가는 것이 필요했다. 마을의 가옥이 흩어져 있는 산골이나 어촌을 찾는 경우 방문이 어려워 한전에 협조를 구하여 전기검침원분들에게 도움을 청하기도 했고, 지역에 따라 통장님이나 마을 어르신, 시설의 관계자, 학교 등, 여러 도움으로 지역과 대상을 이해하는 데 보탬이 되었다.

대상은 나와 다른 지역의 다른 삶, 다른 세대, 다른 환경과 문화에서 살고 있기에 내가 조금이나마 이해하려고 노력해야 교육에서 대상과 가까워질 수 있었다. 그리고 이해를 통해 대상에게 상처가 될 수 있는 이야기나 행동을 줄일 수 있기에 대상에게 필요한 문화예술교육을 펼칠 수 있었다.

특히 이 시기 1990년대 초중반은 문화적 활동에 대한 사회 정책적 지원이 없었고, 문화예술교육이 존재하지도 않았던 시기이다. 그래서 예산 없이도 활동이 지속할 수 있는 방향을 찾아야 했다. 또한, 사회적으로 지역에 따라 교육의 기회나 문화적 활동이 불균형을 이루고 있어서 절실히 필요했던 지역과 대상이 존재했으나 수요에 대한 공급도 큰 문제였다. 그러다 보니 찾아갈 곳이 많아 한 대상과 교육을 지속해서 추진하기에는 한계가 있어 교육 후, 대상이 교육 내용을 생활에서 활용하며 즐길 방법을 기획 과정에서는 고민해야 했던 것이다. 그래서 더더욱 대상 삶에서 교육 주제를 찾았고, 교육에 활용될 재료도 대상 생활에서 찾으려고 했다.

그 당시 어떠한 지역이든 기회는 고루 필요했으나, 도시의 소외지역이나 산간벽지와 섬 지역 등 문화적 활동을 누리기 어려운 여건의 지역에 나는 주목했다. 출발은 그 지역의 아동을 대상으로 교육을 추진하고자 하였으나, 지역을 알아가는 과정에 다른 세대와 다른 대상 유형에게도 문화예술교육이 시급해 보여 대상을 확장하고 그에 따른 교육을 개발하고 추진하게 되는 경우가 많았다.

내가 현재 추진하고 있는 교육 주제와 운영방식은 그때와 차이는 있으나, 그 당시 기획은 문화 향유 측면이 강했으며, 자신 삶 속에 문화의 존재 가치 인식을 위해 지역을 연계한 교육 주제를 대상에게 제시했다. 예를 들면 '대상과 지역의 관계', '대상 삶의 가치와 공동체', '일상의 행복 발견', '생활의 놀이', '대상 유형에 따른 성장에 필요한 주제' 등, 대상 특성에 따라 필요한 주제를 다루었다. 그 주제를 대상 생활과 연관된 것을 활용하며 창작할 수 있도록 했다.

그 결과 대상은 자신의 삶과 연관된 내용과 재료를 활용하기에 자신도 할 수 있다는 자신감으로 참여의 적극성을 보였다. 그리고 교육이 끝나고 스스로 생활로 확장하며 즐기는 모습도 보였다. 이러한 결과가 나올 수 있었던 것은 교육 실행에 앞서 지역과 대상 이해의 과정이 중요했고, 그 이해를 통해 대상과 함께할 방법들도 가능했다.

아픔을 함께 이겨내게 한 문화예술교육

현장의 이상 조짐이 나타나기 시작하였다. 빈부격차는 심해졌고 갑작스럽게 아픈 사연을 간직한 사람이 주변에 늘기 시작했다. 사회 사각지대에 놓인 아동·청소년과 노인, 사회적 약자 등에 그 영향이 컸다. 현실에서 느껴진 체감은 도심이 심했고, 점차 농촌으로도 그 여파가 이어 졌다.

그 시기가 1997년 IMF 외환위기이다. 그동안 내가 찾아갔던 지역은 경제적으로는 쪼들려도 행복한 가정의 모습을 볼 수 있었다. 그런데 이 시기 가정의 해체, 자녀를 노부모에게 맡기고 찾아오지 않은 경우, 가정 의 불화로 학대받는 아이들, 가출 청소년, 소년·소녀 가장, 쪽방 거주민, 대도시에서 살다가 어려운 사연으로 내려온 사람 등을 도심지역 내 소 외지역에서는 쉽게 만날 수 있었다. 그래서 내 활동은 그 시기 그러한 지 역에 집중했다.

현장의 아픈 사연을 듣다 보면 무엇도 할 수 없었고, 그들 이야기만 듣고 오는 경우가 많았다. 그 당시 함께할 사람이 필요해 사회 활동이나 의식 있는 대학생들을 찾아 현장 상황을 알리고 협조를 구했지만, 매번 외면당할 때가 많았다. 그런데 함께하더라도 불쌍하게 바라보던 시선과 행동, 삶을 존중하지 못하는 태도의 사람과는 활동을 지속할 수 없었다.

그때 찾아간 지역에서 추진한 문화예술교육은 '자신의 존재 가치', '세상은 혼자가 아닌 함께'라는 단순한 진리 인식을 통해 삶에 힘이 되어 주고 싶었고 어떠한 상황에서도 서로가 함께함을 느끼며 삶의 든든함으 로 어려움을 이겨내길 바라였다. 그래서 프로그램은 지역 공동체성을 강 조하며 이웃 간 관계 형성 과정을 다루었다. 사회적 약자의 경우 혼자보 다도 함께 풀어가야 할 것들이 많았기에 삶의 터전에서 이웃 간 관심이 그 상황의 해답이라 여겼다. 그들을 통해 지역의 따뜻한 문화가 형성되 길 바라는 마음으로 문화예술교육을 생각했다.

173

이 당시 문화예술교육 추진에 있어 담을 쌓고 살던 도심의 문화에서 서로가 만나고 마음의 문을 여는 과정이 난 가장 어려웠다. 그러나 어떠한 지역이든 마음을 열자 활동이 술술 잘 풀려나가는 현상을 볼 수 있었다. 그 과정에 느낀 것은 그동안 만나고 마음을 열 용기나 기회가 없어서란 것을 알았다. 그래서 문화예술교육은 지역과 대상의 특성을 고려하여 서로가 만나고 마음을 열 수 있는 판만 잘 설계해도 대상 삶에서 스스로 방법들을 찾아갈 수 있다는 것을 알았다.

그러던 중, 새로운 지역이 눈에 들어왔고, 현장의 현실이 가슴 저리도록 아팠으며, 그 기억이 머릿속에서 떠나지 않아 자주 찾게 된 지역이 있다. 그 지역은 신도심으로 개발된 지역 옆 재개발로 지정된 지역이다.

신도심 개발지역은 안정된 생활권을 갖추고 지역사회에서 잘사는 사람들이 모여 산다는 지역으로 교육열이 높기로 소문난 지역이었지만, 길 사이에 두고 있는 그 지역은 그와 정반대의 모습이었다. 그 속에서도 빈부격차가 심했고, IMF 시기에 나타나던 여러 문제가 종합세트처럼 그 지역에 모여 있었다. 또한, 언제 추진할지 모르는 재개발 예정 지역으로 어떠한 것도 할 수 없는 무기력한 상황이었고, 값싼 월세를 내고 사는 사람이 많았다. 갑작스럽게 삶의 터전이 된 사람이 많았기에 이웃 간 서로를 모르기도 했고 자신을 알리고 싶어 하지도 않았다.

그 지역을 알아가는 과정에 아이들 삶이 궁금해 나는 아이들과 놀이로 친해지고 그들의 생활에 동행했다. 길 건너 신도시에서 앵벌이처럼 노는 모습, 내 손을 이끌고 맛있는 것을 주겠다며 패스트푸드 점의 남은 쓰레기를 뒤지는 모습, 높은 빌딩에서의 위험한 놀이, 밤늦은 시간까지 놀아도 누구도 찾지 않는 상황 등은 그 시대의 현실을 이해할 수 없었다.

그런데 아이들 손에 이끌려 따라간 그들 집에는 더 참혹한 상황도 보였다. 쌀을 배급받고도 밥을 해 먹지 못하는 상황이었다. 보호자는 서류상에 존재하고 있으나 여러 상황으로 그들을 보호할 수 없어 벌어지는 문제로 그들이 배고파했던 이유를 현장을 통해 알았다.

동사무소에 찾아가 협조를 구했지만, 서류상 문제로 도움의 한계가 있었고, 학교로 찾아갔으나 학교는 아이들 상황을 자세히 알지 못했고 아이들은 학업능력이 떨어진다며 집중력과 학업 향상이 필요하다는 온기 없는 말만 했다.

그래서 그들에게 선물하고 싶은 프로그램은 학업 향상보다도 자신을 지키며 사는 활동이었다. 그들 스스로 밥을 즐겁게 지어 먹게 해주고 싶었다. 밥은 누구에게나 일상적 당연한 요소이지만, 그들에게는 삶의 유지를 위한 소중함이었다.

프로그램은 밥상의 흰쌀이 어떻게 우리에게 오게 되었는지를 탐색하고 밥을 직접 지어 먹는 1년의 과정으로 진행되었다. 사계절의 자연현상에 따라 볍씨의 변화, 그와 관련된 우리의 절기 문화, 요리를 위해 불과 물, 쇠를 다루는 문화 등, 다양한 이야기를 다루며 자연스럽게 사람이 살아가는 필수적인 의식주에 대한 이야기로도 연계해 갔다. 이 과정을 추진하기 위해서는 나는 다른 지역의 활동들을 멈추고 대상의 삶과 밀착되어야 했다. 그러다 보니 그들에게서 그 나이 가정에서 배우지 못한 것들도 보여 생활지도까지도 병행하게 되었다.

175

밤에서 시작된 프로그램이었지만, 현장의 상황과 대상의 반응에 따라 그들 삶에 필요한 수많은 프로그램이 꼬리에 꼬리를 물고 전개되었다. 또한, 학교생활에 흥미를 느낄 수 있도록 교과과정을 분석하고 학년별 교과 내용을 프로그램에 적용했다.

이 과정은 혼자 힘으로는 추진하기는 어려웠다. 그 도움을 준 분들은 그동안 문화예술교육으로 만나오던 농촌 지역의 어른들이었다. 교육에 필요한 볍씨, 모, 나락, 짚 등을 제공해주고, 내 활동의 취지를 알기에 아이들에게 보탬이 되고자 자신이 키운 농작물을 보내주시기도 했다. 그들에게 배운 농사의 원리나, 삶의 지혜 등은 아이들 활동에 유용하게 적용되었으며, 무엇보다 큰 도움은 그들이 있어 든든함으로 아이들을 내가 계속 만날 수 있게 해준 용기였다. 그로 인해 아이들은 짚을 이용해 새끼줄을 꼬기도 했고, 짚 공을 만들어 놀기도 했으며, 칼과 불을 다루며 밥을 짓고 요리를 하며 생활을 즐겼고 자신의 삶에 희망도 그려나갔다.

그 당시 활동할 공간이 따로 없었기에 각자의 집과 생활주변 공공의 장소와 공간 등을 활용했다. 아이들에게 내가 자주 한 말은 '우리는 이 지구의 주인이고 이 지역의 주인이기에 우리의 역할도 있으며, 우리를 위해 만든 여러 장소와 공간은 우리가 주인으로 당당하게 잘 활용하면 된다!'는 것을 인식시켰다. 그러다 보니 아이들은 지역에서 자신들이 놀 수 있는 공간을 찾아내기도 했고, 지역을 이해하는 과정으로도 전개될 수 있었다.

아이들과 나는 거침없이 당당함을 넘어 뻔뻔해질 때도 있었다. 놀이터의 시설이 좋았던 옆 신도시로 진출해 우리 것인 마냥 활동의 터전을 확장해갔다. 교육열에 불타던 신도시의 엄마들은 우리 활동을 옆에서 지켜보고 자신의 자녀도 이 프로그램에 참여하게 해주라는 요구가 많았다. 그렇지만 내가 만나던 아이들이 우선이었고 시간상으로도 확장은 어려워 그 요구를 들어줄 수 없었다. 훗날 그 부모들은 내 활동의 방식을 배우며 든든한 지원군이 되기도 했다.

아이들과 만남에서 나는 선생님도 아닌 삼촌의 위치에 서 있었다. 그래야 일상의 사소함을 다루기에 편했다. 가장 편한 복장으로 아이들을 만났으며 아이들과 말다툼하고 토라지고 화해하며 일상적 관계를 유지했다. 때에 따라 부모 대신 운동회 도시락도 싸서 따라가 응원도 해주고, 아이들에 대한 오해나 기죽이는 어른들 앞에서 보호하고 싸움도 하는 등, 내 부족한 부분도 여과 없이 보여주었다. 아이들은 철부지 같은 삼촌을 대려 어른처럼 가르쳐주고 감싸 주었다.

생활은 우리의 놀이터

아이들 만남이 길어질수록 고민된 부분은 내가 그들 옆에 지속해서 있을 수 없다는 점이었다. 그래서 고민의 결과 지역에 혼자 사시는 어르신도 많았기에 아이들과 짝꿍의 관계를 만들어 마을에서 서로 아끼며 챙길 수 있도록 하는 것이었다. 그러다 보니 아이들은 어르신에게 도움이 되고 싶었는지 생각이 많아졌으며 어르신과 함께하고 싶은 자신의 활동들을 나에게 검토받고자 하는 모습도 보이기 시작했다. 그 효과로 아이들의 활동은 생활의 일상이 되었고 마을에서 할 것들이 많아졌다.

아이들과 만나는 1~2년 사이에는 형편이 어렵고 질이 좋지 않은 아이들이라며 주변의 부모들은 자녀에게 함께 놀지 말라고 했으나, 아이들 활동을 보며 부러워하고 아이들에 대한 생각에도 변화가 생겼다. 그러면서 아이들 숫자도 늘어났고, 아이들도 자신과 친한 친구들을 데려오고 활동은 확대되며 마을에 생기가 돌았다.

아이들은 마을의 꽃이었다. 아이들로 인해 어른들을 웃게 하는 활동이 많았다. 활동은 사람의 존중을 중시했기에 아이들은 일상에서 어른을 보면 자연스럽게 인사를 했고, 어른들은 인사를 밝게 받아주었다. 생활에서 자신의 궁금함이 생기면 어느 어른에게나 예의를 갖추어 물어보고 감사를 표하는 모습에 어른들은 아이들을 대견해 하면서도 자신의 존재를 아이들에게 인정받는 느낌을 받아 좋다고 했다.

그렇게 어려운 시기를 우리는 함께 이겨낼 수 있었다.

우리의 미래는 우리가 함께 키운다.

사회가 점차 안정화되어 가자, 부모의 일자리가 생기고 새로운 일자리를 찾아 다른 지역으로 이사하는 가정도 생겨났고, 자신을 보호해줄 수 있는 친척 집으로 가는 아이들도 있었다. 아이들은 친구들과 헤어짐을 슬퍼하면서도 보내고 새로운 친구를 맞이하는 데 익숙해 있었다.

마을은 재개발 문제로 어른들의 싸움과 분열이 지속하였고, 부모들은 언제 떠나야 할지를 걱정하며 살아갈 때, 그 틈에서 아이들은 어른들의 불안감을 스펀지처럼 흡수하며 어른들의 언행을 그대로 따라 방출하고 있었다. 누군가 그들 옆에 든든하게 지켜주는 존재가 있었으면 좋겠다는 생각으로 나는 고민 끝에 그들 이웃이 되었다. 한 번씩 찾아오는 삼촌에서 이웃집 아저씨로 조금 더 가까이 있어 주고 싶었다.

주민이 되면 할 것들이 많다고 생각했으나, 막상 내가 주민이 되고 보니 외부인 눈에는 보이지 않았던 미묘한 벽이 있었고, 약자를 위해 싸워야 할 숨겨진 위험함도 보여 나는 소심해지고 막막했다. 한동안 고민 끝에 내린 결정은 당연하고 단순한 방향이었다.

재개발로 언제 떠날지 모르는 지역이지만, 그 지역에 사는 동안 서로 아껴주고 즐겁게 살며 훗날 그 지역에 살았던 삶을 소중히 여길 수 있길 바라는 마음에서 활동을 기획했다.

'서로 아껴주고 즐겁게 사는 방법'으로 '우리 지역 아이들은 우리가 함께 잘 키워보자'인데, 경험상 아이들은 지역의 영향을 받으며 성장하는 것을 보고 느꼈기에 부모만이 아이들을 키우는 것이 아니라 지역 주민도

지역현장분석 / 마을의 문제를 찾고 기록하다

동참해야 한다고 생각했다. 그래서 아이들의 활동과 어른들의 활동을 나누어 구성하고 진행하면서 두 개의 활동이 어느 시점에 만나 서로의 소중함을 느끼게 하는 설계였다. 아이들은 나와의 관계가 친밀했기에 아이들 활동을 먼저 추진하고 그 활동으로 어른의 생각을 자극할 수 있도록 하여 지역의 주인으로서 스스로 활동을 펼칠 수 있도록 하는 전략이었다. 그것이 몇 년이 될지는 모르지만, 순리적으로 풀어간다면 분명 가능할 것이라 믿고 지역의 변화추이를 살피며 아이들 활동이 먼저 시작되었다.

아이들 활동을 계획하며 나는 '아이들이 어떻게 하면 지역에서 잘 성장할 수 있을까'를 고민의 중심에 두었다. 그래서 나온 것이 자신 '삶을 설계'하는 과정이었다. 각자의 재능과 가능성으로 세상의 일원으로 자신의 빛을 발산하며 살아갈 방향을 모색하거나, 현재 사는 지역을 살기 편한 곳으로 계획하고 실행하는 활동이었다.

이웃사촌빨래터 / 빨래로 세대가 함께하는 활동

　활동을 통해 아이들은 자신의 삶에 대해 알아가고 방향을 찾거나 지역을 디자인하는 과정에서 세상은 자신과 함께할 타인이 존재함을 자연스럽게 인식하고 있었다. 그래서 자신만을 위한 것이 아닌 함께 살기 위한 방향을 활동에서는 중요하게 생각했다. 아이들은 그 과정에서 현장 분석이나 다른 사람에 대한 인터뷰는 기본이었고, 기록의 습관도 생기게 되었다. 자신이 조사하고 분석한 내용이 있어서인지 아이들 간 토론과정에서 세상의 변화에 대한 자신의 목소리도 커졌다.

　그로 인해 마을에서 아이들 하고 싶은 것이 많아지다 보니, 나는 그들에게 기획의 원리를 알려주고 자신이 하고 싶은 것들을 기획으로 풀 수 있도록 했다.

　아이들 연령에 따라 자기 생각과 의도를 기획서로 쉽게 풀어내는 방식을 개발하고 아이들에게 알려주었다. 그러나 차츰 아이들은 기획 실행의 특성에 따라 자신의 활동에 맞는 기획 서식을 수립하고, 운영의 효율적 관리 방식도 개발하는 등, 아이들은 자연스럽게 성장하여 기획자가 되어 가고 있었다.

아이들은 기획이란 것을 처음 알고, 자신들로 인해 지역이 변할 수 있다는 기대로 다양한 것들을 기획하고 활동했다. 초반 기획은 모두 거대한 기획으로 실행 가능성을 고려하지 않은 기획으로 넘어지고 실패했다. 그럴 때마다 나는 아이들 스스로 그 실패의 원인을 찾는 과정을 중시하며 다시 일어설 수 있도록 기다려 주었다. 기다림의 시간은 길었고 아이들 대부분 지쳐 포기할 때가 많았다. 그럴 때 다시 일어설 수 있도록 각자의 기획마다 희망의 힌트를 조금씩 주면 아이들은 그 작은 것에도 감사해하며 다시 시작했지만, 또 넘어지고 일어나는 과정은 반복되었다.

그들 뒤에서 믿음으로 기다리는 과정은 힘들기도 했지만, 아이들은 현장을 다시 보고 느끼며 사고할 기회였다. 기획과정에서 아이들의 시각과 사고를 키우는 가장 중요한 시기라 판단되어 천천히 순리적으로 풀어가는 방식을 택하였다. 이러한 부분은 현재 내가 진행하고 있는 문화예술교육의 대상이나 기획자를 양성하는 과정에서 그 방식을 적용하고 있다. 제대로 보고 느껴야 자신의 표현이나 기획이 소중하게 여겨지고, 그 표현과 기획에 책임질 수 있는 태도를 갖출 수 있기 때문이다.

아이들은 그러한 과정을 통해 기획에서 실행 가능성이 중요함을 알았고, 거대한 계획에서 자신들이 즐기며 지속할 수 있는 것들을 선택하

고 계획해 나갔다. 또한 혼자서는 추진할 수 없는 기획도 있었기에 함께
할 친구나 어른의 협조도 구했고, 도움을 줄 수 있는 기관이나 시설을
방문해 자신들의 계획을 설명하고 협조를 구하는 활동도 추진했다. 특
히 예산 없이 추진되는 활동이다 보니 아이들은 협력의 방법을 찾아내
야 했다.

아이들은 자신이 하고 싶은 것이 의미 있는 활동이라면 주변의 도움
도 받을 수 있다는 것을 경험하며 지역사회에 대한 시각이 확장되었고,
자신이 하고자 하는 것에 대해 생각을 굽히지 않고 함께할 협력체를 구
성하는 것을 즐겼다. 아이들 자신이 기획한 내용을 어른들에게 설명하며
협조를 구할 때, 어떠한 어른도 돕지 않을 수 없었고, 아이들의 활동이 어
른들의 마음을 움직이게 했다.

아이들 기획은 보통 친구들과 즐겁게 노는 기획을 시작으로 지역사회
를 알아가면서 지역에 필요한 요소의 기획으로 전환되었다. 기획마다 아
이들의 이유 있는 기획 의도가 담겨 있어 아이들을 지켜보는 입장에 아
이들이 대견하게 보였다.

그 당시 아이들 기획은 '자신의 장점을 살린 놀이', '어르신 한글 교육
이나 어르신을 돕는 활동', '동생들을 가르치는 활동', '지역 역사를 통한
노래와 춤, 지역 문화 콘텐츠 개발', '지역 스토리 벽화', '지역 문화자원
을 지키는 활동', '마을 축제' 등, 다양한 기획들이 나오고 실행되었다. 아
이들 성장 과정에서 기획 활동은 그들이 생각을 표현하는 삶의 당연한
활동이 되었다. 그러다 보니 마을에 동아리가 결성되었고, 관심에 따라
동아리 숫자도 늘어나기 시작했다. 중고등 학생이 되면서 아이들은 학

교의 리더 역할을 했고, 학교에서도 동아리를 결성하고 활동 지역도 넓혀 갔다.

아이들 활동이 확장해갈 수 있었던 것은 주민 역할이 컸다. 주민은 아이들 활동 뒤에서 다양한 활동을 추진하며 아이들 생각을 키워주었고, 든든한 후원군이 되어주었다.

어른의 마음이 움직인 동기는 아이들의 활동이 마을 현장 곳곳에서 벌어지는 과정에 조금씩 변화가 생겼다. 어린아이들이 마을을 걱정하며 주민에게 찾아가 인터뷰하고, 자신의 계획을 설명하며 도움을 요청하는 모습에서 관심을 보였고, 그러한 활동이 다양하게 벌어지자 도대체 어떠한 이유에서 이런 일이 생겨났는지 나에게 문의를 해왔다.

나는 주민들에게 언제까지 지역의 현실만 탓하고 살 수 없고, 지금의 현실에서 하루를 살아도 즐겁게 살자!, 우리의 아이들은 미래이고 이 아

엄마가 떴다 / 생활 안전교육

이들은 조금 더 나은 삶을 살 수 있도록 어른들의 역할이 중요함을 강조했다. 나도 주민이 되었기에 주민들에게 당당하게 말할 수 있어 그동안 담아온 이야기를 하고 나니 속이 시원했다.

그 이후 아이들 부모가 아니어도 자신이 도울 방법들을 물었고, 나는 주민에게 아이들 인사만 따뜻하게 받아주고 아이들의 이야기만 들어주어도 아이들은 지역에서 안정감을 느낄 수 있음으로 그건만 요구했다. 그것이 이루어지자, 다음 단계는 주민에 따라 자신의 장점을 활용한 선생님이 돼 주는 과정이었다. 주민은 선생님으로서 처음 활동에서는 쑥스러워했지만, 아이들과 만나며 방법들을 찾아갔다.

마을 생활사를 이야기해주는 선생님, 생활 안전을 가르쳐주는 선생님, 바느질, 공구 다루는 법, 서예, 음악 등 다양한 선생님이 마을에 탄생

엄마가 떴다 / 야채로 물감만들기

했다. 그러다 보니 아이들을 위한 다양한 프로그램이 마을에 생겼고, 어른들의 동아리도 생겼으며, 또 주민이 서로 가르쳐주고 배우는 어른들을 위한 문화 프로그램도 생겨났다. 그러한 관계로 부모가 일을 하는 가정의 아이들을 마을에서 서로 돌봐주는 공동육아 문화가 생겼고, 주마다 가정집을 돌며 저녁 식사를 함께하는 파티도 생겼다.

아이들은 그러한 마을의 문화 속에서 자신을 표현하며 당당하게 자랐다.

필요에 의해 공간을 만들고 함께 공간의 주인이 되다.

여러 활동 속에서 참여의 숫자가 늘어나고 다양한 경험을 느낄 수 있는 공간이 필요했다. 특히나 이 마을에서 활동하게 되면서 외부 활동을 줄였기에 그동안 다른 지역, 여러 대상 유형에 따라 나를 만나고 싶어 하던 지역과 사람들도 늘어나서 여러모로 공간이 필요했다. 그래서 공간을 찾기 위해 노력했으나 사기를 당하기도 하고 알맞은 공간을 찾기도 어려웠다.

그 당시 눈에 들어왔던 장소가 옛 실내낚시터로 방치되어 쓰레기장이 된 곳이다. 그 장소는 지하에 있었지만 잘 꾸미면 낚시터의 특성을 살려 다양한 활동이 가능할 수 있다고 판단하고 주변 지인들과 함께 꾸몄다. 거기서 나온 쓰레기를 재활용하여 꾸미다 보니 그 특이함에 관심도 많았다. 그곳은 물을 채울 수 있어 실험적인 전시도 할 수 있었고, 공연 및 교육도 할 수 있는 복합공간이었다.

문화공간 싹 운영프로그램 참여자 모습

그곳이 2005년 만들어진 '문화공간 싹'이다.

'문화공간 싹'은 누구나 주인으로 문화적 활동을 생활에서 즐기는 공간으로 항상 열려 있는 공간이다. 그 당시 지역에 문화공간이 많지 않아 마을 주민 외의 다른 지역 사람들도 찾게 되었다.

그 공간을 운영하며 새롭게 추가한 프로그램은 장애인을 위한 프로그램이다. 내 부모가 장애인으로 장애인 가족의 고민과 아픔을 알기에 그들을 위한 프로그램을 만들고 추진했다. 그래서 장애인의 방문이 많았다. 그런데 문제는 건물에 장애인이 있으면 건물값이 떨어진다고 나가라고 하는 것이다. 그렇게 해서 어쩔 수 없이 2010년 한겨울, 공간을 다시 찾게 되었고 현재의 문화공간 싹이 있는 장소로 이사를 하게 되었다.

공간은 가까운 거리를 두고 두 개의 공간으로 나누었다. 하나는 도서

공연과 전시를 즐기는 모습/문화공간 싹 내부

관이고, 하나는 다목적 문화공간이었다. 이 두 개의 공간 또한 지하이고 오래 방치된 곳이었다.

공간을 만들어갈 때 주민들의 생각은 변해 있었다. 이전 공간을 통해 다양한 문화적 활동 경험으로 공간의 필요성을 알았기 때문이다. 그래서 어른들은 자신이 과거 일했던 경험을 살려 공사에 참여해주었고, 아이들은 학교 하교 후 공사장에서 심부름도 하고 청소도 하며 함께 희망으로 만들어 간 공간이라 의미가 크다.

도서관은 지역 아이들을 잘 키워보자는 의미에서 만든 공간으로 마을에서 헌책 모으기 운동으로 만들어진 공간이다. 도서관을 만들 때 시작은 마을 어르신들이 많은 힘을 보태셨다. 마을에는 폐지 줍는 어르신이 많았는데 그분들은 옆 신도시 아파트에서 버린 책과 책꽂이, 책상들을 모아 주셨다. 또 다른 어르신들은 과거 자녀를 키우며 자녀가 봤던 책들을

주민 공연기획/통기타 동아리

기증했다. 그분들에게는 소중한 것들이지만 지역의 아이들을 위해 함께 했다. 그래서 그 어르신들의 고마움을 아이들에게 알리는 도서관 프로그램도 개발하고 추진하자 어르신들은 그것을 고맙게 생각하며 운영에 보태라며 돈을 문 앞에 놓고 가는 분들도 있었고 먹을 것을 챙겨주시는 분들도 있었다. 어르신들의 활동은 젊은 부모들에게도 영향이 되었고 부모를 통해 또다시 공간에 필요한 것들을 채워갈 수 있게 되었다.

공간이 생기고 아이들 활동이나 어른들 활동은 다양하게 확장되어 갔다. 공간을 사용하고 운영하는 데 있어 그들에 의해 필요한 것이 채워가는 현상이 나타났고, 자신들의 공간이라는 인식에서 공간을 소중히 여기는 모습도 볼 수 있었다.

2005년 첫 번째의 공간과 2010년 두 번째의 공간을 만들 때의 느낀 점은, 공간은 사용할 사람이 채워가도록 여백이 필요하다는 것이다. 그

우리들의 아지트／청소년이 설계하고 만든 아지트 내부 모습

래야 사용하는 사람이 그 공간을 주인으로서 채우며 주도적으로 운영할 수 있다.

첫 번째 공간에서는 전시나 공연 등의 특성 때문에 내가 주도하여 채우다 보니 사용할 사람은 공간을 감상하는 격으로 주인의식과 참여의 주도성은 떨어졌다. 그런데 두 번째 공간에서는 사용할 사람이 계획단계부터 참여하고 함께 만들다 보니 공간에 대한 주인의식이 높았고 운영에서도 관리가 잘 될 수 있었다.

이러한 원리를 통해 나는 다른 지역에도 유휴공간을 활용한 공간을 만든 사례가 여럿 있는데 그곳에서도 사용할 사람이 계획부터 참여하여 만들고 채울 수 있도록 추진해보니 같은 현상이 나타났다. 공간 관리나 프로그램 운영에서도 참여의 적극적 모습을 보였고 자유롭게 이용하면서도 공간을 아끼는 현상을 볼 수 있었다.

문화적 활동을 누구나 생활에서 즐기고 누리도록 사회적으로 다양한 문화공간들이 만들어지고 있는 현시점에서 우리 사회는 그 지역적 특성이나 이용할 대상에 대한 이해나 고려 없이 과시용의 공간을 생산해 내는 것을 볼 수 있다. 그러다 보니 활용도가 낮고 이용하는 사람들도 주인 의식이 낮아진다. 그 공간을 만들게 된 동기를 다시 생각한다면 지역적 특성이나 이용할 대상에 대해 고려와 사용할 지역민과 함께 운영시스템을 만들어가는 것이 먼저일 것이다.

이제 다시 또 다른 시작

2015년부터 마을 이주를 권유하는 모습이 보이기 시작했다. 그 속에서 건물주들은 싸움이 격해졌고 힘없는 주민은 밀려나기 시작했다.

아이들과 나는 마을이 어떻게 사라지는지를 기록으로 남기는 활동을 하며 마을에 묻어 있는 추억의 소중함을 모았다. 이사하는 아이들은 남은 친구들에게 활동을 넘기고 또 다른 친구에게 넘기는 방식으로 활동은 마을이 사라지는 2017년까지 이어 진행되었다.

마을 철거를 앞두고 주민들은 작별 인사도 없이 분주하게 마을을 떠날 수밖에 없었다. 마을을 떠났던 주민 일부는 마을이 그리워서 빈집에 촛불과 이불을 들고 다시 찾아와 하룻밤을 지새우고 가는 사람도 있었다. 그래서 떠난 사람을 다시 불러 프로젝트를 추진했다. 다급하게 마을을 떠났기에 그동안 살던 터전과 작별의 시간이 없어 작별할 기회를 만

지역의 추억을 담다/청소년 기록사진

들어주고 싶었다. 그리고 새로 이사 간 지역에서 다시 잘살아 보자는 다짐을 함께 나누는 '희망의 빈집 프로젝트'였다.

아이들이 그동안 기록으로 담은 자료를 함께 보며, 마을의 추억을 되새겨 보고 빈집에서 따뜻한 밥 한 끼 나누는 프로젝트가 이 마을에서 그들과 함께하는 마지막이었다.

문화공간 싹은 아파트 공사 경계에 있어서 철거되지 않아 아파트가 완공된 지금까지 그곳을 지키고 있다. 그러나 내가 필요했던 사람이 없는 곳에서 난 있을 수 없어 2020년 3월 내 몸만 빠져나와 또 다른 곳에 터전을 먼저 잡고 새로운 마을을 탐색 중이다.

이제 새로운 터전에서 공간을 찾아야 할 상황이다. 공간이 될 만한 장소도 보인다. 하지만 나만의 생각으로 함부로 결정할 수 없다. 공간을 사용할 사람들과 공간을 함께 찾아야 그들과 함께할 문화예술교육도 그곳에서 그들이 자유롭게 즐길 수 있을 것 같다.

그동안 문화예술교육으로 걸어온 길을 되돌아보면 날 키운 것은 지역과 대상이었다. 아무것도 모르고 혈기만으로 세상에 덤비려던 나에게 세상을 보여주었고 내 사고를 확장해준 고마운 존재다. 앞으로 또 다른 지역에서 새로운 만남을 통해 나는 배워나갈 것이며 현실에 필요한 문화예술교육을 만들겠다! 다짐해 본다.

문화예술교육은 지역과 대상의 삶을 이해하지 못하고는 문화예술교육을 펼치기가 어렵다. 어찌 지역과 대상의 이해 없이 대상의 삶에서 창의성을 발휘할 수 있는 문화예술교육을 기획하겠는가! 나 또한 지역을 봤기에 대상이 보였고, 대상의 삶에서 대화했기에 그들을 위한 문화예술교육을 고민하고 기획할 수 있었던 것 같다.

그래서 난 문화예술교육이 나아갈 길은 지역에 답이 있다 믿는다.

수정아파트 프로젝트

박소윤

부산문화재단 문화교육팀장

수정아파트로 이사 가기

반백 년 허리를 간신히 일으켜 세운 아파트 창가에 화분 하나가 놓여 있었다. 몇 가구 살지 않는 건물의 녹슨 창틀 사이로 핀 한 떨기 꽃은 이 도시를 향해 흔드는 손수건 같았다. 주인은 꽃을 피우느라 때 맞춰 물을 주고 햇볕에 내어놓으며 갖은 정성을 쏟았을 것이다. 글로벌 도시로 다이내믹한 도약을 하느라 이곳을 잊은 우리를 향해 저 창을 연 사람은 누구일까. 부산문화재단 공간지원형 문화예술교육 기획사업은 번화한 도시 속 빈 공간에 무엇을 채울 것인가에 대한 '다가섬'으로 시작되었다.

부산항을 들어서면 멀리서도 보인다는 수정아파트. 산복도로를 둔 척박한 곳으로 보이지만 수정동에서 산을 넘어 부산진구 가야동으로 통하는 가모령고개로부터 부산이라는 지명이 비롯되었다 하니 유서 깊은 동네다. 1969년에 완공된 수정아파트는 전용 면적 8평 정도의 서민아파트로 방과 주방이 하나씩 있다. 미닫이문 하나를 가름막 삼아 방을 나누고 세를 주어 두 가구가 함께 살기도 했다고 한다. 부엌 위쪽으로 다락이 있는데 어슷한 사다리로 올라가는 그곳은 필시 그 집 아이의 공부방이었을 것이다. 방만큼 높은 다락인지 혹은 다락만큼 낮은 천정인지는 모르겠지만 한번 올라가면 내려오기 싫을 정도로 아늑했다. 층마다 주민들이 함께 쓰는 공용화장실이 있는데, 이는 60년대 한국 어디에나 있는 일반적인 아파트 형태였다.

도시가 변해갔다. 높은 새 건물들이 생기고 산업 구조도, 인구 구성도 달라졌다. 떠난 주민들이 많아 수정아파트의 20% 정도는 비었고 떠나지 못한 주민 대부분은 아파트만큼 세월을 안은 노인들이다. 부산문화재단은 언제부터인지도 알 수 없을 만큼 오래된 빈집 옆에 사는 주민들 곁으로 한 달 간 이사 가기로 했다.

15동 B201호는 다락방이 느긋했고 16동 B405호는 창으로 들어오는 햇볕이 화사했다. 우리는 15동 B201호를 주민들의 【문화예술교육 사랑방】으로, 16동 B405호는 수정아파트 주민들의 아카이빙 전시공간인【아카이빙 수정】으로 구성할 준비에 들어갔다. 두 집 모두 부동산을 통해 임대계약하고 들어갔으나 50년 만에 처음 등장한 예술가 혹은 문화예술교육 프로그램에 주민들은 당황하고 불편해했다. 그 통에 다락방을 눈여겨 봐두었던 15동 B201호에는 끝내 들어가지도 못했다. 불만을 제기한 옆집을 여러 차례 찾았지만 문 앞에서 돌아오고 말았다. 급히 수소문한 끝에 16동 B208호를 간신히 얻을 수 있었다. 두 집은 켜켜이 묵은 먼지와 얼룩을 닦아내고 전기 배선 공사를 하는 동안 말끔하게 변모해 갔다. 이사가 쉽지 않음에도 수정아파트로 가는 우리들의 모토는 하나. '이웃이 될 것'. 예술이건, 문화예술교육이건 무엇을 하러 온 누군가가 아니라 다만 이웃이 되고자 했다. 우리는 한 달 간의 이웃으로서 16동 모든 집에 살뜰한 인사를 전했다. 예약해야만 차려주는 식당에서 밥을 먹고 4층 어둑한 계단을 오르내리는 동안 아는 이웃들도 늘어났다. 모두 아파트보다 나이가 많은 어르신들이었다. 한국전쟁을 거쳐 산업화와 민주

화의 과정까지 파란만장한 한국의 현대사를 온몸으로 뚫고 오신 백발의
노장들이 아닌가. 이 프로젝트는 사실, 처음부터 끝까지 이분들의 뜨거
운 생애에 대한 감사와 존경을 담은 '헌정'이고 싶었다. 아침 일찍 동네
를 갔더니 몇몇 어르신들이 트럭 짐칸을 타고 하루 일을 나가고 계셨다.
덜컹거리며 산복도로 비탈진 골목길을 내려가는 동안 한겨울 바람은 얼
마나 차가울지.

"조심히 잘 다녀오세요. 어르신들!"

문화예술교육의 주인공

문화예술교육자 황정미 선생, 김유한 선생, 윤창수 작가, 조정환 작
가가 이 프로젝트와 기꺼이 동행했다. 여기에 재단까지 '다섯이 한 팀'이
구성되었다. 함께하는 수평적 협의체로서 각각의 자리에서 역할을 담당
했다. 서양화 작업을 하는 조정환 작가는 수십 년 간 방치된 두 집을 저
녁밥 짓는 할머니의 집처럼 따뜻하게 단장했다. 수정아파트에서 자라
고 그곳에서 작업하는 사진작가 윤창수는 여러 해 동안 카메라에 담아
온 수정아파트 주민들의 얼굴과 밥상 사진으로 【아카이빙 수정】을 훈훈
하게 채워나갔다. 산복도로에서 활동하는 황정미 선생은 지식나눔공동
체 이마고 맴버들과 두 달 전부터 할머니들을 직접 방문하여 그들의 삶
의 내력을 갈무리하여 인형극 작품을 제작했다. 그리고 15동 B201호
【문화예술교육 사랑방】에 소박한 인형극장을 꾸미며 매회 직접 만든 종이

인형으로 그림자 인형극을 공연했다. 또 무용을 전공한 마을활동가 김유한 선생은 할머니들의 신체 움직임 수업을 비롯하여 다채로운 문화예술교육 프로그램을 운영했다. 그리고 재단은 〈수정아파트 프로젝트〉를 총괄 기획했고, 특히 담당자인 조수연 선생은 우리 모두의 명랑한 이음고리가 되어주었다. 무엇보다 이 프로젝트의 주인공은 동네 주민들이었다. 가지런하고 명징한 체제의 근대를 벗어나 탈근대를 사는 우리는 주변부 혹은 경계의 삶을 종종 이야기한다. 수정아파트는 부산의 원도심에 있으면서도 어느새 경제적, 문화적 소외 지역이 되어갔다. 근대와 탈근대의 경계 어디쯤에서 잊히거나 버려진 우리 안의 변방인 수정아파트. 그곳엔 질곡의 삶을 살아온 사람들이 있으나 사회적 약자인 그들의 생애와 목소리는 이 도시의 중심부를 관통할 수 없다. 가야트리 스피박의 말처럼, 이제 주변부의 목소리에 귀 기울여 들어볼 때도 되었다. 우리가 살아가면서 놓친 그 무엇, 아무도 귀 기울이지 않았던 그들 삶의 다사다난한 이야기가 궁금하지 않은가. 그것은 근대화의 격랑 속에서 숫제 배제되었거나 저 도시의 휘황한 불빛에 쉽사리 녹아들지 못했던 그들의 삶 자체다.

『아랫목 극장』에서 공연된 인형극「나 어렸을 적」의 주인공은 명자 할매, 「아흔둘의 어머니」주인공은 광순 할매, 「인생은 즐거워」주인공은 순이 할매다. 명자 할매는 어린 시절 동네 친구들과 예방주사를 맞지 않으려고 산으로 도망간 이야기, 쌀로 소꿉놀이 하다가 불호령을 들었던 이야기를 들려주었다. 아흔둘 광순 할매는 어릴 때 부모님을 여의고 친척집에서 고생하며 성장하셨다. 나이 차이가 많이 나는 남편과 결혼하여 시아버지 대소변을 3년간 받아내며 살다가 남편을 잃은 후에는 어려운 생계를 이으며 자식 넷을 홀로 키워내셨다. 지금은 딸의 보살핌 속에 여생을 행복하게 사신다. 순이 할매는 도배일을 하다가 넘어져 13시간에 걸친 수술을 받는 시련을 겪기도 했다. 지금은 복지관 봉사도 하며 즐겁게 산다고 하신다. 그 세월 동안 수정아파트는 할머니들의 고단한 생애를 기대는 보금자리였다. 세 작품 모두 할머니들의 육성을 담은 터라 인형극은 아랫목 담요만큼 투박하고 뜨뜻했다.

『수정인문예술창작소』의 「꽃바구니 수업」 강사는 젊은 시절 이 동네 학교 앞 꽃집 주인이었던 차삼순 어르신이다. 모두 동네 주민들이라 누가 강사인지 누가 수강생인지 알 수 없지만 능숙한 솜씨로 꽃바구니 제작 요령을 지도하여 감탄을 자아내게 하셨다.

『다원 in 수정』의 「노세! 노세! 놀다가세!」에서 주민들이 신체 유연성을 위한 즐거운 몸 수업을 가졌고, 「찰칵 똑딱이 작가」 프로그램에서는 직접 자신들의 생활 사진을 필름카메라로 찍어보기도 했다. 어린이를 동반한 가족을 위해서는 마을지도를 가지고 함께 이야기를 구성해 동화를 완성해 나가는 「다락방 꼬마 마법사」 프로그램을 운영했다.

『포트락 파티』에서는 주민들이 반상회 하듯 함께 음식을 만들어 먹으며 담소를 나누도록 했다. 며칠 동안 문화예술교육 수업을 통해 만난 터라 동네 주민 친목 모임 같은 「B208호 참새방앗간」에서는 이내 행님, 동생들이 되어 환하게 손을 마주잡았다.

『수정 시간 여행』의 「수정, 골목을 품다」에서는 시민들이 필름카메라를 들고 산복도로 골목골목을 누비며 각자의 마음속에 들어오는 풍경들을 담았다. 부산 전역에서 찾아온 시민참여자들은 수정아파트를 마침내 '발견'하는 기쁨과 놀라움을 사진과 글로 남겼다. 「수정의 꿈」은 좌성초등학교 학생들이 직접 찍은 동네 사진 전시였다. 학교가 곧 폐교 될 예정이라 곧 그 지역을 떠나게 될 어린 학생들의 시각에서 정든 마을의 모습을 담아본 것이었다.

「12월의 어느 멋진 날」은 〈수정아파트 프로젝트〉의 마지막 프로그램이었다. 참여자와 주민들이 【아카이빙 수정】에 마주 앉아 도란도란 이야기를 나누는 토크쇼였다. 모두 함께 진솔한 이야기와 〈수정아파트 프로젝트〉의 소회를 나누는 동안 몇몇 사람들이 눈물까지 짓는 바람에 정말 정든 이웃을 떠나는 기분이 들기도 했다.

우리는 왜 이곳에 와서 주민들을 마주하고 있는 것일까. 수정아파트가 떡하니 부산항을 바라보며 서 있은 지 50년이 지나도록 이곳 사람들은 좀처럼 드러나지 않았다. 이들을 공적 무대에서 조명하는 것은 또 다른 방식의 문화예술교육이자 예술행동이다. 「북쪽의 천사」로 유명한 영국작가 안소니 곰리가 「One & Other」 2009에서 제공한 것은 트라팔가 광장에 제작한 '4th Plinth'라는 작은 단상이었다. 이 단상 공적 공간에 1시간동안 올라가 자신 Who 을 알리기 위해 영국 전역에서 35,000여명이 신청했다고 한다. 한나 아렌트에 기대어 해석하자면, 참여자들은 광장 퍼포먼스를 통해 비로소 '현상'할 수 있었으며, '이성의 공적 사용'을 통한 'WHO'로서 '공적 행복'을 느낄 수 있었던 것이다. 지위나 계급에 상관없이 사람이라면 누구나 타인이 자신의 발언을 경청해 주기를 바란다. 그것은 타인으로부터 인정받고자 하는 욕망이 내재해 있기 때문이다. 타인의 인정은 자아를 확인하는 기쁨의 순간이 된다. 명자 할매, 광순 할매, 순이 할매 … . 문화예술교육은 묻혀 있던 이웃의 이름을 한 명 한 명 '호명'하는 일이 우선이다. 근대의 거대담론 속에선 조명할 대상조차 되지 못했던 보통사람들의 소소한 일상이 우리를 불러 모아 마주 앉게 한다.

◎ 〈수정아파트 프로젝트〉 프로그램

일시　　2019. 12. 4. 수 ~ 12. 8. 일
장소　　수정아파트 16동 B208호, B405호, 수정동 산복도로 일대
사업비　37,000천원

프로그램명	내 용	세부 프로그램	장 소
아랫목 극장	수정아파트 및 수정동 일대 토박이 어르신들의 인생 이야기를 어르신들의 육성과 그림자극으로 진행하는 공연 공연 후 관객들과 주인공들과의 대화를 통하여 함께 공감하는 시간	'나 어렸을적' (명자할매) '아흔 둘의 어머니' (광순할매) '인생은 즐거워' (순이할매)	B208호
수정인문 예술창작소	수정아파트 및 수정동 주민들을 위한 참여형 프로그램 (체험 프로그램) 동구/수정동 젊은 엄마들 및 수정아파트 어르신 참여	수정가족 팝업북 만들기 비누 꽃바구니 만들기 부직포 천연 가습기 만들기	B208호
다원 in 수정	생애주기별 대상 맞춤 프로그램 어르신, 청장년층, 유·아동 대상	노세! 노세! 놀다가세! 찰칵! 똑딱이 작가 다락방 꼬마 마법사	B208호
포트락 파티	새로운 만남과 공유공간으로 16동 주민과 수정아파트 주민들의 관계 형성 프로그램	B208호 참새 방앗간	B208호
수정 시간여행	수정동의 지역민들이 참여한 사진 전시 및 수정동 산복도로를 알아가는 일반인 대상 출사교육 프로그램	수정, 골목을 품다 수정 작은 사진관 수정의 꿈 12월의 어느 멋진 날	B405호 / 수정동 산복도로

낡은 벽지에 묻은 온기에 기대어 서로를 바라보는 순간 세계는 온갖 작고 섬세하며 눈물 젖은 감동의 힘으로 가득 차오른다. 사람들이 모여 함께 생각과 마음을 나누며 친밀감을 쌓아가는 것이야말로 문화예술교육의 참맛이다. 이는 할매 개개인을 넘어 부산 곳곳으로 번져가며 모든 이들의 공적 삶에 대한 적극적인 관심과 참여를 이끌어낸다.

빈집 문화예술교육

"그렇게 잠깐 운영하고 떠나면 그분들은 어떻게 합니까?"

한 기자가 다소 난감한 표정으로 질문했다.

"주민들은 다시 닫힌 옆집 문을 바라보며 더 외롭고 쓸쓸해질 겁니다. 그런 그분들을 걱정하게 만드는 것이 이 프로젝트의 의도입니다. 가능하면 이 도시 전체가 잠 못 들고 남겨진 주민들을 걱정하게 만들고 싶습니다. 그래서 모두 각자 자기들이 할 수 있는 방법을 찾게 하고 싶습니다."

아쉽게도 문화재단은 수정아파트나 도시의 빈 공간 전체에 문화예술교육 프로그램을 지속적으로 제공할 수는 없다. 하지만 이런 프로그램들을 통해 그 공간과 사람을 잊고 산 오늘의 도시 공동체 모두에게 고민을 안기는 일은 할 수 있을 것 같았다. 프로젝트 초반 거추장스럽고 불편한 마음을 놀랍도록 큰 문소리로 알려주던 옆집 할머니가 마지막 날 귤 한 박스를 전해주고 가셨다. 우리는 그 귤이 아까워서 며칠 동안 바라만 보았다.

〈수정아파트 프로젝트〉가 도시재생사업으로 추진된 것이 아닌데도 여러 사람들이 '문화를 통한 도시재생'은 이런 것이라고 이야기했다. 낡고 버려져 있는 공간에 문화예술 활동이 들어옴으로써 그 장소의 역사성과 정체성을 발굴하고 지역공동체를 연결한다는 맥락이라면 그런 것도 같다. 낡은 공간의 문화적 재탄생은 트렌드가 된 지 이미 오래다. 아트페어와 각종 전시가 이루어지고 있는 【서대문 여관】서울, 트렌디한 메이커 스페이스가 된 【세운상가】서울, 폐공장을 복합문화공간으로 변신시킨 【F1963】부산, 물류창고를 복합문화공간으로 재탄생시킨 【동춘175】용인 등이 그렇다. 굳이 외국의 【테이트모던】영국 런던, 【하이라인 파크】미국 뉴욕, 【따산즈 798예술구】중국 베이징 가 아니더라도 국내 사례는 넘쳐난다. 폐공간을 허물지 않는 것은 그것이 갖는 시간의 흔적과 의미를 간직하는 방법이다.

우리는 부산의 시간적 흔적을 어떻게 대해 왔던가. 개항기 부산의 주요 장소를 사진 한 장에 기댈 때가 많다. 부산은 근대 이후 대한민국의 역사를 압축적으로 간직하고 있는 '기억의 집합소'지만 급격한 팽창과 함께 많은 정신적 자산을 유실한 도시이기도 하다. 또 도시개발은 기존의 집과 길들을 헐고 새집들을 짓지만 무허가나 다름없이 사는 주민들에게는 삶의 터전을 잃는 일이 될 수도 있다. 도시재생이 공간 중심 담론인 데 비해 문화예술교육은 사람 중심 담론이다.

문화예술교육 공간으로서의 빈집은 무형의 서사가 가득 차 있다. 이는 문화예술교육프로그램의 무대장치가 되어 참여자들의 미적 감흥을 이끌어내는 역할을 한다. 신축 사무실 벽에 기대어 사유하는 것과 수십 년 동안 손때 묻은 벽에 기대어 사유할 때 그 사유의 넓이와 내용은 다르게 구성된다. 비어 있으나 기억과 서사로 가득 찬 빈집의 공간은 푸코의 헤테로토피아의 공간이자 크리스테바가 말하는 비체의 공간이기도 하다. 무엇이든 될 수 있는 가능성을 내재한 공간에서 이루어지는 빈집 문화예술교육은 이 공간이 갖는 창조성, 치유, 회복, 생명의 힘에 기대어 가는 프로그램이다. 그만큼 "공간의 세계성 자체에 미학적 투여를 배치해야 할 뿐만 아니라 대중들로 하여금 미적 공간성을 육체적 실천으로 연계할 수 있도록 하는 미적 문화교육이 절실하다."[1] 부산문화재단의 빈집 문화예술교육은 빈집이라는 공간과 문화예술교육이 만나 새로운 미적 공간과 가치를 열어가는 프로젝트다.

　우리가 찾는 빈집은 화려하지도 역사적으로 중요한 곳도 아니다. 도시재생처럼 큰 설계가 아니라 '가장 황폐하고 쓸쓸한 곳'으로 찾아가는 문화예술교육의 소박한 이사移徙다. 빈집들은 마치 쓸모를 다한 것처럼 보이지만 부산의 근대의 기억을 오롯이 간직하고 있다. 그리고 아직 그 옆에는 우리가 살고 있다. 집과 집 사이 버려진 폐허에 문화예술교육이라는 밥도 짓고 푸성귀도 심어 이 도시를 잇고 싶다. 아무리 그늘진 곳이라도 사람이 사는 곳이라면 인간으로서의 존엄을 지키며 자기 생을 긍정하며 행복하게 살아야 하기에 빈집이 있는 외로운 동네에서 문화예술교육은 자주 걸음을 멈추고 만다.

※ 일러두기
사업명은 〈 〉, 공간명은 【 】, 프로그램명은 「 」, 세부작품명은 「 」로 표기함.

1　　고길섶, 「공간의 문화정치 : 공간적 세계성의 문화적 배치를 위하여」, 『공간과 사회 2000년 통권 제14호』, 2000년, 102쪽.

205

인생 100단 욜로 라이프

탁경아

커뮤니티 아트센터 '숲' 대표

∴ 이 글은 김정연이 구술채록한 원고임.

화가의 꿈

초등학교 1학년 때부터 장래에 그림을 그리고 싶다는 생각을 했어요. 동화책 중에 레오나르도 다빈치가 나오는 위인전에 그려진 화가의 그림 그리는 모습이 너무나 멋진 거예요. 그래서 막연하게 레오나르도 다빈치처럼 멋진 화가가 되고 싶다는 생각을 했어요. 교실 뒤 벽보 학급 신문에도 장래 꿈을 '레오나르도 다빈치 같은 멋진 화가가 될 거야.'라고, 항상 제 꿈을 되새길 수 있도록 주문 걸듯이 썼던 것 같아요. 그때는 그림 그리는 것 자체가 좋았고, 표현하는 방법이나 그림에 집중하는 정도도 다른 아이들과 비교했을 때 제가 좀 낫다고 여겼어요. 어느 정도 크고 나서야 '나는 그렇게 뛰어난 그림을 그리는 사람은 아니구나.'하고 깨닫게 된 거죠.

어릴 때 집안 형편이 좋은 편은 아니어서 그림을 하고 싶었는데 어른들께서는 공부하라고 하셨고 특히 아버지께서 엄청 반대하셨어요. 오빠가 저보다 아홉 살 많으시거든요. 오빠가 직장을 다니면서 제가 미술을 전공할 수 있게 뒷받침해 주셨어요. 아버지 같은 존재죠. 그 덕에 미대에 진학해서 서양화를 전공할 수 있었어요. 중·고등학교 때는 입시 미술을 해야 했기 때문에 제가 그리고 싶은 그림이나 저만의 화풍을 발견하지 못했고 대학에 들어와서야 비로소 저만의 그림을 그리는 방법을 찾게 되었어요. 이후에 판화까지 전공하면서 계속 시각예술 분야에 방점을 두고 다양한 활동을 해왔어요. 순수 회화만이 진정성 있다고 생각하던 시절도 있었어요. 이후 단체에도 들어가 보고 사회생활을 하면서 예술이라는 것이 그림만 그리는 것이 아니라 내가 만나고 생각하고 활동한 것에 의해 표현되는 모든 것일 수 있겠다는 생각을 하게 되었어요.

1999년부터는 미술심리에 대한 공부를 시작해 지금까지 하고 있어요. 찾아가는 문화활동이라는 사회문화 활동에 발을 담그면서 조금씩 영역을 확장하기 시작했어요. 예술가와 일반인들과 만나는 과정들, 일반 사람들은 예술을 모르고 나는 전문가라는 차원이 아닌 그 안에서 파생되는 재미있는 일들이 너무나 많은 거예요.

학교를 졸업하고 고등학교와 대학에서도 몇 년 재직했는데 그 과정에서 제 작업도 하면서 문화예술교육으로 자연스럽게 흐름이 주어지더라고요. 혼자 하기 힘들었던 부분은 협회에 들어가면서 함께 움직이다 보니 배워가면서 자연스럽게 다양한 문화예술의 활동 방향으로 스며든 것 같아요. 대단한 포부가 있어서가 아니라 자연스럽게 한두 가지 일을 접하면서 '아, 이런 영역이 있구나… 그러면 나는 전문가로서가 아닌 매개자로서 어떤 역할을 할 수 있을까?' 고민하게 되었어요. 예전에는 예술가에 방점이 있었다면 지금은 예술가이면서 매개자로서의 역할도 큰 위치에 있는 것 같아요.

첫 대면의 시행착오

판화는 순간적인 체험 뒤 결과물로 바로 가져갈 수 있는 부분이 있어서 기관이나 단체 봉사나 체험을 하러 나갈 때 다양하게 활용하기 좋은 장르예요. 대중적인 이미지와도 잘 맞거든요. 이런 행사를 하면서 남은 재료들로 노숙자들을 위한 체험을 계획한 적이 있어요. 1990년 대만 해도 용두산 공원에 노숙자분들이 굉장히 많았거든요. 동료들에게 재료들을 조금 더 충당해서 "용두산 공원으로 가자! 거기 노숙자분들을 대상으로 프로그램을 진행하자!"하고 용감하게 앞장섰어요. 한두 분 오시더니 판화체험을 하시고 자기 작품이 찍힌 티셔츠를 주위 사람에게 자랑하시니까 그분들이 갑자기 우르르 몰려오셨어요. 우리의 목적은 그분들하고 같이 모여서 이야기하고 작품을 만들면서 창작의 과정에서 즐거움을 느끼고 생소한 경험을 하게 해드리며 이야기의 물꼬를 트는 것이었거든요. 그런데 갑자기 몰려드는 노숙자분들이 프로그램 체험은 안 하시고 저희 뒤에 쌓아둔 티셔츠를 막 가져가시는 거예요. 저희가 말릴 새도 없이 일어난 일이라 실망도 했고 충격적이었어요. '어? 이게 아닌데. 뭐가 잘못되었지?' 한참을 생각했어요. 그리고 차분히 '아! 우리가 정말 대상에 대한 이해를 잘못 했구나… 이 사람들에게는 이러한 예술체험은 중요한 것이 아니구나, 우선 먹을 거 하나라도 나누면서 이분들이 첫 번째로 원하는 것이 무엇인지를 생각하고 왔어야 했는데 너무 우리 입장에서 우리의 목적만 앞섰다는 생각에 부끄러워지기 시작했어요. 대상을 중심에 둔 활동이 아닌 내가 중심이 된, 지금 생각해도 낯 뜨거워지는, 저에게는 정말 크게 와 닿았던 사건이었어요. 대상자들이 어떠한 상황인지 그리고 무엇이 필요한지를 전혀 염두에 두지 않고, 또 그것을 제대로 이해하는 데 얼마나 오랜 시간이 걸리는지 전혀 이해하지 못한 채 대상자들 속에 들어가서 활동하는 문화예술교육의 시행착오를 접한 거예요. 오랜 시간을 함께 호흡하고 가족처럼 되어야 하는 시간을 겪어내고 인내해야만 하고자 하는 계단에 발을 디딜 수 있지 그런 것들을 무시하고 나의 목적만을 가지고 하면 절대 이루어낼 수 없는 일이라는 것을 진행하며 조금씩 깨닫는 것 같아요.

문화예술교육은 경험이 많지 않으신 분들, 특히 연세가 많으신 어르신분들은 친밀감을 갖는 데 시간이 오래 걸리고 일방적인 교육방식과는 다르다는 것을 이해시켜드려요. 함께 하면서 공감하고 소통을 통하여 한 단계 한 단계가 쌓이는 것들이 결과물임을 이해해야 하는 것 같아요. 그런 입장에서 저 역시 눈높이를 맞추고 끊임없이 함께함을 통해 배워나가고 있어요.

보람된 일들

꿈다락 토요문화학교가 아니더라도 아이들과 문화예술교육 현장에서 만나는 일은 많았습니다. 아이들은 부모에 의해 좌지우지되는 경향이 커서 아이들이 조금 더 자유로웠으면 하는 안타까운 순간들이 많았어요. 반면에 아주 보람된 일도 많았어요. 과잉행동을 하는 아동과 함께 프로그램을 진행한 적이 있었어요. 그 친구는 기분이 좋거나 친구와 사귀고 싶어지면 상대방에게 과격한 행동으로 표현을 했어요. 그러다 한 친구에게 무심코 던진 물건이 다른 친구의 눈에 맞아 살짝 다치는 일이 있었어요. 프로그램을 마치고 나간 뒤 있었던 일이라 저희는 모르는 상태였고 한 달쯤 뒤에 다친 아이의 어머니와 현장학습 관련으로 통화를 하다가 그 내용을 알게 되었어요. 어머니께 과잉행동 아이에 대해 상황을 설명하고 양해를 구했습니다. 다행히 어머니께서 "그러면 우리 아이와 그 아이를 같이 짝지어서 보내주세요."라고 말씀하시는 거예요. 그러시면서 "우리 아이도 싫으면 싫다고 이야기해야 하는데 그 부분에 대처를 못해서 그 아이가 계속 그런 행동을 한 것도 있네요."라고 하시는데 그 어머니께 많은 것을 배우는 순간이었어요.

과잉행동을 하던 아이는 초등학교 4학년부터 몇 년간 저희 프로그램에 따라다니며 함께 했어요. 일주일에 한 번밖에 만나지 않았지만, 그 아이는 점차 변화되는 모습이 보였어요. 물론 저희 때문만은 아니었겠지요. 당시 저희 프로그램이 지역의 역사와 문화를 가지고 작업하는 프로그램이었는데 그 아이의 꿈이 역사학자였고 그에 대해 조사도 하며 꿈을 키우고 정서도 안정이 되고 태도도 많이 좋아졌어요. 중학생 때도 찾아와서 "보조라도 할 테니까 올 수 있게 해주세요."라고 해서 장시간 체험하면서 적극적으로 저희를 도와줬어요. 이러한 경험들은 아이의 변화이기도 하지만, 아이들과 함께 하면서 좋은 에너지도 받고 동시에 성장할 수 있게 된 저희들의 재산이 되었다고도 생각합니다.

어르신 대상 프로그램

성인 대상으로 프로그램을 진행하면 저희가 오히려 더 많이 배우게 되는 것 같아요. 순간순간 고쳐왔고 고쳐갈 일들이지만 저에게는 감동적인 순간들이 많았고, 그리고 소통이 된다는 것에서 많은 힘을 얻는 것 같아요. 주부 대상은 주부 나름대로 같은 나이대로 소통하며 성장해 나가고 어머님들로부터는 우리에게는 심각한 일들이 사실은 아무 일도 아닌 사사로운 일들이라는 걸 배우게 되죠. 그런 것들은 삶을 오랫동안 살아봐야 알게 되는 것들이죠. 그것을 어머니들을 통해 자연스럽게 배우게 되죠. 어머니들과 이렇게 공감하며 만나지 않으면 순간순간의 잊혔던 대화가 쑥 튀어나오기 어렵거든요. 함께하고 공유해야 대화의 물꼬를 트게 되고 '툭'하고 자신도 모르게 어떤 장면들을 만나게 되는 것 같아요. 그래서 저 스스로는 어르신들과 하는 프로그램에 특별한 의미를 두는 것 같아요.

우리 단체는 다른 지역에서도 프로그램을 진행하기도 하는데 결혼하고 이곳 사하구에 정착하며 아이 어린이집에 데려다주고 남은 시간에 근처 골목길을 다녀보기도 하고 이곳에서 그림책으로 모임을 만들며 작은 도서관들을 다니기도 하며 작은 커뮤니티를 시작했어요. 그런데 어느 여름날 작은 도서관 앞을 지나면 어르신들이 항상 도서관 앞 벤치에 앉아 계시는 거예요. 앉아계시다가 목이 마르시면 도서관으로 들어가는 아이에게 "물 한 컵만 떠 줄래?" 이러시고 도서관 안에 안 들어오시는 거예요. 그래서 "어머니 들어오셔도 돼요. 여기는 아이들만을 위한 공간이 아니라 누구나 들어올 수 있는 공간이에요." 하니까 어머님이 우리가 들어가면 방해 된다고 앞 의자에만 앉아계시는 거예요.

도서관 안에는 에어컨 바람이 시원하고 좋은데도 더운 여름 그늘 벤치에만 계시고 못 들어오시는 거예요. 그래서 우리 그림책 선생님들하고 "어머님들을 어떻게 해서든 도서관 안으로 모시고 들어와야 한다. 어머님들도 이런 공간을 향유 할 수 있다는 것을 알려 주는 걸 첫 번째 목표로 프로그램을 짜보자." 해서 시작하게 된 거였거든요. 어머님들 모시고 들어와서 같이 그림책 보고 대출증도 만들어 드리면서 당당하게 공간 안으로 들어오실 수 있게 도와드렸어요. 처음에는 안 들어오시려고 해서 고생을 좀 했어요. 도서관에 한 번 와 보시라고 홍보 전단을 만들어 들고 다니며 근처 집마다 벨을 누르고 걸어 다니시는 어머니들을 만났어요. 그런데 프로그램 설명을 해드려도 "아이고, 네~" 하시고는 안 오시는 거예요. 처음에는 4~5명 정도의 어르신들로 시작했는데 그분들이 친구 한두 분씩 데리고 오시면서 인원이 많아져 나중에는 더 넓은 장소로 옮겨야 했어요. 첫 기획은 노년층으로 가려던 것이 아니라 도서관 앞에 앉아 계신 어머님들을 보고 '어머님들 먼저 도서관 안으로 들어가게 만들어야겠다.' 하고 기획이 된 게 제 문화예술교육 대상을 노년층으로 눈을 돌리게 한 계기가 된 거예요.

그러면서 우리 단체가 마을미술사업인 공공미술사업도 함께 진행하면서 어르신들과 만나고 커뮤니티를 진행해야 할 기회가 더 늘어났어요. 어머님들과의 그 첫 만남이 저희를 더 확장 시키게 한 계기를 마련했다고나 할까요.

인생 100단

가장 중요한 목적은 지금 이 자리에 계신 것 자체만으로도 존중받기에 충분하다는, 저희가 본을 받아 살아가고 있다는 것을 인식시켜드리고 싶었어요. 유년 시절부터 하나씩 꺼내서 치부되고 밝히기 싫은 것이 아니고 '내 삶이나 다른 사람들의 삶이 다 비슷하구나.' 느끼게 하고 싶었어요. 숨기는 것이 아닌 드러냄으로써 거기 녹아있는 이야기들이 우리가 평생 듣지 못하는 소중한 삶의 이야기라는 것을 알려드리고 싶었어요. 그래서 스펙트럼이 다양한 그림책을 매개로 하고 그림책에 있는 테마를 통해서 기억들을 자연스럽게 상기 될 수 있도록 하고 싶었어요. 요즘은 할머니 할아버지도 저희처럼 하나씩 배워가며 책도 내시고 전시회도 하시는 예술가분들로 활약을 많이 하고 계시잖아요. 거기까지는 아니라도 우리 어머니 아버님들도 하실 수 있다는 용기를 드리고 싶었어요. 피카소가 어린아이처럼 그리는 수준으로 돌아가는 데 평생이 걸렸다는데 어머님들의 때 묻지 않은 표현 하나하나가 정말 소중한 모습이라는 것을 경험해서 보여드리고 싶었어요.

저희의 목적은 어머님들의 삶을 그림책으로 만드는 것은 아니에요. 지금 저희가 어머니들과 진행하는 프로그램, 주요 테마는 한 가지이지만 1년 동안 그것을 엮어내는 방법은 4가지로 구성되어 있어요. 1단계는 어머님들이 도서관 안으로 들어오시는 것, 그림책을 매개로 어머님들의 이야기를 끄집어낼 수 있는 거기까지. 시작은 글을 한 줄도 못 쓰시던 분들께서 2년 차가 되니 서서 발표도 하시고 긴 글에 다양한 사연까지 담아내시는 변화가 일어났어요.

저희 프로그램 중 손 석고 캐스팅을 하는 작업이 있어요. 〈할머니 주름살이 좋아요〉라는 그림책을 다 같이 보고 어머님들의 주름살에 담긴 삶의 이야기를 나누었어요. 나이가 들면서 어머님들은 주름살 때문에 사진은 잘 안 찍으려고 하시거든요. 손에 대한 생각들, 인생이 주름에 새겨지듯 바쁘고 수고했던 노력으로 여기까지 잘 왔다는, 그리고 고생하셨고 감사하다는 의미로 손을 석고를 떠서 트로피처럼 드리고 싶었어요.

손을 만드는데 한 어머님이 눈이 벌겋게 되셨어요. 성격도 밝고 긍정적이고 화사하게 다니시는 분이시라 전혀 그 눈물을 상상하지 못했어요. 나중에 들어보니 이전에 안 해본 고생이 없으신 거예요. 그 밝은 모습이 젊은 시절에는 드러낼 수 없으셨던 거예요. 고생한 세월에 주름투성인 손을 부끄러워만 했지, '내 손아 고생 많았다' 하고 한 번도 쓰다듬어 주지도 못하고 손한테 미안해서 눈물이 나온다고 하시더라고요. 그 이야기를 듣고 다른 분들도 같은 삶으로 공감하셨어요. 인생 100단의 실력을 갖추고 계신 우리 어머니들이신데 여생의 순간순간들이 즐길 수 있는 시간들이 되었으면 하는 마음에서 지난 프로그램 결과집 제목을 〈인생 100단 욜로 라이프〉라고 지었어요.

경험의 기회제공

저희가 〈밥정〉이라는 영화를 다 같이 보고 프로그램을 시작하려고 했는데 코로나19의 확진자가 늘어나 그 여파로 그릇과 음식에 담긴 이야기를 풀어내는 프로그램을 거의 진행을 못 했어요. 코로나 확산이 사라지면 제대로 진행해보려고요. 현재는 실내 프로그램은 거의 진행을 못하고 어머니들께 영화관람이나 연극관람을 경험하게 해드리고 있어요. 극장을 가보지 못한 분들도 꽤 계시거든요. 소극장에서 <달동네>라는 연극을 보는데 극 중 아버지를 찾는 장면에서 한 어머님이 큰소리로 "느그 아부지다! 느그 아부지 아이가!"하고 엉엉 우시면서 연극에 감정이입이 되시는 거예요. '어머님들이 정말 몰입해서 보시는구나... 어머님들께 가급적이면 많이 경험하게 해드려야 되겠구나.' 생각이 들었어요. 작년 온종일 파티 협업 과정에서 참여 어르신 전체가 칠곡 인문학 마을에도 다녀왔어요. 어머님들이 너무 좋아하시는 거예요. 같은 나이에 어머님들이 연극공연을 하러 다니시고 적극적인 활동에 신도 나고 부럽기도 해서 지금도 칠곡 이야기를 많이 하시거든요. 그런 경험들로 인해 더 용기를 얻으시는 것 같았어요.

지속성을 위한 전용공간

저희는 지원을 받고 프로그램을 운영하다 보니 정산이 끝나고 차기 연도 지원을 기다리면 다시 4월이 되어야 어르신들을 만날 수 있어요. 그런데 프로그램이 지속적으로 운영되어야 하는 부분이 있어서 운영의 지속성이 안배된 지원이 되었으면 좋겠어요. 해당 구에서 지원받을 수 있는 부분은 없을지 고민도 하고 있어요. 보장된 지속성만 있으면 참여자들이 변하지 않고 함께 할 수 있으면 좋겠다는 생각을 많이 합니다. 그리고 저희가 고정된 한 공간을 쓸 수 있으면 방앗간처럼 왔다 갔다 하면서 같이 작업을 하고 수시로 오셔서 더 많은 이야기들을 나눌 수 있을 것 같아요. 지금은 정해진 시간에만 만나고 이후 시간에는 각자의 삶을 사시다 보니 어머님들이 '언제든지 찾아오실 수 있는 공간'이 절실히 필요하죠.

도서관에서 하는 프로그램도 늘 조심스럽고 방해되지 않아야 하기 때문에 붙박이처럼 아지트같이 활용할 수 있는 공간은 아니에요. 지원은 적더라도 공간이 확보되면 어머님들이 언제든지 오셔서 뭔가 이야기가 만들어질 수 있다고 생각합니다. 고령자분들에 대한 배려는 있지만 진정성을 가지고 어르신들과 어떤 것을 해야 할지에 대한 고민을 함께 해야 할 것 같아요. 지역에서 활동하는 지역 예술인들과 각 구청 동사무소에서 어르신들을 위한 문화 활동을 위한 부서가 따로 있어서 함께 고민하는 장면들이 많아졌으면 좋겠어요.

문화예술교육은 보물찾기다

모상미

모이다아트협동조합 대표

∴ 이 글은 김정연이 구술채록한 원고임.

외향적 변화·마음의 전환

25년 전 제가 가고 싶은 진로는 미술이나 건축이었는데 그 길은 부모님께서 밥 못 먹고 산다고 반대하셨어요. 지금은 그 영역의 활용이 광범위하잖아요. 고2 때 이과를 선택하면서 저의 반항기가 시작되었는데 당시 전산 쪽이 유망하다고 해서 대학에서는 전산학을 전공하게 되었어요. 하고 싶은 것을 못 하다 보니 대학 생활 내내 침울해지면서 성격도 내성적으로 변했었어요. 어머니께서 엄하셔서 결혼 전에는 여행 같은 것도 못 다녔거든요. 그러다 전환기가 온 것이 결혼 후에 개방적이신 시어머니 덕분에 배낭여행을 많이 다녔어요. 여행을 다니면서 마음이나 생각의 틈이 점차 열렸던 것 같아요. 저는 여행을 가게 되면 그 지역의 박물관을 찾아가거나 관심 있는 부분을 미리 찾아서 동선을 세워 여행을 가거든요. 한번 두렵기 시작하면 계속 두렵잖아요. 그곳도 우리 동네와 같은 곳이라고 생각해서 근처 과일가게에서 과일을 꼭 사 먹어요. 낯선 곳에서 길을 잃어버리면 두려워하기보다 산책이라고 생각하면 마음도 여유로워지거든요. 그러다 보니 여행을 통해서 오는 두려움도 없어지고 열린 마음으로 변하게 됐어요.

대학 졸업 후 직장 생활에서도 있는 듯 없는 듯한 성향이었는데 퇴근 후 여가 시간을 이용해서 그동안 배우고 싶은 것을 하다 보니 변화가 생기더라고요. 악기를 배우거나 공예를 8년간 지속적으로 배워서 지금까지 17개 정도의 자격증을 보유하게 되었어요. 지금도 그림에 대한 열망이 있어서 시간이 날 때마다 원데이클래스나 단기로 제가 그리고자 하는 화풍의 화가를 찾아가서 틈틈이 배우고 있어요. 그 시간은 저를 위해 할애하는 시간이라고 생각해요.

문화예술 분야로 활동 분야가 확대되어 넘어오면서 무슨 용기가 생기는지 제 성격이 점점 외향적으로 변하는 것 같아요. 프로그램 참여자 중에도 억눌렀던 마음이라든지 애정 결핍에서 오는 무거운 감정을 밖으로 끌어내어 작품에 표현한 것들을 보면서 이것도 억눌린 표현의 표출 방법이 될 수 있겠다는 것을 깨닫게 되었어요.

다양하고 폭넓게

직장 생활과 사업을 접고 하고 싶었던 공예 교육을 하는 게 더 나은 것 같다는 생각이 들어서 2001년부터 문화예술 분야로 아예 전환하게 되었는데 예술교육 현장에서 안타까운 경험들을 마주했어요.

아이들과 바다에 들어가 물총놀이를 했을 때 아이들은 서로 어찌해야 할 바를 몰라서 주춤하고 서 있는 거예요. 제가 먼저 아이들한테 쏘면 그때부터 아이들이 반응해요. 그런 모습들을 보면서 조금 안타깝다는 생각

을 했어요. 우리 자랄 때는 눈치 보는 것 없이 몸이 먼저 반응을 했었거든
요. 대학생들을 지도할 때도 미술대전 준비하는 학생들이 뭐를 해야 할
지 저에게 허락을 받으려고 해요. 이런 안타까운 순간들이 저를 예술교
육 쪽으로 오게 한 계기가 된 것 같아요.

저는 프로그램 첫날 간담회 때 부모님들께 이런 말씀을 드려요. 여기
꿈다락 프로그램은 어머니들이 아이에게 "잘해라", "뭐 해라" 지시하는
곳이 아니라 '아이들이 할 수 있는 기회'의 폭을 주는 것에 고민했으면
좋겠다고 요청하면서 이곳에서 아이들에게 안내할 수 있는 유일한 사람
은 저라고 말씀을 드려요. "제가 아이들에게 방향 제시를 안 했는데 먼
저 부모님들이 아이에게 제시하시면 안 됩니다. 여기서는 제가 피터팬
입니다."라고 이야기하면서 진행해요. 꿈다락 프로그램은 '지시가 있는
억압'이 아닌 '자기가 하고 싶은 거를 할 수 있게 하는 곳'이에요. 물어보
고 허락받는 게 아니고 정해진 것에 맞추는 것도 아닌 본능이 먼저 움직
여야 한다는 거예요.

그리고 아이들이 자랄 때 여러 소재로 다양하고 폭넓게 경험을 해봤
으면 좋겠다는 생각이 들었어요. 우리 어머니께서 저희 남매를 키우시면
서 아기 때 쓰시던 천 기저귀는 추억이 있어서 버리기 아까우시다며 직
접 수를 놓아 커튼을 만들어 쓰셨어요. 그리고 깨진 화분을 주어 오셔서
집에 있는 화분에 숯과 함께 장식을 만드신다던가 집 앞 가죽 공장에서
나온 샘플 천을 가지고 요람·보료 같은 것도 만드시는 것을 어릴 때부터
보고 자라서 저도 재활용할 수 있는 것들로 무엇을 만드는 것을 좋아했

어요. 성냥갑을 쌓아서 첨성대를 만든다든지 요구르트병으로 물레방아를 만든다든지 주위에 널린 게 만드는 재료가 되다 보니 학교에서 어떤 것을 만들 거니까 이러이러한 것을 준비해 오라고 하면 우리가 직접 다양한 재료를 준비해서 미술 시간에 만들었잖아요. 그런데 지금은 짜 맞추어진 DIY 키트를 학교에서 다 나눠줘요. 어찌 보면 규격화된 재료들로 만드는 폭이 좁아지는 것 같아요. 깊지 않지만 넓은 것들을 바라보고 문구의 대체로 밖에 나가서 줍거나 구해 온 재료들로 한다든지, 재료에 대한 소중함과 그 과정에서 친구들과 할 수 있는 경험들을 놓치고 가는 부분들이 늘 안타까웠어요. 그러다 보니 저희 아이들 키울 때는 미술 재료나 도구도 중요했지만 물건들을 재활용해서 만드는 것들을 많이 했어요.

지금 저희가 하고 있는 예술교육에서 가장 먼저 생각하는 것이 다양한 소재들을 가지고 느껴보고 경험해보고 만져보고 하는 것이거든요. 만져볼 수 있는 다양한 소재를 알아야 창작에 대한 아이디어도 나올 것이고 놀이 방법에 대한 아이디어도 나올 거라는 이야기에요. 우리가 두려움을 가지고 있으면 마음대로 못하잖아요. 다양한 재료의 소재들을 가지고 마음껏 활용해서 창작하고 나면 그다음부터는 자신감이 붙거든요.

저는 2011년에 꿈다락 토요문화학교에서 처음 환경을 주제로 버려지는 것들을 재활용하는 프로그램을 시작했어요. 그러다 새로운 것을 해보고 싶다는 생각이 들었는데 몇 년 전부터 다시 환경이라는 주제로 돌아오게 되더라고요. 예전에는 소재를 가지고 만드는 것에 그쳤다면 요즘에는 소재에 대한 부분과 제2의 환경에 대한 고민이 많이 생겼어요. 쓰레기를 어쩔 수 없이 만드는 상황을 느끼게 되면서 한순간에 쓰레기를 없앤 다는 것 자체가 불가능한 상황의 경험을 했어요. 그래서 내년 프로그램 에서는 먼저 쓰레기를 줄이고 환경을 살리는 방법으로 접근하고자 해요.

소통의 고민

예전에는 제가 기획해서 하고 싶은 프로그램이 있다면 거기에 합당 한 강사님들과 협업을 시도했는데 진행해보니까 다양한 예술 분야 분들 과 서로 견해 차이로 소통이 되지 않는 부분들도 있더라고요. 그리고 아 이들에게 작품의 완성이나 저희들의 요구에 따라와 주기를 바랐었는데 결국에는 저도 지치고 강사 선생님도 지치는 시기가 있었어요. 그 시기

ⓒ 모이다협동조합

에 고무신학교 조재경 선생님 강의를 듣고 상담을 하니까 "이것도 하나의 기로다. 이제는 전환점을 가져야 하니 당신이 가고자 하는 예술교육에 대한 고민을 깊게 해봐라."라고 조언을 주셔서 '아이들도 즐겁고 학부모님들도 즐겁고 강사 선생님도 즐겁고 나도 즐거운 것이 뭐가 있을까?' 고민을 많이 해봤어요. 물론 어렵겠지만 제가 큰 틀을 만들어 놓고 강사 선생님께서 그 안에서 아이들과 재미있게 놀아줄 수 있고 받아줄 수 있고 조금 더 열린 마음으로 다가갈 수 있는 강사분들을 원하게 되었어요.

예술가분들 중에 의외로 아이들하고 소통이 안 되시는 분들도 계시거든요. 그런데 예술교육을 진행해보면서 '이런 부분에서 아이들이 이런 생각을 할 수가 있구나.' 하고 깨달으세요. 저는 모든 아이들이 전부 다 뛰어놀 필요는 없다고 생각해요. 꿈다락 토요문화학교를 하면서 느끼는 것

© 모이다협동조합

이 2011년에 진행했던 프로그램에 참여한 학생 중 여덟 명하고 지금까지
연락하고 지내고 있어요. 지금까지 인연을 이어갈 수 있는 것은 저희는
아이들을 귀찮아하지 않고 대화를 들어주고 받아주고 하거든요. 우리 아
들도 군대에서 저한테 전화를 안 하는데 그 아이들은 저한테 전화를 해
요. 아이들의 어머니가 받아주지 못하는 것을 저는 받아주니까. 정작 우
리 아들은 저에게 못 전하는 것을 다른 사람에게 전하겠죠. 그래서 지금
에 와서 생각하는 것이 내 아이가 다른 곳에 가서 이야기하고 싶고 소통
하고 싶은 창구가 필요하듯이 내가 아이들에게 그러한 소통의 창구가 되
어야겠다는 생각으로 문화예술교육을 하거든요. 저도 엄마다 보니 잔소
리를 하게 되니까 관심 있는 분야의 선생님을 소개해준다든지 아이들이
자발적으로 참여할 수 있는 계기를 제시해주어야겠다는 생각을 하게 되
더라고요. 영상에 관심 있는 학생은 일상에서의 영상을 찍어 보게 하고
저희 교육 안에서 영상을 찍어 보는 기회를 주게 해요.

문화예술교육을 못 즐기시는 분들은 정보가 없기에 못 즐기세요. 수요
자가 많은 것이 중요한 게 아니라 예술교육의 혜택을 못 느끼시는 분들
의 지역으로 들어가서 우리가 찾아가서 먼저 이야기를 통해 관계를 형성
하는 것이 우선인 것 같아요. 내 앞에 있는 분은 노래를 배우고 싶은데 그
사람이 못 그리는 그림을 그리자고 하는 것으로는 안 되잖아요. 수요자
가 무엇을 필요로 하는지 어떤 것으로 소통할 수 있는지 관계에 관한 부
분들을 고민하다 보면 문화예술의 이해도가 없는 상황에서 스스로 그리
고 주위에서 변화되는 모습들을 발견하게 되거든요.

처음에는 무엇을 가르치기보다 같이 어울려서 맛있는 것도 먹으면서 이야기를 하고 나니까 어머니들이 그 시간을 기다리세요. 할머니들이 이런 것을 과연 하실 수 있을까 생각했지만, 너무 잘 해나가서 인식이 바뀌는 과정들과 관계 속에서 풀어나가는 소통이 중요해요.

준비하는 마음

재작년에 아이들이 뗏목을 타고 바다로 나가고 싶다는 이야기를 했어요. 저 역시 '과연 우리가 뗏목을 만들 수 있을까?' 의아했는데 우리가 만든 뗏목이 정말 바다에 떴어요. 그런 것을 보면서 '안 될 거다.'는 것이 아니라 '우리가 상상하는 대로 이루어지는구나. 그런 것들을 해내야겠다.' 깨닫게 돼요.

우리 예술 단체 강사님들이 영상도 안 해보고 컴맹인 사람들도 많았거든요. 코로나19로 어쩔 수 없이 비대면 강의를 준비하면서 정작 준비를 하는 우리만 두려웠던 거였어요. 아이들의 참여율도 낮을 줄 알았는데 참여율도 높고 너무너무 잘해 주었어요. 그런데 함께 대화도 나누고 서로 친해질 기회가 없었다는 점이 아쉬웠어요. 저희는 장소 섭외부터 두 달 넘게 자정도 넘기면서 준비를 하는데 강사님들에게 미안한 거예요. 준비부터 마무리하는 시간을 할애해서 사명감을 가지고 하는데 학부모님 중에는 이런 마음을 몰라주시고 1년 과정의 교육 중에 오늘 나오고 내일 빠지고 반복하시면 예술의 경험치에 있어서 아이들이 과연 마무리를 잘할 수 있을까요. "오늘 이런 경험 했으니까 다음엔 이런 것을 해야 해." 이런 것이 아니라 온전히 그대로 준비와 마무리의 그 과정 자체가 아이들에게 모든 경험인데 우리 부모님이 생각하는 욕심 때문에 오늘은 여기에서 이만큼 배우고 저기에서는 저런 것 경험해야 하고 시간별로 아이들에게 경험하게 해주는 것이 과연 그 아이가 진정으로 그런 것들을 받아들일 수 있을까? 체육이나 미술도 우리는 느끼는 대로 배웠는데 지금은 돈을 주고 배우잖아요. 돈을 들인다고 '과연 예술적 감성이 묻어나는가?'라는 생각이 들어요.

문화적 토양

저도 어머니의 반대로 예술 분야 전공을 못 해서 약간의 자격지심은 있지만, 저에게 있어서 저의 작업과 활동은 너무 소중한 거예요. 내가 너무나 하고 싶었지만 못하게 하는 환경이다 보니 더 애틋하고 절박하게 다가오는 거예요. 연극이나 뮤지컬이나 각종 예술 분야도 볼 줄 아는 사람이 보기 때문에 문화예술교육을 통해서 문화적 토양을 만들어야 한다는 거죠. 경험해 볼 기회를 제공해준다는 것 자체가, 뮤지컬을 본 학생이 '나도 저거 해보고 싶어. 보는 것 말고 직접 해보고 싶어. 그런데 어떻게 할지 몰라.' 라고 하는데 미리 어릴 때 이러한 경험들을 하면, '아, 이거는 이렇게 이렇게 하면 되는구나. 아! 이 분야에 관심이 생겼어.' 하는 식으로 이어지고 이런 관심으로 다져진 토양 위에 연결고리가 생기면서 또 공연을 보러 가는 거예요. 그런데 우리는 그런 토양이 안 만들어진 상태에서 '아, 나는 문화예술에 관심 없어. 부산은 문화예술의 불모지야.' 이런 이야기들이 나오거든요. 이런 문화예술에 대한 '관심을 가질 수 있는 수요자'를 많이 늘리는 것에서 시작이 된다고 생각해요. 그런 것을 이해하고 받아들일 수 있는 분들이 늘어나야 문화예술의 토양이 만들어지는 것이 아닐까요.

문화예술교육이라는 것이 예술가들과 일반인들이 만나서 소통의 고리라든지 만남의 장을 만드는 역할을 하고 그 만남의 경험을 통해서 예술가는 참여자를 이해하고 참여자는 예술가를 이해하면서 연결고리를 만들어주는 역할을 해줘서 뭉치고, 뭉치다 보면 예술의 기반은 마련된다고 생각해요. 기반이라는 것은 아무것도 없이 만들어지지 않잖아요. 첫 연결고리가 제일 중요하고 그 연결고리를 만들어 줄 수 있는 것이 문화예술교육이에요.

저희가 문화예술교육을 할 때 연극, 뮤지컬, 음악 분야라든지 공연에

술 분야와 같이 협업을 진행한 적이 있었는데 저는 다시 시각예술로 돌아왔어요. 예술융합도 중요하지만 시각예술에 융합을 하려면 시각예술 분야의 특성을 먼저 알고 나서 다른 분야와 협업을 해야 한다는 생각이 들더라고요.

부산은 바다

문화예술교육이 한두 번으로 끝나는 것이 아니라 캠프라던가 지속성 있는 프로그램을 기획해서 제안했을 때 지원 기관에서 이런 것들을 포용할 수 있는지에 대한 고민이 있어요. 제가 문화예술교육을 진행하면서 쉽지 않은 부분이, 어떠한 활동을 할 때 기관과 협의해야 하는 것들이 너무나 많아요. 뗏목을 가지고 바다에 나가려면 주관기관과 구청의 여러 과와 협의를 해야 하고 해양경찰서와도 협의해야 하고 여러 절차가 있다 보니 너무 힘든 거예요. 그 과정에서 지쳐요. 일반 단체가 프로그램을 운영하기까지의 과정에는 너무 어려운 점이 많아요. 〈어린이 바다미술제〉도 저희가 어느 정도 이루어 놓으면 기관과 지역과 협의해서 무언가를 만들면 좋겠다는 생각이 드는 거예요. 수영구 광안리 해변에서 하고 있는 〈어린이 바다미술제〉는 전국에서 저희가 유일해요. 부산다운 프로그램을 부산의 해수욕장에서 이러한 콘텐츠와 테마로 협력할 수 있으면 좋겠다고 생각했어요. 개인 단체에서 지역특성을 예술교육 프로그램에 반영해 기획해서 진행하기에는 너무 힘들다는 거죠. 부산 고유의 예술교육 프로젝트를 기획해서 제안했을 때 과연 기관에서 받아줄 수 있는지, 단체들이 서로 연계해서 대상별 프로그램을 가지고 한 공간에서 온종일 예술교육 파티를 하고 있는데 서로 섞이지를 못하는 상황인 거잖아요. 다음에 이러한 기회의 장이 왔을 때 기관에서도 과정의 번거로움 없이 협조가 이루어질 수 있는 환경이 만들어져야 한다는 거죠.

지속적인 생활문화예술

저는 우리 구에서 주로 활동하다 보니까 예술교육하는 공간에 대해 구청에 요청하면 활동할 기회를 줘요. 그런데 프로그램 참여 단체가 많으면 선정된 단체 외의 단체는 그 영역 밖인 다른 구에서 진행하면 안 되냐는 제안을 받기도 해요. 언제는 지역에서 텃밭을 가꾸라고 하더니 유휴공간이 없으니까 프로그램 진행이 어렵다고 하면 못하는 거죠. 프로그램의 흐름과 맥락이 끊기는데 다른 구에서 지역특성화 프로그램을 진행할 때는 여러 문제점과 마주하게 돼요. 우리는 2년간 그 지역에서 사업을 진행하는 데 프로그램을 진행하려면 소통이 필요하고 친해질 시간이 필요하거든요. 주민들과 부딪히는 일도 있고 같은 단체에 중복지원이 안 되다 보니 2년간 쌓았던 예술교육을 위해 쌓아 놓았던 인적자원 같은 것들이 정책의 변화에 따라서 소모전이 되고 무용지물이 되어 버리는 거예요.

부산에 바다가 많잖아요. 그런데 우리가 바다를 경험하고 느낄 수 있는 체험프로그램이 많지 않아요. 해양도시라는데 그것을 경험할 기회가 많지 않아서 바다라는 주제로 기회를 만들고 바다로 나가고 모험을 하는 데 왜 같은 주제를 가지고 나아가려느냐고 해요. 바다라는 주제 안에서 다양하게 경험할 수 있는 소재들이 많아요. 바다에 대해서 알고 싶어서 바다를 거닐고, 거닐어보면 바다에 들어가고 싶어 하거든요. 뗏목을 만들어서 나가보니 어느 날 태풍이 왔는데 해변에 쓰레기들이 쌓여 있는 거예요. 그래서 환경에 대한 문제를 고민하고 그 쓰레기들을 주워서 비치코밍을 하고 환경에 대한 메시지를 줘요. 그다음에는 "바다를 살리려면

© 모이다협동조합

우리는 어떻게 해야 하나. 우리가 쓰레기를 줄여 가는 연습부터 해야 하지 않을까." 고민하게 됐죠. 한꺼번에 줄이려니까 안 되는 거예요. 프로그램은 이러한 인과관계로 지속적이고 연결성 있게 진행하는 것인데 심사 보시는 분들은 모두 같은 바다 주제인데 이게 무슨 기획이냐고 하죠. 작년과 올해가 무엇이 다르냐고 이야기하세요. 기획자 입장에서는 과정이 모두 다른데 왜 그들 입장에서는 모두 같다고 생각하지? 이런 심의 결과를 받을 때마다 프로그램을 안 하고 싶어요.

부산의 지역적 특성이 바다여서 1단계, 2단계, 3단계... 단계별로 이야기를 풀고 싶었거든요. 참여하는 대상도 변화하기 때문에 단계별 프로그램의 회차가 거듭되면서 같은 이야기들과 변화들이 쌓여야 그게 변화가 시작되는 거잖아요. 지역의 이야기로 문화예술교육이라는 것을 한순간에 경험했다고 참여자가 변화할까요? 아니라는 거죠. 그런 것들이 쌓이고 쌓여야 문화가 되고 변화의 바람이 되어서 우리가 인식할 수 있게 되는데 한 번 경험했다고 인식했다고 생각하면 현장에서는 받아들이기 어렵다는 거예요. 그게 바로 지역 특성화 프로그램이 되는 거잖아요.

지원 사업에 목을 안 매고 아트마켓이나 용역을 받아서 진행한다든지 우리 협동조합이 예산을 창출할 수 있는 사업을 통해서 우리가 할 수 있는 프로그램도 하면서 지역에 환원도 하는 것이 우리의 꿈이죠.
저는 누구나 예술을 자유롭게 즐기고 사람들이 자발적으로 모이는 공간을 운영하고 싶어요. 우리의 축제는 우리가 만들고 그 아지트를 가꾸는 것도 우리여야 한다는 거죠. 사람들끼리 모여서 악기 연주를 하거나 스스로 공간에 들어와서 창작활동을 하고 아이들의 놀이 공간에는 관심 있는 엄마들이 모여서 놀이터를 함께 만들어준다든지 책 읽어주는 공간을 만든다든지, 지역 안에서 자발적으로 스스로의 재능을 나누면서 서로의 관심 분야를 끌어낼 수 있는, 자발적 참여가 가능한 공간을 만들어내서 주민들이 십시일반으로 모여 그 공간을 만들고 움직이는 협동조합을 운영하고 싶습니다. 그런 게 바로 생활 속 문화예술이지 않을까 생각합니다.

© 모이다협동조합

예술 애호가로 만들어가는 과정

이홍길

온누리오페라단 단장

∴ 이 글은 김정연이 구술채록한 원고임.

대학입시에 대한 갈급함

저희 아버지께서는 원래 군인이 되고 싶어 하셨었는데 귀가 안 좋으서 꿈을 못 이루시고 건축업을 하셨어요. 그러다 보니 저도 모르게 은연중에 아버지가 못 이룬 꿈인 군인이 되어야겠다는 생각을 했었습니다. 지금 생각해보면 저는 군인하고 전혀 안 어울리는 사람인데 말이죠. 저희 아버지와 어머니께서 노래를 잘하셨어요. 마을에서 동네잔치가 있을 때 노래대회가 있으면 아버지께서 나가시면 1등 해서 고무대야하고 양동이 같은 것을 받아오고 하셨어요. 어머니께서도 목청이 좋으셔서 노래하는 것을 좋아하셨고요. 저희 누나하고 저는 세 살 차이인데 누나 어릴 때도 음악을 좋아하고 재능이 좀 있었던 것 같았는데 고등학교 진학하고 본격적으로 성악 레슨을 시작하더라고요. 주택에 살았었는데 누나가 개인 레슨을 받고 집에 와서도 피아노 치며 성악연습을 하면 동네에 다 들리니까 저 집은 늘 "아~♩~어~~♩"한다고 동네에 소문이 났었죠. 누나의 그런 모습만 봐왔지 고등학생 이전까지 음악전공을 해야겠다는 생각은 전혀 안 했었습니다.

성악을 배우게 된 계기는 고등학생 때 애국가로 음악 가창시험을 보는데 음악 선생님께서 제 목소리가 좋아서 노래를 잘한다고 성악을 해

보는 게 어떻냐고 하셨어요. 가만히 생각해보니까 제가 워낙 자유분방한 성향이라 월급쟁이같이 어디에 얽매여 있는 것을 싫어했거든요. 진로상담을 할 때 선생님께서도 제안하시고 누나도 성악을 하고 있어서 좀 늦었지만 자연스레 2학년부터 성악에 발을 들인 것 같아요. 저는 1966년 생인데 제가 자랄 때는 학교 수업 외에는 예술교육을 접한다는 게 쉽지 않았어요. 우스갯소리로 사람이 한 번에 망하려면 정치를 하고, 서서히 망하려면 예술을 하라는 말이 있습니다. 그런 가운데 성악도의 길에 들어서게 된 거죠. 제 학창 시절에는 오현명·안형일·신영조·엄정행·백남옥·이규도 같은 분들이 당시 명성 있는 성악가이셨는데 저는 유명한 성악가가 되어야겠다는 생각도 있었지만, 대학 진학에 대한 목표가 더 많았던 것 같았습니다.

삶에 눈이 떠진 군대 생활

대학 진학을 하자고 해서 왔지만 저는 아버지 건축업과 사업 쪽으로 더 관심이 쏠렸던 것 같습니다. 1학년 1학기 마치고 휴학하고 빨리 군대에 가는 방법을 찾다가 해군 운전병 모집 공고를 보고 면허증이 있던 참이라 바로 시험을 쳐서 입대하였습니다. 진해에서 훈련 교육을 받고 이후에 부산 감만동에 자대 배치받아서 복무했습니다. 헌병대 운전병이었지만 군 교회 예배 때마다 음악 전공자라고 피아노를 칠 줄도 모르는데 저보고 반주하라고 해서서 도레미파솔라시도 단음으로만 "딴♪ 딴♪ 딴♪ 딴♪"하고 피아노를 쳤어요. 해군 수사과 운전병으로 있으면서 여러 사연으로 탈영하는 탈영병 잡으러 잠복하고 찾아다니고 하면서 세상 돌아가는 것을 알았습니다. 제가 좀 멍하게 살아오다가 세상에 대해 눈을 떴다고 해야 할까요. 군 생활은 저에게 다양한 생활이라든가 사는 법에 대해서 눈을 뜨게 하는 기간이었습니다. 제대 후에 시간이 아깝다는 생각이 들어서 성악을 선택한 게 이 길이니 열심히 해야겠다는 마음으로 바로 복학을 해서 대학 생활을 열심히 하며 다녔습니다.

음악전문교육을 위해 떠난 이탈리아

대학 졸업을 앞두고 뭘 할까 고민하다가 울산에 학원 자리를 알아보려고 다니고 있었는데 곰곰이 생각해보니 우리 동기들이 공부에 열의가 많아서 유학 갔던 친구들이 제법 있었거든요. 유학 떠난 친구들이 부럽기도 하고 곰곰이 생각하니 내가 아무리 학원을 운영하면서 돈을 많이 벌어도 만족감이 없겠다는 생각이 들었습니다. 그래서 부모님께 "이탈리아에서 4년만 공부하고 아니다 싶으면 집안일을 이어서 하겠습니다." 하고 유학을 떠났습니다. 이탈리아 〈빼루지아〉 언어학교에 등록하고 매일 어학 수업을 들었는데 3개월 동안 제 평생 그렇게 열심히 공부해본 적이 없었던 것 같습니다.

어학 공부 후 이탈리아 국립음악원에 입학해 졸업하고 여러 콩쿠르에서도 입상하고 오페라 연출, 합창 지휘 관련 음악원도 졸업하였습니다.

당시에는 세계적인 유명 성악가들이 살아계실 때였습니다. 프랑코 코렐리, 쟈니 라이몬디, 카를로 베르곤찌, 알프레도 카라우스, 데 플라토 등 수백 킬로미터를 달려가 레슨과 마스터 클래스를 하곤 했는데 지금 다시 한번씩이나마 레슨을 받아 봤으면 하는 아쉬움이 있습니다.

주위에서 접할 수 있었던 공연들

당시 이탈리아가 좋았던 건 학교뿐만 아니라 도시마다 공연 극장들이 다 있어서 공연이 늘 있었어요. 그래서 좋은 공연이 있다면 어디든 다녔습니다. 제 유학의 첫 공연 관람은 베네치아극장에서 열린 테너 알프레도 크라우스의 독창회였는데 지금도 생생하게 생각이 나고 감동이었습니다.

이탈리아에서는 유명한 콩쿠르가 굉장히 많거든요. 같은 한국인 유학생들끼리 서로 경쟁자다 보니 서로 콩쿠르 정보 공유를 잘 안 하려고 했습니다.

「조르날레 델라 무지카 Il Giornale della Music」라는 음악 신문이 한 달에 한 번씩 나오는데 학교 정보라든지 콩쿠르대회 정보들이 그 신문에 다 나와요. 그 신문을 즐겨 접하면서 몇몇 콩쿠르대회에 참가해서 상도 받았는데 토스카의 〈별은 빛나건만 E lucevan le stelle 〉으로 1등을 해서 가장 기억에 남는 곡이죠. 그리고 밀라노 오페라단에 오디션 합격이 되면서 스위스, 독일 등 유럽 4개국을 돌면서 오페라 〈나비부인〉에 참가 공연도 했습니다. 1997년 12월에 유학 생활 6년을 꽉 채우고 귀국하였습니다.

부산음악 알리기 『한국음악신문』

〈음악춘추〉나 〈월간음악〉이나 신문 등 예술 관련 주요 잡지·일간지는 모두 서울에서 나오잖습니까. 귀국 후 이탈리아에서 같이 공부하던 친구가 서울에서 활동하는데 그 친구는 서울에서 작은 공연을 해도 전국적으로 알려지고 우리는 아무리 열심히 해도 부산 밖으로는 소식이 넘어가지를 않는 거예요. 서울에서 지역으로 공연하러 내려오는 예술인은 대우가 완전히 달라지고 '이래서 스타라는 게 만들어지는구나...'라는 생각이 들면서 부산에서 음악신문을 만들어 서울과 지방 음악인들에게 배포해야겠다는 생각을 했어요. 신문의 'ㅅ'도 모르던 사람이었는데 와이프하고 저한테 들어온 레슨비로 어느 정도 운영할 수 있겠다는 생각이 들었습니다. 학원 사무실 안에 한 칸을 만들어서 필요한 집기를 가지고 인쇄소 사장님의 도움으로 기자하고 사진작가를 채용하고 컴퓨터를 들여서 음악인들을 대상으로 「한국음악신문」 발행을 시작했었죠. 절반은 부산음악계 소식을 넣고 그 옆에 서울, 그리고 각 지역 소식들로 구성했습니다. 서울지역 음악인들 명부를 받아 천 부씩을 무료로 이 동네 저 동네로 발송했는데 서울에서 "이게 부산발행인데 「부산음악신문」이지 왜 「한국음악신문」입니까?" 하고 이름을 바꾸라고 항의도 들어왔었습니다. 초반에는 직원 4명으로 시작했지만 꾸준히 10년 정도 발행하다 경제적인 어려움도 있고 조금 지쳐서 잠시 쉬기로 했습니다.

음악애호가들을 만드는 과정이 필요

제가 대학 다닐 때 들었던 생각이 '부산에 음악대학이 5개가 있는데 학생들끼리 왜 교류가 안 될까?' 해서 음악회를 만들어야겠다는 생각으로 시민회관 소극장을 일주일간 빌려서 고신대·경성대·동아대·동의대·부산대 전공별로 사람들을 뽑아 일주일 동안 〈재부 음악회〉공연을 한 적이 있었어요. 귀국 후에는 오페라 작에 출연하다가 2004년도에 오페라 〈모세〉 외국 악보를 가지고 우리가 무대를 만들어서 부산에서는 초연으로 올린 작품입니다. 이후에 여러 작품을 무대에 올렸는데 이후에 신문도 발행하게 되고 오페라단을 만들어서 많은 공연기획을 했지만 수요가 많지 않지만 없어서는 안 될 장르라서 희생이 따른다는 생각이 들었습니다. 작품들만 올리다가 8년 전에 우연한 기회로 꿈다락 토요문화학교라고 부산문화재단 지원 사업을 처음 알게 되어 프로그램 기획을 했고 지역특성화 사업 지원도 알게 되어서 예술교육 프로그램 기획도 하게 된 거죠. 저는 이 일이 재미있겠다고 생각이 든 게 음악전문가 일만 하는 것보다 음악애호가들을 만드는 작업이 되었으면 했습니다. 음악과 공연을 직접 접해봐야 호기심과 관심이 가서 예술 공연을 계속해서 찾게 되니까요. 그러한 과정들이 많이 없어서 늘 즐기는 사람만 즐기고 접하지 않은 사람은 공연예술을 즐길 생각조차 못합니다.

우리가 따로 홍보를 안 해도 어르신들이 트로트를 즐기듯이 이탈리아 사람들은 항상 마을마다 오페라공연도 있고 음악회도 있으면 우리가 가요나 트로트 공연 찾아가듯이 사람들이 몰리거든요. 그 정도로 활성화가 되어 있는데 국내는 아직 클래식은 우리 음악이 아닌 서양음악으로 편안

하고 자연스럽게 다가가는 문화가 안 되어 있어요.

점점 문화가 다양해지다 보니까 볼 것도 많고 배울 것도 많다 보니 클래식을 접할 기회가 줄어들고 넘쳐나는 오락에 점점 밀릴 수밖에 없거든요. 그래서 저는 예술교육을 통해서 그 분야를 경험하게 해주어서 애호가들을 만드는 작업이 먼저라는 생각에 프로그램 기획을 하게 된 거죠.

해녀 할머니들 무대에 서다-창작 뮤지컬〈마지막 해녀〉

부산 기장에 어린이 합창단 지휘를 하러 주기적으로 가는데 해녀들을 자주 만나거든요. 바닷가에서 할머니들이 물질하는 모습 보는 것을 좋아했는데 어느 날은 문득 '저 해녀 할머니들은 문화회관이라는 곳을 가보시기는 했겠나...' 싶은 생각이 들었습니다. 지역특성화 프로그램을 고민하던 차에 해녀분들을 대상으로 한 프로그램을 기획하게 되었고 해녀분들을 만나서 이야기를 들어보니 나이 어린 사람들은 물질을 이어서 안 하려고 한다는 이야기에 어쩌면 이분들이 마지막 해녀가 되겠다는 데 착안해서 〈마지막 해녀〉라는 타이틀이 딱 생각이 나더라고요. 이분들이 공연을 쉽고 친숙하게 접하기 위해서 장르는 뮤지컬로 정하고 대본은 해녀분들을 만나면서 소재를 발굴했는데 대본 작성을 배워본 적은 없지만 잘 써지더라고요. 자신들의 이야기다 보니 대사에 어색함이 없고 노래는 기존 가요나 트로트를 부르는 겁니다. 처음에는 해녀분들을 모아 놓고 뮤지컬을 한다고 하니까 접해 보지 않은 뮤지컬을 한다고 너무 황당해했고요. 처음부터 교육을 시키면 힘들어하실까 봐 자연스럽게 이야기도 나누면서 각자의 성격과 가정생활 분위기 등 캐릭터를 찾아 〈마지막 해녀〉 창작 대본을 단원들의 이야기를 중심으로 완성해 나갔습니다. 연극과 노래 사이에 관객들이 지루하지 않도록 대사에 분위기와 상황에 맞는 어울리는 곡을 선정하고 어떻게 하면 더 코믹한 요소를 부여할까 고민을 많이 했습니다. 누가 주역이란 이미지보단 모두가 주역으로 대본의 분량도 비슷하게 맞추고 시간이 지나면서 농담 잘하시는 분, 춤을 잘 추시는 분, 노래를 잘 부르시는 분, 각자의 속을 알아가니 해녀 분들마다 다양한 재능들을 발견할 수 있었습니다.

개인의 맡은 역할들을 가르치고 전체적인 흐름 속에 본인의 중요성을 각인시켰습니다. 모두 낮에는 물질하고 잡은 것 팔고 살림하다 보니 저녁에 모여서 연습을 주로 하니까 한두 분씩 빠지는 경우가 생기더라고요.

　거리도 전부 떨어져 있다 보니 차를 빌려 모시고 다녀야 한자리에 모일 수 있는 분들이셨습니다. 한 사람의 중요성으로 나 자신이 빠지면 전체적인 수업의 완성도와 마지막 사례 발표 공연이 힘들어질 수 있음을 알려주고 책임감을 심어주는 부담감을 조심스럽게 주었더니 전체 수업의 참여도 높아지고 서로의 안부와 인사도 나누고 화기애애한 분위기가 되었어요. 이런 분위기는 수업 속에 즐거움도 있고 자신들의 새로운 부분에 도전함으로써 재미도 느끼며 수업의 완성도에 큰 영향을 끼치고 원활한 수업의 진행을 완성해 갈 수 있었습니다. 공연을 본 자녀분들도 평생을 바다에서 물질만 하시던 내 어머니가 무대에 선다고 하니까 믿지 않고 있다가 기장 차성아트홀에서 공연을 올리니 인생 처음으로 가족들이 어머니를 위해 꽃다발을 준비해와서 주는 모습을 보니까 저도 물론이고 어머님들도 매우 행복해하시더라고요.

예술교육의 정착 기간의 필요

지역특성화로 〈마지막 해녀〉를 3년인가 지원받았었는데 그다음 해부터는 탈락되었습니다. 심사 측 입장은 같은 공연으로 보일지 모르겠지만 예술교육은 시간이 지나면서 자체 노하우도 생기고 소품도 다양해지고 퀄리티도 높아지지만 참여하는 대상들은 달라지는데 지원을 받을 수 없으니 조금 안타까웠습니다. 기획자도 꾸준히 노력하며 새로운 아이템을 발굴해나가야 한다는 것을 생각하였습니다. 2002년부터 '해피앙상블' 단체를 운영하면서 많은 사업을 하였습니다. 2019 신나는 예술여행 선정으로 〈응답하라 학창시절〉이라는 공연을 전국 복지관을 찾아다니면서 어르신들 눈높이에 맞게, 클래식을 하는 사람들이지만 대중가요로 공연을 했고 2021년에는 교도소 재소자들을 대상으로 그간에 예술교육을 자주 접하지 못하던 분들을 대상으로 예술교육 프로그램을 기획하고 있습니다. 옛날에 비하면 많은 비중으로 늘었지만 이런 지원 사업이 좀 더 구체적인 사업성과를 일군다는 측면에서 더욱더 많았으면 좋겠다는 생각이 듭니다. 전문공부를 해서 높은 코스를 향하는 것을 이제는 원하지 않고 예술 세계의 매력을 알기에 그 매력을 접할 기회가 없는 분들에게 다가갈 기회를 제공했으면 좋겠습니다. 단순한 관람이 아닌 머리로 생각을 하게 되고 마음으로 느끼고 감동과 친근함으로 문화로 향하는 발걸음이 되었으면 좋겠습니다. 관심 있게 접한 사람들에게는 아는 만큼 문화도 눈에 보이거든요. 공연문화를 즐기지 못한 분들을 찾아가서 공연 참여를 체험해보고 과정을 봐왔기 때문에 다음에 관람객으로 공연을 접할 때는 눈에 보이고 귀에 들리기 때문에 공연장을 찾는 애호가들을 만들어가는 과정이 중요하다는 생각이 듭니다. 유럽은 가는 곳마다 오페라 클래식 공연문화를 자연스럽게 즐기는 문화라서 그 나라에 가면 관광 공연도 가보고 싶은 마음이 들 듯이 우리는 K-POP이나 트로트 콘서트에 사람들이 많이 몰리니까 그 정도까지는 아니더라도 예술 공연을 찾는 분들이 많아졌으면 하는 바람이 있습니다.

예술 전문교육에서 예술 저변교육으로

이상우

극단해풍 대표

∴ 이 글은 김정연이 구술채록한 원고임.

취업을 위한 전공선택

외가가 기장에 있는 절이었는데 부모님이 맞벌이를 하셔서 초등학생 시절부터 방학 때마다 외가인 절에서 지냈었거든요. 그러다 보니 저에게는 불교라는 것이 자연스러워서 고등학생 시절에는 교내 비공식 동아리인 불교 학생회에 들어갔어요. 그 안에 철학을 공부하는 소모임에 끌렸거든요. 제가 매료된 철학이 도교였습니다. 나는 학교공부보다 '왜 살지? 어떻게 하면 인간답게 재미있게 살지? 죽을 때 어떻게 하면 후회되지 않게 살지?' 하는 고민이 많았습니다. 서양철학은 난해하고 잘 모르겠는데 스님과 같이 노자의 도덕경을 번역서 없이 번역하며 깨달은 것들이 지금까지도 저에게 영향을 미치고 있습니다. 오만가지 생각을 하다가 '절에 들어가는 것은 어떨까?' 진지하게 생각을 하다 보니 어머니께서는 그런 저를 보시고는 너무 슬퍼하시는 거예요.

생각을 바꾼 계기가 있었죠. 졸업식 직전에 아는 선배를 통해 사무용 가구 만드는 공장에서 두 달 동안 아르바이트를 하게 되었는데 당시 업무량이 어마어마했습니다. 제 사수였던 형이 합판 롤러에 손이 끼어 손가락이 절단되는 사고를 당했는데 그런데도 받아준 곳이 그 공장이어서 계속 일을 하고 있었어요. 저보고 "정신 똑바로 차리고 일을 해야 나처럼 되지 않는다."라고 주의를 주는데 짧은 첫 사회생활에서 노동과 삶의 어둠이 마음 아프게 다가왔었습니다.

어머니께서 그런 제 모습이 안쓰러우셨는지 지금이라고 안 늦었으니 대학 입시 준비를 해보라고 권하셔서 입시학원 종합반에 등록했는데 나름의 생각 때문인지 그 학원에서 단기간에 가장 많은 성적을 올렸습니다. 당시에는 대학 전공을 선택할 때 내가 잘하고 좋아하고 더 깊이 알고 싶은 전공을 선택하는 것이 아니라 좋은 대학, 학업보다는 안정적인 직업을 위한 방향으로 선택했던 것 같아요. 저도 전기업을 하고 계시던 아버지를 생각해 전기과로 전공을 선택하려 했는데 아버지께서는 위험하다고 반대하시고 따로 알아보시더니 건축학과로 지원하라고 하시더라고요. 대학 졸업 후에 취업이 잘 된다는 이유로 건축전공을 선택한 거지 그때도 제가 하고 싶고 원하는 길은 딱히 없었습니다.

풍물과 탈춤을 기반으로

건축학과로 입학해서 열심히 과내 활동을 하던 중이었는데 어느 날부터인가 학교를 오르내리는 데 동아리에서 들리는 탈춤과 풍물 소리에 상당히 끌리더라고요. 관심은 생겼지만 찾아갈 엄두는 안 났어요. 그런데 우연히 고등학교 선배를 만났는데 선배가 바로 그 동아리 일원이더라고요. 선배의 권유로 반쯤은 이끌리다시피 따라가서 1학년 때 풍물·탈춤 동아리에 입회하게 되었습니다. 당시 사회적으로 어수선한 시기여서 시위, 집회가 많았던 시기였어요. 1991년도에 명지대 강경대 열사가 경찰이 휘두른 파이프에 맞아 사망하는 사건이 일어나서 전국의 대학생들이 공권력에 대항하며 분신자살도 많이 했고 부산대에서 전대협 출범식, 통일 운동, 노동운동, 영도의 한진중공업 박창수 열사 등 사회적인 사건들이 꽤 많아서 학생 데모도 어마어마하게 일어나던 시기였는데 대학 동아리에서는 그 시위 현장에서 풍물을 치는 역할을 했어요. 한편에는 시위대 학생, 한 편에는 전경들이 대립하고 있는 사이에서 우리 풍물단이 풍물을 치면서 지나가는데 많은 생각이 들었습니다. 어찌 보면 같은 학생이었던 전경의 눈빛에서 두려움에 떨고 있는 걸 느끼기도 했고 시위대의 눈빛은 불타오르고 있기도 했고… 그 경계에서 풍물을 친다는 것이 '내가 현재 학생으로서 지금의 역할을 하는 게 맞구나.' 하는 생각을 했습니다. 당시 풍물과 탈춤을 정말 열심히 했던 것 같아요. 동아리에서 풍물과 탈춤으로 전통 기반의 마당극을 창작해 학교 축제나 신입생 환영회 같은 무대에서 사회문제를 주제로 해학과 풍자적인 마당극을 만들었죠. 마당극의 창작성, 내가 이야기하고 싶은 새로운 것을 만들어 낼 수 있다는 것, 관객에게 이야기를 전하고 관객들이 그 이야기를 껄떡거리며 웃음으로 받는 그 관계가 재미있었던 거예요.

학교 축제이름이 〈대동제〉였는데 이름처럼 다 같이 모두가 신나게 웃고 즐기고 어깨도 들썩거리면서 풍물을 칠 때의 신명성, 그 문화를 전달한다는 것이 굉장히 즐거웠어요. 이것이 직업이 될지는 생각도 못 했던 시기였죠. 풍물·탈춤의 신명성에 너무 꽂혀서 관련된 전공이나 도서를 서점마다 찾아다녔는데 시중에 나와 있는 책이 스무 권 남짓? 몇 권 안 되는 거예요. 그 책들을 전부 사서 읽었죠. 그러다 입영통지서가 나와 휴학을 하고 1993년에 입대했습니다.

신명나는 대규모 풍물축제

훈련소에서 기관총 연습을 시키더니 저는 수색대로 뽑혀서 갔는데 가보니 〈93 대전엑스포〉 공연에 참여하는 사단이었어요. 천 명 뽑아서 행사 참여 준비를 하는데 저는 자대 배치를 받자마자 동아리 활동을 계기로 뽑혀서 갔어요. 부대에서 훈련받다가 따로 모인 부대원들이 5개월 준비한 것이 꽹과리·장구·북을 치고 뛰면서 상모까지 돌리는 것이었어요. 대전 엑스포를 알리기 위해서 붐을 일으키고자 천 명의 군인들이 전국을 한 바퀴 돌면서 거리 퍼레이드를 하는 겁니다. 저는 원래 동아리 활동할 때 북을 쳤고 장구는 잘 안 쳤는데 행사를 위해 김덕수 사물놀이패의 조교들이 와서 저희에게 장구와 수장구를 가르쳤어요. 제가 상모도 제일 먼저 돌리니까 사물놀이패로 들어오라는 제안도 있었는데 저는 풍물보다 탈춤이나 마당극을 할 것 같다고 소신 있게 이야기를 드렸죠. 개막식 날도 굉장히 큰 행사를 했어요. 대전엑스포가 끝나자마자 잘했던 친구들만 모아서 그해 가을 광주에서 진행한 〈74회 전국체전 행사〉와 〈거북이 운전대회〉에 저희를 보내서 행사에 참여했습니다.

군 수색대가 일이 많은데 복귀하니까 짬밥도 안되는 친구가 몇 개월간 놀고 온 사람 취급을 받아서 고참들에게 괴롭힘을 당했죠. 군 생활 동안 저격수 대회도 나가고 깍새 이발병 도 하고 오만 일로 바빴어요. 안타까운 일은 군 생활 중에 수색대 침투 군장을 메고 훈련을 받다가 척추 1, 2번 뼈가 피로골절이 되었습니다. 행군하다가 척추가 눌렸는데 병원 치료를 꾸준히 못 받아서 지금까지 저를 괴롭히고 있어요. 그다음 해에는 허리가 아파서 못 뛸 정도였는데 지시를 받아 국군의 날 행사 준비를 나가야 했어요. 저 포함 조교 네 명이 팔백 명을 가르쳐야 했습니다. 양해를 구하고 틈날 때 치료를 받으면서 허리에 무리 가는 것은 안 했어요. 그런데 국군의 날 기념행사를 준비하면서 너무 재미를 느꼈습니다. 공군비행장에서 대통령뿐만 아니라 장성들이 모이는 자리에 저희 풍물단 팔백 명이 상모를 돌리면서 행렬하는 연출이었는데 상쇠를 맡은 리더였던 친구가 "우리 어떻게 하면 좋겠노." 하더라고요. 일종의 창의력이나 상상력에 제가 말이 좀 많았거든요. 상쇠가 "니가 좀 해봐 그럼." 그래서 "내가 해 볼게." 하고 행사 연출을 하게 되었죠. 그때 모인 조교 네 명이 우연히도 부산에서 모인 동기들이라 지금도 모임을 이어가는 친구들이예요.

나의 길로 가야겠다

제대하고 1995년도 1학기 때 복학까지는 한 학기가 남아 있어서 예비역의 책임감으로 후배들 역량이 높아질 수 있도록 학교 축제 때 동아리 공연 연출을 했는데 그 축제를 본 다른 대학교 동아리에서도 배우고 싶다 해서 몇 대학을 돌아다니며 가르쳤어요. 마당극을 가르쳐 주고 연출을 해보면서 더 재미를 느꼈었던 것 같아요. '대학 졸업하고 취직을 하더라도 이 일을 하자.'라고 생각했고 아버지께는 복학하면 장학금 받으면서 공부하겠다는 약속을 해서 건축 공부를 열심히 했죠. 그런데 제가 졸업하던 시기에는 IMF가 터져서 선배들 80% 이상이 해직되고 부산 설계 사무소들이 경영난에 상당수 문을 닫았다는 소문이 돌 정도로 취업이 어려울 때였습니다. 건축기사 1급 자격증을 딴 상태였는데 경기가 나쁘면 정부가 토목사업을 일으켜 경기를 부양시킨다는 소문이 들리더라고요. 그래서 전공생들도 어려워하던 토목기사 자격증에 도전해서 자격증을 따고 불황이었지만 졸업하고 취직을 하게 되었죠. 건설회사에 취직해 반여동 아시안게임선수촌에 다리를 놓는 교량공사 현장 기사로 급히 투입되었습니다. 열심히 했지만 내 길이 아닌 것 같아서 '어떻게 하면 그만둘 수 있을까? 하는 생각이 늘 떠올랐습니다.

당시 부산에는 마당극이나 풍물·탈춤을 기반으로 한 공연단체가 극단 〈자갈치〉, 놀이패〈일터〉 두 개 있었는데 극단에 들어가고 싶은 생각이 너무 커지니까 못 건디겠더라고요. 하고 싶다는 막연한 생각을 가지고 있다가 '공연을 나의 길로 정해야겠다.'는 생각이 들어서 대학원 연

극 전공에 합격하면 이 길로 가고 떨어지면 건설회사에 계속 있자는 대안을 가지고 움직였죠. 이런 고민을 할 때 가장 걸리는 것이 주변 사람들이더라고요. 잘 다니는 회사 때려치우고 극단에 들어가겠다고 하면 부모님은 뭐라고 하실까. 그래서 나에게 맞는 길인지 도전해 보겠다고 설득을 드렸습니다. 일 년 정도 일하니까 대학원 학비는 낼 정도로 벌었었거든요. '부산의 연극영화과 대학원 시험을 쳐 보야겠다!' 결심을 했는데 공사현장이 너무 바쁘다 보니까 입학원서 쓸 시간도 안 나는 거예요. 후배에게 부탁해서 마감 시간에 아슬아슬하게 지원서를 넣었죠. IMF 시기라 취직이 안 되어 대학원 경쟁률이 높았습니다. 세 명 뽑는 면접에 수십 명이 모였는데 지원동기가 무엇이냐는 질문에 제가 연구하고 싶은 것은 '탈춤에 관한 것'이라고 말씀드렸습니다. 탈춤이 무용이나 극이라고 하면 그에 대한 책이 나와 있어야 하는데 대본이나 역사적인 사실 위주로만 나와 있어서 저는 마당극 연출과 연기론을 말하기 위해서는 탈춤에 대한 연구가 필요하고 이에 대한 연구를 하고 싶다고 어필했습니다. 교수님께

서 신명이 뭐냐고 물으시길래 소신 있게 대답을 했고 결국 대학원 진학을 하게 되었습니다. 건축전공에서 연극전공의 전환이었지만 전혀 무관한 것은 아닙니다. 무대디자인이 머리에 그려지면 도면으로 대충이라도 그릴 수가 있어요. 무대디자인은 제가 주로 하고 무대도 직접 만들고 안되는 것은 맡기기도 합니다. 전공을 다른 분야로 확장하는 계기가 된 거죠.

본격적인 연극 공부

대학원 입학하자마자 동시에 금정구 부곡동에 있었던 극단 〈자갈치〉에 들어갔습니다. 선배가 기획을 해보라고 권하기에 저는 마당극 배우가 되고 싶다고 하니까 기획을 하면서도 모두 다 할 수 있으니 걱정 말라고 하더라고요. 경제불황인 IMF 시기에는 공연이 없어서 트레이닝을 주로 하고 학교에서도 연극에 대해 연구하고 논문 쓰는 데 집중했습니다. 가면극의 연기론과 연출론의 연구논문이나 서적이 없었기에 저의 논문은 전국에 있는 무형문화재 탈춤, 가면극의 전수 조교, 전수생들과의 인터뷰를 토대로 연구가 진행되었습니다. 마당극 하시는 지인 중에는 작품의 교재처럼 활용하시는 분도 계셨는데 단행본을 만들 계기가 없어서 논문으로만 남아 있죠.

학위를 받고 나서 연기·뮤지컬 과에서 탈춤 지도 과목 시간강사로 불러주셔서 대학 강의를 나갔는데 얼마 안 있어 과목이 사라졌습니다. 연극전공의 강의를 제안하셔서 강의과목이 늘어 가르치려다 보니 제가 공부를 안 할 수가 없잖아요. 공부를 하니 저의 분야가 마당극에서 연극으로 확장이 되더라고요. 강사와 극단 생활을 병행한 지 10년 정도 지나면서 조금 쉬고 싶은 생각이 들어서 1년만 쉬겠다고 하니까 단원들은 휴직이라고 생각하지 않고 아예 극단을 떠난다고 생각한 것 같아요.

극단 〈자갈치〉 시절에는 사람들을 만나는 신명성이나 고유한 특성을 부산 사투리로 부산의 이야기로 만들어나가는 과정이 있었습니다. 당시 극단 〈자갈치〉는 지역문화운동이라 불러도 좋을 만큼 지역의 문화예술 발전을 위해 많은 활동을 해서 저에게도 의미 있는 활동이었고 지금 연극 연출에도 교육적인 것과 지역을 소재로 하는 제 스타일에 상당한 영향을 주었죠.

해학과 풍자가 있는 극단 〈해풍〉

극단을 나와서 쉬고 있는데 같이 따라 나온 후배가 공연하고 싶다고 해서 둘이서 춤극을 만들었어요. 2011년도에 두 사람 이름으로 부산, 제주, 청주, 안산 등 초청공연을 몇 번 했어요. 지역 공연을 하는데 영수증 때문에 단체 이름이 있어야 한다고 해서 고민하다가 해학과 풍자가 있는 극단이라는 의미로 극단 〈해풍〉을 생각했어요. '해풍'이라고 하면 사람들이 가장 먼저 바닷바람을 생각하잖아요. 영어로 'Sea Wind'라고 하는데 한자로는 해학과 풍자의 '해풍諧諷'으로 표기합니다. 그런데 극단 이름이 고정되어버리면 우리가 극단 〈자갈치〉에 다시 못 돌아가니까 극단 〈해풍 창단 준비 위원회〉 이런 식으로 포스터에 이름을 넣었습니다.

극단을 만들었다는 소문이 나니까 대학 제자들이 공연을 하고 싶어서 찾아오기 시작했습니다. 그리고 그 시기와 결을 같이해서 10월에 해운대 문화회관에 연극 아카데미 강의를 나가기 시작했어요. 일반 시민들을 대상으로 한 시민극단 〈몸투레〉이름으로 9년 전 첫 공연을 시작했습니다. 극단 해풍의 규모가 커지니까 예술가의 입장에서는 예술성을 가지고 있지만 기획자 입장에서는 공연에 대한 상품성도 고려해야 하잖아요. 상품성도 없고 단원의 연기와 제가 가진 연출력도 떨어지면 안 되니까 단원들의 역량을 우선시해야겠다는 생각이 들어서 5년 동안은 레퍼토리를 만들고 배우들을 열심히 훈련 시키려는 목적이 있었고 또 하나는 공연기획을 하면서 '저변확대'라는 단어에 굉장히 많은 신경을 썼어요. 연극예술교육을 통해서 제가 하는 일은 많은 사람이 연극에 관심을 갖게 하는 것이었죠. 그래서 저는 교육 첫날에 이 수업을 통해 연극인을 만들겠다는 것이 아니라 연극을 재미있게 즐기는 관람객들이 되었으면 좋겠다는 이야기를 해요. 알고 경험해봐야 즐길 수 있거든요.

꿈이 일어나는 어린이 극단

극단이 사직동에 있었는데 집주인이 바뀌면서 2013년에 중구의 창작공간 '또따또가'에 입주했어요. 입주하고 공연 활동을 하다가 중구 지역에 관한 사회 활동을 해야겠다는 생각에 지역 연극교육사업 기획을 시작했습니다. 또따또가에서는 직장인들을 대상으로 〈비타민C 프로그램〉에서 연극교육을 했던 적이 있어요. 그리고 이후에는 부산문화재단의 꿈다락 토요문화학교의 예술교육 사업지원 소식을 받고 어린이 대상 프로그램을 준비했습니다. 어린이를 대상으로 하는 교육은 세심한 주위 관찰과 아이들의 눈높이에 맞는 언어 선택이 필요했기 때문에 단원들은 걱정했지만 저는 다행히 극단〈자갈치〉에 있을 때부터 어린이 연극 프로그램을 많이 했던 경험이 있었어요. 제가 주도적으로 기획할 수 있고 전체 진행도 맡으면서 오히려 제가 잘할 수 있는 분야가 어린이들하고 놀이를 통해서 연극하는 거였거든요. 꿈다락 토요문화학교니까 '꿈'이라는 단어가 들어갔으면 해서 '꿈이 일어난다'는 의미와 연음으로 '꾸미다'라는 의미로 〈꿈이는 연극단〉을 만들었죠.

　"꿈이는 연극단"에 적절한 교육대상을 생각해보니 중고등학교에는 부산근현대사를 주제로 하는 역사 과목에서 다루지만, 초등학생들은 부산의 근대사는 다루지 않았습니다. 아이들이 사는 지역의 역사자원을 알게 해주고 싶었습니다. 단편적인 지식이나마 제가 대학교 건축 전공 시

절에 중구의 근대건축, 적산가옥들을 많이 방문했었습니다. 건축과 역사에 대해 조사도 하면서 지역에 대한 정보도 알고 있었고 백산기념관과 부산근대역사관의 건축 이력과 근현대의 역사, 40계단 문화관 보수동 책방 골목은 늘 즐겨 다니던 곳이었으니까 보수동 책방 골목 문화관 등을 관람, 체험해 보고 이를 바탕으로 부산의 근대사와 문화를 연극으로 만들어 발표까지 해보는 과정으로 기획했습니다.

수업은 당연히 또따또가의 연습실이 있었기 때문에 가능했지만 체험할 역사관의 섭외, 체험하는 동안 유의해야 할 점, 도움받을 수 있는 부분 등에 대해서 관장님, 담당자님들과 사전 협의가 필요했습니다. 아이들이 〈꿈이는 연극단〉에서만큼은 마음껏 뛰어놀게 하고 싶었습니다. 하지만 체험하러 가는 전시공간들은 아이들이 뛰어놀 수 없는 공간들이다 보니 처음 기획 단계에서 조심스럽게 제안 드렸습니다. 다행히 부산근대역사관에서는 야외 광장을 허락해주셨고 백산기념관은 지하 3층 기획전시실, 보수동 책방골목 문화관에서는 강의실, 40계단 문화관은 생활문화센터의 활동실 등을 아이들이 연극놀이와 함께 즉흥극 등을 진행할 수 있는 장소로 흔쾌히 제공해 주셔서 프로그램 진행이 가능했습니다. 일제 강점기, 한국전쟁 등 시대의 어려운 상황을 아이들이 쉽게 이해할 수 있도록 아이들 입장에서 상황 설명을 해주고 다 같이 각 공간을 돌면서 아이들의 보고 느끼고 기억에 남는 생각들을 가지고 대본을 써보고 주제의 관심과 취향에 따라 모둠을 나뉘어 프로그램을 진행하는 과정입니다.

아이들이 대본도 직접 쓰고 소품도 직접 만들고 저는 물러나 뒤에서 가이드만 해줍니다. 프로그램에서 제가 바라는 것은 아이들이 연기만 하는 게 아니라 스스로 참여해서 연극이 만들어지는 과정 전체를 경험하고 끝난 뒤 어떤 마음을 갖는가에 있었습니다. 연극발표도 하나의 과정이기에 모든 과정 하나하나가 아이들에게 소중합니다. 제 프로그램의 결과발표회 사진들을 보면 아이들이 다 즐기며 웃고 있잖아요. 성과와 결과에 대한 긴장이 아닌 놀이라고 생각하고 즐기게 해줍니다.

지역특성 소재의 신명나는 창작활동

중구·북구·해운대 등의 지역을 소재로 창작연극을 만들고 대상 계층별로 연극단을 만드는 단계를 늘 구상하고 있습니다. 지역문화예술 활동을 저변으로 확산하는 데는 다양한 계층을 대상으로 해야 하거든요.

제가 2017년에 북구에 와서 만덕에 있는 서민 아파트를 배경으로 가족이 모두 볼 수 있는 작품 〈포빅타운 For big twon 〉을 기획했는데 초연이었는데 관객도 그렇고 단원들의 만족도가 좋아 대표 레퍼토리 작품이 되었습니다. 그리고 북구 시민을 대상으로 극단 〈감동진〉을 창단 후 2018년 지역특성화 문화예술교육 지원사업에 선정되어 구포 만세운동을 소재로 한 〈감동진 선샤인〉을 공연했는데 지역 소재로 연극이 만들어지니까 북구 시민분들이 반가워해 주셨습니다. 그래서 2019년 북구 〈낙동강 구포 나루축제〉 개막 식전 공연으로 초청을 해주시고 그것이 기사화되어서 시민극단 〈감동진〉의 작품이 부각되었습니다. 지역특성화 공연은 지원금이 끊기면 작품도 지속을 못 하는 아쉬움이 있거든요. 다행히 상주단체

지원 사업 〈구포1919〉라는 북구 지역의 브랜드 공연으로 성장하게 되었습니다. 저는 지역 소재 발굴과 다양한 연령층을 위한 프로그램과 작품 기획을 꾸준히 하고 있습니다. 〈노 ㅎ 미오와 줄리엣〉은 지역의 어르신들을 위해 만든 공연인데 구포국수가 소재로 나와서 먼 이야기가 아닌 자신들의 이야기라며 호평을 받았습니다. 코로나19로 일시 중단되기도 했지만 지난 2년간 방학 때마다 초등학생들과 연극교실을 파일럿프로그램으로 진행했어요. 그 결과 2021년 북구에서 어린이 극단 〈소풍〉도 본격적인 창단 준비를 하고 있습니다.

삶의 대안을 찾을 수 있는 능력

연극이 가진 예술교육 프로그램으로써 장점이라고 하면 일단 진로 선택에 대한 기회 제공을 이야기할 수도 있지만 저는 '대안을 찾을 수 있는 능력'이라고 생각합니다. '이것이 아니면 지금 내가 선택할 수 있는 것은 뭐가 있지?' 문화예술 활동과 창작 과정을 거치면서 아이들이 '이 장면을 이렇게 표현하는데 이 방법 말고는 또 어떤 방법이 있을까?'하고 수없이 대안을 찾아 해결해 나가는 활동과 능력을 배양할 수 있거든요.

한 아이가 "저는 아픈 사람을 낫게 해주는 의사가 되고 싶어요."라고 했을 때 "연극도 아픈 사람을 낫게 해줄 수 있다. 마음과 정신적으로 아픈 사람을 고쳐 줄 수도 있다."고 이야기해줍니다. 실제로 우울증 약을 드시던 분께서 연극을 배우고 난 뒤 즐겁고 행복해서 약을 끊으셨대요.

연극에는 내가 행복을 찾는 직접적인 장점도 있지만 그러다보면 그 행복을 스스로 찾아갈 수 있는 힘도 생깁니다. 연극을 보는 것부터 같이 참여해서 하는 것, 그것이 연극적 활동이거든요. 연극교육은 즐겁고 행복해야 합니다. 행복한 상황을 받아들이고 여럿이 함께하면서 사회성도 생기고 창의력도 생기는 거죠. 창의력이 생기는 것부터 창의력을 표현하는 과정까지인 거죠.

작년부터 〈부산연극 TV〉라는 유튜브 채널을 시작했습니다. 부산에서 하는 공연 소개와 부산연극인들 인터뷰를 아카이브로 남기고 싶어 진행하고 있습니다. 저는 생이 마감되는 날까지 연극을 할 건데 이때 "연극"은 공연만의 좁은 범주가 아니라 큰 틀에서의 연극적 활동을 모두 포함하는 것입니다.

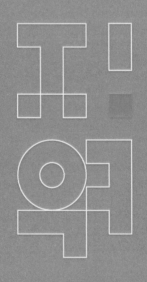

3부
우리들의 문화예술교육 이야기

문화예술교육 현장에서 만난 사람들

김정연 구술채록·사진

2020 기록문화 창의도시-청주 '다음세대기록인'

접어둔 나의 꿈

김순이 1959년생

　제가 자랄 적에는 전부 어렵게 살던 시대라 먹고 사는 것이 중요해서
교육이고 뭐고가 중요한 게 아니었어요. 서울 동대문구에서 자랐는데 우
리 집에서 굴다리를 지나면 대한극장이 가까웠죠. 1962년도인가 큰 화
재가 났던 기억이 나요. 텔레비전 없는 집이 많았던 시대라 연극이 인기
가 많아서 소위 '딴따라'라는 공연이 많았어요. 한강 변 넓은 공터에서 악
극단 공연들을 보러 다니고 누굴 따라갔는지 기억은 안 나지만 서커스도
많이 보러 다녔어요.

　아스팔트가 아닌 흙바닥이었을 때니까 애들하고는 밖에서 술래잡기,
숨바꼭질하고 집 안에서는 연극놀이를 주로 했어요. 우리 집이 동네 아
이들에게는 아지트였거든요. 아이들하고 연극놀이를 하면 따라 하는 것
을 좋아해서 어디서 보고 그랬는지 기억은 안 나지만 '어머니' 흉내 같은
것을 많이 했던 기억이 나요. 어린 마음에도 제가 생각할 때 다른 사람 흉
내를 잘 냈어요. 자라면서 보던 것들이 있어서 공부를 계속했으면 연극

을 배웠을 거예요. 학창시절이나 지금이나 연극배우나 영화배우가 되고 싶은 마음이 지금도 있어요.

학교 들어가기 전까지는 괜찮았는데 학교를 들어가면서 아버지가 성격이 더 엄해지셔서 제가 주눅이 많이 들었어요. 우리 아버지는 남자만 존대하고 여자는 인간 취급을 안 하는 정도가 심했어요. 우리 집이 동네 아이들 아지트였지만 그 엄격함에 성격이 소심해져서 그 이후로 연극놀이 같은 건 잘 안 하게 되었어요. 학교 졸업 후 아버지를 피하고 싶어서 중학교 다니다가 바로 일을 찾아 나가야 했어요. 다리미질, 재봉질, 야간작업해가며 일만 하다 결혼을 한 거예요. 일찍 결혼하다 보니까 꿈을 잊고 살았어요. 저는 과거 이야기를 하면 슬퍼요.

소심에서 적극적인 성격으로

배우의 길을 가고 싶어도 길도 몰랐고 뒤에서 밀어줄 사람도 없었고 당장 환경이 어려우니 일하느라 그 길로 향하지를 못했죠. 아이들이 크고 시간적인 여유가 생기니까 봉사 다니면서 풍선아트 같은 것도 배우고 노래도 배우러 다니게 된 거예요.

예전에는 제가 소극적이어서 누가 나서라고 하면 부끄러워서 도망가고 그랬는데 인생을 살다 보니 많은 사람을 대하다 신뢰가 깨지고 상처받고 하니까 마음이 강해졌다고 해야 하나? 이제는 뒤로 빠지기보다 적극적으로 나설 수 있는 마음이 된 거예요. 이번 예술교육 프로그램은 같은 봉사센터에서 만난 언니가 집에만 있지 말고 나와서 같이 배우자고 해서 참여하게 되었는데 처음에는 아무것도 모르고 갔다가 내 어릴 적 이야기를 구성해 책으로 만들어 이야기하면서 예전 꿈들이 다시 생각났어요.

프로그램에서 했던 것들이 아주 예전에 했던 것이기도 했지만 몇십 년 동안 잊고 살다가 하려니까 익숙하지 않았어요. 자꾸 하다 보니까 재미도 있고 강사 선생님도 저에 대해서 어느 정도 알게 되니까 저보고 올해는 제 이야기를 가지고 연극을 해보시라고 제안해주시더라고요. 예전 같으면 "내가 어떻게 하겠습니까."라며 뒤로 빠질 텐데 뭐, 이제는 '닥치면 하라는 대로 해 보겠다'는 마음이 생기더라고요. 아직은 나서서 해보겠다는 마음은 못 들지만, 기회가 되면 할 수 있는 상태는 된 거죠. 공연 티켓팅 봉사를 하면서 공연도 가끔 보게 되었어요. 최근에 금난새 지휘자의 공연을 봤는데 그동안 보아왔던 공연과 확실히 달랐어요. 예전에 클래식을 모를 때는 잠도 오고 따분하고 그랬는데 티켓팅 봉사를 하면서 자주 접하다 보니 이제는 음악에 빠져들고 너무 좋

아요. '아. 이래서 공연을 돈 주고 보는구나.'하고 알게 된 계기였어요.

어릴 때는 아버지의 엄격함에 소극적이어서 그리고 내가 배우로 가고
자 하는 방향을 몰라 의욕도 잃고, 잊고 살다가 이제야 프로그램에 참여
해서 나의 어릴 적, 추억 이야기들을 꺼내어 여러 가지 방법으로 구성한
책을 만들어보니까 이제는 뭐든 할 수 있는 준비가 된 것 같아요. 살아보
니 겁은 없어지고 자신감이 생기는 거예요. 앞으로 연극에서 할머니 역
을 시키면 그냥 막 하기보다는 연극의 부분들을 배워서 할머니도 되고
뭐든 할 거예요. 연극이라든지 어떤 프로그램들이 있는지 참여할 수 있
는 정보만 잘 알면 좋겠어요.

재미나서 어려워도 끝까지

양순심 1950년생

먹고 살기 급급했던 긴 시간

"내 이름은 우리 부모님이 지어주신 이름인데, 크게 높은 자리는 못 올라갔어도 순한 마음으로 아무 탈 없이 누구와 다투거나 해친 것 없이 잘 살아와서 이름 석 자를 주신 부모님 덕분이라고 생각하며 지금까지 잘 지내서 감사합니다."라고 프로그램 때 첫 소개를 했어요.

처음으로 자기 이름표를 달고 이름이 가진 뜻이 뭔지 자기소개를 해보라는데 언제 그런 소개를 해봤겠어요. 새로 태어난 거 같고 재미있었어요.

저는 전남 광양에 있는 율촌이라는 곳에서 초등학교에 다녔어요. 학교 다니기 전부터 학교 끝나고 나무하러 다니고 그랬는데 소나무 밑에 노란 단풍이 들면 갈고리로 긁어서 마당에 소복이 재어 놓으면 겨울에 밥을 안 먹어도 배가 불러요. 그걸 때면 아궁이에서 나던 연기 냄새가 너무 좋았어요.

어렸을 때는 어머니가 일찍 돌아가시고 언니는 아파서 누워만 있었어요. 굶주리며 살아서 제가 대신 집안일 하느라 정신없이 바닷가 가서 파래 뜯어서 말리고 닭이 알 낳으면 장에 가서 팔고 고들빼기 캐고, 형편이 말할 것도 없어서 남다른 추억 같은 건 없어요.

우리 살 때는 먹고 사는 데 급급해서 '나중에 커서 뭐가 되어야겠다' 이런 생각은 아예 안 하고 살았어요. 그때 여자들은 시집 일찍 간다고 공부도 안 가르쳤어요. 그러다 보니 학교에서도 공부는 잘 안 했는데 초등학교 3학년 때 그림을 그려서 상을 한 번 타봤어요. 돈이 없어 준비물도 없어 옆 친구 크레파스 조각을 빌려 그림을 그렸어요. 그때 칭찬받은 그림은 동네 마을을 그려서 집집마다 길을 내서 골목골목 도로를 만든 그림이었어요.

경험이 없어서

결혼하고 살다가 얼마 안 있어 부모님을 모시고 부산으로 이사 왔는데 집 마련하느라 빚을 내서 남편하고 둘이서 계속 일을 해야 했어요. 낡은 집이어서 여름에는 비만 오면 부엌 있는 데까지 빗물이 차서 한강이 되고 겨울에 일 마치고 집으로 돌아오는 길은 버스가 닿지 않아 가로등 없는 추운 길을 한없이 걸어 들어와야 했어요. 신발공장에 공사현장에 계속 일만 하며 지내오다가 아이들도 다 크고 남편은 세상을 먼저 떠나니 저도 일을 그만뒀습니다.

우리 아저씨 돌아가시고 시간이 많아지니까 낙도 없이 지내고 그랬는데 예술교육 받으니까 재미있더라고요. 악기 같은 것은 아직 손을 대본적이 없어서 이름도 잘 몰라요. 문화센터 같은데도 뭘 하는지 경험이 없다 보니 관심이 없었어요.

처음에는 친구가 가자고 해서 나는 그런 거 할 줄 모른다고 했는데 계속해 보니까 아주 재밌는 거예요. 글도 써본 적도 없고 그림도 그려 본 적 없는 상태에서 재작년부터 프로그램에 참여했는데 내가 못해도 강사님들이 하도 좋으니까 취미가 붙더라고요. 내 이야기로 앨범 만드는 거 할 때도 재밌어서 집으로 가지고 와서 온종일 밤 한 시까지 하고 있으니까 우리 아들이 뒤늦게 뭐하시냐고 그래요. 글도 쓰고 그림도 그리고 하는데 나는 글을 못 쓰겠고 그림은 내가 지난 시절을 어떻게 지냈는지 기억을 표현하라고 했는데 내가 볼 때는 못 그렸지만 제 사진도 넣고 친구들도 오려서 붙이고 하니까 강사님께서 잘했다고 칭찬도 해주셨어요. 새삼스럽게 옛 기억들이 떠오르더라니까요. 어떻게 해야 하나 고민하면 강사

님이 오셔서 힌트도 주시니까 할 수 있었어요. 뭘 해야 하는지 누가 이끌어주지 않으면 우리는 못 하죠.

재미와 집중

그림을 그리고 무엇을 만드는 것이 저는 그렇게 재미있더라고요. 만들고 하느라 정신을 집중하면 세상 걱정이 다 사라져요. 다 처음 해봐서 내가 자라면서 이런 것들을 해왔으면 미술 선생님을 했겠다는 생각을 했어요. 다른 사람들은 예전의 기억을 꺼낼 때 어려워하고 고민하는데 나는 어려워도 해볼 수 있는 마음이 있으니까 계속해서 다닌 거예요. 프로그램 전날에는 '어떤 걸 할까?', '어떻게 해야겠구나...' 생각하면서 잠들어요.

수료식 할 때 사진을 찍어 주셨는데 웃는 얼굴이 잘 안되니까 강사님께서 남편 생각해보라고 해서 간신히 웃은 얼굴인데 이 사진은 영정 사진으로 쓸 거예요. 처음 접한 프로그램이지만 집중하고 이만큼 재미진 게 없었어요. 집에만 있고 그랬으면 엉뚱한 생각이나 하고 근심이나 하고 있었겠지요. 그리고 이만큼 집중할 일도 없었을 거예요.

작년에 수료하고 나서 강사님이 스케치북을 선물로 주셨는데 쓰기 아까워서 놔두고 달력 뒤에다가 연습해보면서 그려보고 그랬네요. 공연 같은 것도 본 경험이 없는데 프로그램에 소극장 공연도 가고 전시도 보러 가고 했던 것도 재밌었어요. 그런 거 재밌대요. 다른 강사님들이 와서 특강 할 때도 얼마나 주목해서 열심히 들었나 몰라요. 내가 관심 있게 집중하다 보니 잘하고 싶은 마음까지 생겨났어요.

고생한 손이 표현하는 손으로

정재숙 1955년생

공부를 하고 싶은 열망

3남 1녀인데 오빠들하고 나이 차이가 있었어요. 그러다 보니 오빠가 장가갈 때 즈음 제가 태어나서 어릴 때 조카들까지 집에는 열한 식구가 살았어요. 우리 아버지하고 오빠들이 당시 글을 좀 아는 사람들이라서 동네 이장을 했거든요. 은연중에 그런 영향이 있어서 그런가? 저도 글 쓰는 것을 좋아했어요. 우리 어렸을 때는 운동화라는 것이 없어서 고무신을 신고 다니면서 깡통에 돌을 넣어서 차고 다니거나 고무줄놀이, 나뭇가지를 꺾어다가 지그재그로 쌓아서 나뭇가지를 하나씩 빼면서 무너지면 지는 그런 놀이, 땅에 선을 그어서 건너뛰는 놀이 같은 것을 하면서 지냈어요.

저는 글 쓰는 것을 좋아했어요. 미술은 못 했는데 부모가 칭찬하거나 주변 사람들이 칭찬하는 것이 정말 중요하다고 느끼는 것이 우리 엄마는 제가 못했어도 "잘한다, 잘한다" 하셨어요. 제가 그림을 정말 못 그려도 잘 그렸다고 하셨는데 지금 생각해도 그게 고마운 거예요. 그 덕에 제가 용기를 가질 수 있었던 것 같아요. 초등학교 끝나고 집에 오면 농사짓는 부모님 대신 조카들 돌보느라 친구네 놀러 가더라도 조카를 업고 갔었어요. 여자는 커서 사회 활동을 하는 시대가 아니다 보니 '커서 뭐가 되고 싶다.'라는 생각을 해볼 수 없었지만 저는 오로지 공부를 계속하고 싶었어요. 부모님은 연로하시고 큰오빠가 아프기 시작하면서 집이 더 기울어져 초등학교밖에 못 다녔는데 학교 선생님께서 "이렇게 공부 잘하는 애가 왜 중학교에 안 가지?" 하고는 서운해하셨어요.

  학교 졸업하고 제가 살던 동네에는 일이 없다 보니 오빠가 부산 미군부대에 다니고 있어서 저도 부산으로 와서 와이셔츠 공장에 들어갔어요. 어려운 살림에 보탬이 되고자 야간 일까지 하면서 공장에서 나오는 간식까지 안 먹고 싸두었다가 집에 가서 조카들 주곤 했어요. 큰 공장이었기

때문에 통근 버스가 있어서 버스 안에서 알파벳을 배우고 책도 읽고 했었죠. 어쩌다 통근 버스를 놓쳐서 시내버스를 타면 교복 입은 학생들은 학생 할인이라고 버스비 할인이 되는데 사복 입은 저희는 할인이 안 되었거든요. 저희는 돈이 없어서 학교를 못 간 것뿐인데 왜 버스비마저 차별했는지 이해가 안 되면서 서운했어요.

유일하게 쉬는 날은 전날 철야를 하고 낮에 자다 목욕탕 다녀오면 바로 저녁이 돼버리니까 여가라는 것도 없었죠. 열네 살에 공장에 들어가서 스물세 살에 결혼하기 전까지 다니면서 늙으신 부모님 봉양하면서 조카들 공부하는데 조금이나마 보탬을 주었어요. 덕분에 조카들은 공부를 다 시켜서 고모 덕분에 공부할 수 있었다고 지금도 고마워해요.

저는 죽기 전에 중고등학교 졸업장은 꼭 따야지 하는 마음이 항상 있었는데 24년간 일을 하고 이제 공부를 하려고 하는데 공부는 때가 있나 봐요. 책을 눈이 나빠져서 10분만 봐도 글자가 안 보여요.

나를 표현하는 글쓰기

제가 학교 다닐 때부터 시집가기 전까지 일기를 썼었어요. 제 생각을 담을 수 있는 유일한 것이거든요. 공장 다니면서 아무리 피곤해도 늦게 들어가서 일기를 쓰고 있으면 전깃불 아낀다고 끄라고 하기도 했어요. 글은 제 생각을 표현하는 유일한 방법이었어요.

공장일하고 시집가서 살림만 하다 보니 제 시간, 여유라는 것을 모르고 살다가 아이들도 다 크니까 또 공장으로 일하러 다니다가 정년퇴직하고 2년 전부터는 요양보호사로 일을 했어요. 항상 그 전부터도 무언가를 배워야겠다고 생각만 했지 실천을 못했는데 퇴직하면서 하게 된 거죠. 학교 다닐까 했는데 남편 건강이 좋지 않아서 내가 아직은 더 돈을 좀 벌어야 하고 수업 시간도 안 맞았어요. 당리 동사무소에서 영어를 가르친다길래 갔더니 초등학교 과정이라서 배우고 있는데 우연히 아시는 분께서 이 프로그램에 참여해보면 어떻겠냐고 해서 참여하게 된 거죠.

당리도서관에서 하는 프로그램에 참여하면서 나의 이야기를 책으로 만드는 것을 하면서 다시 글을 쓰게 된 거죠. 프로그램에서 석고로 자기 손을 본 떠 만드는 작업이 있었어요. 강사님이 "손에 대해서 생각나는 대로 글로 써 보세요." 이러는 거예요. 번뜩 너무 내 손이 고생만 한 생각만 나는 거예요. 글을 쓰라고 하는데 저도 모르게 글이 막 써지는 거예요. '아… 나도 막상 써보니 글들이 써지는구나.'하고 느꼈어요. 그래서 생각나는 대로 썼더니 그다음에 그 글이 노래로 만들어지더라고요. 부산시 다른 팀에서 제 시에 곡을 붙여서 노래로 만드셨어요. 그리고 부산역에서 공연할 때 제가 그 시를 낭독하고 그분들이 노래로 불러주셨어요. 제 생각을 글로 표현하는 것이 가능한 것을 알게 되니까 너무 좋더라고요. 그래서 '다시 무언가를 해 봐야겠다'는 자신감이 드는 거예요.

요즘에는 다시 일기를 써야겠구나 하는 생각이 드는 게 여행을 다녀오면 그 느낌들을 쓰고 싶어요. 글을 쓰는 자신감은 생겼는데 내가 글씨를 잘 못 써서 캘리그라피를 배우고 있어요. 제 손이 고생했지만, 남편 병원에 있을 때 뜨개질로 바구니를 떠서 주변에 선물하니까 받은 분들이 너무 좋아하는 거예요. 요양보호 봉사 다니면서 어르신들 반찬도 해드리는데 그분들도 그렇고 사위도 그렇고 제가 만든 반찬들이 너무 맛있다는 칭찬도 받다 보니 제 손에 대해서 생각을 하게 되더라고요. 뜨개질도 하고 싶고 꽃꽂이도 하고 싶고 고생만 한 손이 공장 다니며 살림하며 반복적인 일만 했다면 이제 제 생각을 표현하는 손이 되었으면 해요.

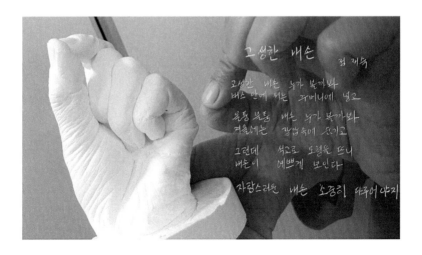

■ 지역·문화예술교육

시간이 잘가요

김영순 1954년생

환경의 순리대로

어릴 때는 시골 동네다 보니 엄마 따라서 쑥 캐러 가거나 밭에 나가서 잡초 뽑고 다슬기 잡으러 다녔지 별다른 재미는 없었어요. 저는 중학교까지 다녔는데 그때도 별다른 것 없이 집에서는 공부만 했어요. 그런데 우리 동네에서는 노래자랑을 자주 열었었거든요. 저도 노래를 좋아해서 대회도 나가고 그랬는데 같이 나갔던 친구는 집에서 잘 가르쳐서 학교 선생이 되었는데 저는 집이 못 살아서 뒷바라지를 못 해 줘 이후에는 노래 부를 일이 없었어요.

중학교를 졸업하고 남동생이 대구 신암동 문중 집에서 학교 다니면서 공부한다고 거기 밥해주려고 내려가서 저는 이비인후과에서 간호사로 일을 했었어요. 병원 운영이 짧아서 시간이 많았거든요. 근처 전화 교환 학원에 다니면서 교환인 자격증을 따고 부산 서면으로 내려와서 언

니 소개로 〈삼익산업 주식회사〉에 전화교환원으로 일했어요. 그러다 거래처 사람이었던 지금의 남편과 결혼을 하게 된 거예요. 저는 결혼하고 아이들 키우고 살림만 하느라 지금까지 직장을 다녀본 적이 없어요.

새로운 자극

아이들이 어느 정도 크니까 집에만 있기 뭐 해서 새마을 부녀회 활동하고 자원봉사센터에서 2천 시간 넘게 봉사활동을 했거든요. 시간이 여유로워서 문화센터에서도 이것저것 배워보고 어릴 때 좋아하던 노래도 나이 들어서야 합창단 활동하면서 부르게 된 거예요. 그러다 작년에 이웃

엄마가 도서관에서 프로그램한다고 같이 가보자고 하대요. 도서관에서 하고 있었는데 우리는 정보를 몰라서 못 가는 거였거든요. 제가 들어간 시점이 작년 프로그램이 시작한 지 3개월이 지난 시기여서 안 놓치려고 한 번도 빠지지 않고 나갔더니 작년 말에 수료증을 주더라고요.

올해도 참여했는데 코로나19 때문에 몇 달 못했어요. 하지만 코로나가 잠잠해져서 선생님이 나오라 하시면 번개 처 갈 겁니다. 참여했던 사람들도 프로그램하다 안 하니까 집에만 있기에 답답하고 갑갑하다고 해요. 만드는 것도 재미있고 우리 지난 시절을 가지고 그리고 붙이고 책을 만드는 데 시간이 너무 잘 가고 좋은 거예요. 거기에서 가르쳐 주는 것은 다 재미있어요. 선생님들도 억수로 친절하고 뭐라도 있으면 다 주고 싶은 사람들이에요. 일 년 정도 배우니까 우리는 점점 미안해져요. 재료든 뭐든 선생이 다 준비하니까 내년에 참여하라고 하면 가고 아무 말 없으면 나도 미안해서 못 가요. 처음에는 뭣 모르고 참여했지만 배우다 보니 재미있고 다니다 보니 정이 생겨요. 수업료를 좀 내야 제가 더 떳떳해질 것 같아요. 연말이 되어도 갈 데가 없고 그런데 선생님들 덕에 밖에 나갈 계기가 만들어지고 뭔가 할 수 있는 일들이 만들어지니까요. 아는 것을 하면 지겨운데 모르니까 계속 선생님이 하라는 대로만 따라가요.

젊었을 때 지나간 것들 생각나서 추억하니 좋고 새로운 것도 배우고 경험하지 않은 공연이나 전시도 보고 늘 새로워요. 혼자만 알면 아까워서 주변 이웃하고 아는 사람 해서 다섯 명을 제가 데리고 갔어요. 프로그램 참여하면서 만든 것들을 집에 가지고 와서 다시 보게 되어요. 그리고 직접 그린 제 에코백은 맨날 들고 다녀요. 주변 사람들에게 내가 프로그램 참여하면서 직접 그린 거라고 자랑도 하거든요. 에코백에는 분홍하고 빨간색이 많아요. 나이가 들수록 밝게 곱게 입어야 젊어 보인다고 붉은색을 많이 써요. 제일 좋아하는 색이기도 하고요. 이 프로그램은 사람들이 몰라서 그렇지 아는 제가 선전 많이 하려고 해요. 프로그램이 있으면 저는 어디든 멀리라도 갈 거예요.

무엇을 잘하고 좋아하는지

강명희 1946년생

기회조차 없었던 시절

저희 아버지가 남포동 국제시장에서 철물점을 하셨는데 1950년 겨울에 시장에 큰불이 났어요. 스테인리스 재질이 불에 타도 돈이 되니까 도둑들이 다 훔쳐 간 거예요. 하루아침에 가게가 쫄딱 망해서 아버지는 매일 술에 빠져 사셨어요. 그런 상황에도 어머님을 끔찍하게 생각하셔서 일을 절대 못 나가게 하시니 살림이 어려웠어요. 집이 충무동이었는데 어릴 때 빨래 도둑도 많았고 구걸하는 사람들이 동네로 많이 왔어요. 미군 도라꾸[1] 차가 지나갈 때는 초콜릿, 껌, 비스킷 이런 걸 서로 받으려고 따라다녔어요. 어려운 시기라 먹고사는 것이 중요했지 교육이 중요한 건 아니었어요.

---

1   트럭의 일본말

제가 학교 들어갔을 때는 6·25 전쟁 시기라 얄궂은 거 갖다가 천막 친 남부민 천막학교를 다녔어요. 선생님이 아이들에게 육성회비 가져오라고 집으로 보내면 학교 주위만 뺑 돌다가 학교에 다시 들어가서 다음에 준다고 거짓말하곤 했는데 절반이 육성회비조차 내기 어려운 형편이었어요. 게다가 우리 아버지는 남자만 공부시키려고 했는데 오빠는 공부 안 한다고 하고 딸은 공부하고 싶어도 시집가면 살림만 하는데 배워서 뭐 할 거냐고 기술도 못 배우게 하고 초등학교 2학년까지만 보내줬어요. 그래서 집안일 하면서 시간을 보냈는데 물 길으러 감천으로 지게 어깨에 지고 넘어 다니고 또 이웃집 아이들도 봐주며 살다가 열네 살부터는 서울로 식모살이를 하게 되었어요. 친구 이모라고 해서 소개를 받고 갔는데 당시 식모들은 천대받으며 지냈거든요. 먹는 것도 제대로 못 얻어 먹고 일만 하며 지냈어요. 그러다 보니 지금도 누가 오면 배곯을까 밥을 잔뜩 하는 버릇이 생겼어요. 내가 아무리 철은 없고 못 배웠어도 우리 집에는 고생한다는 이야기를 안 했어요. 내가 도저히 안 되면 그만두면 되

지 않나 싶어서 2년 정도 견디다가 의정부 다른 집으로 옮겨서 그 집 아이를 봐주며 지냈어요. 다행히 주인분이 사람이 좋았는데 하루는 영화를 보러 가라고 하시더라고요. 그때 처음 영화관에 가서 큰 스크린으로 영화를 보니 좋았지요. 〈새드무비〉라고 하던데 저는 그 영화를 지금도 못 잊어요.

뭐든 해봐야 안 되겠나

일만 하다가 남편 만나 결혼했는데 잘 되던 남편 사업이 망하고 사기까지 당하면서 전 재산을 잃었어요. 그때 충격에 내가 한 달 동안 말문을 닫았는데 병원 다니면서 조금씩 말이 나왔어요. 남의 집에 얹혀살면서 병원에 있는 친구 대신에 식당을 운영하느라 가게하고 집만 다니며 딴 데 눈 돌릴 틈 없이 지냈어요. 그 이후로도 제 식당을 운영하기까지 나를 돌아볼 여유는 없었어요. 그러다가 나이 들어서 식당 일을 정리하고 혼자 지내다 보니 손목이며 허리며 아픈 곳 치료하느라 병원에만 주로 다녔어요. 그러다 노인 일자리에서 노인 대상 말벗을 해주는 것을 하고 있는데 같이 일하는 친구가 예술교육 프로그램에 참여하러 간다고 하니까 "그럼 나도 가자!" 해서 참여하게 된 거예요. 늘 일만 하고 살았으니 프로그램에서 하는 것은 생전 처음 해보는 것들이죠.

한평생을 고생 아닌 고생 하며 일만 하다가 기억을 표현하고 그림도 그리고 만들어보라는데 생각이 안 나서 못 하고 헤매는 순간들이 있었어요. 프로그램에 나가니까 너무 좋은데 한편으로는 너무 고민이 되는 거예요. 서툴러서 남 보기에 창피해서 부끄럽고 그래서 "아이고 마, 저는 잘 모릅니다." 합니다. 학교도 짧게 다녀서 그림도 잘 못 그리고 이름만 쓰며 살아서 글도 잘 못 쓰고 받침도 빠져 먹고 하는데 강사님께서는 "아이고 어머니 잘하시는데요." 이렇게 이야기해주세요. 그래도 저는 평생 손으로만 일을 해와서 만드는 것은 그래도 조금 할 줄 아는 것 같아요. 그냥 가면 즐겁고 내가 나이가 제일 많고 허리가 아파서 오래 의자에 기대앉지도 못하는데 그런 저를 위해서 연극 연습하는 것에 짧은 대사를 주시거나 머리숱이 없어서 모자 쓰고 다녀도 다 이해해 주세요.

내가 글은 아직 어려우니까 계속해야 하나 고민은 되지만 저는 지금이라도 안 늦었다고 생각해요. 비슷한 연령대 분들하고 함께 참여하니까 같이 따라가려고 서로 노력을 하고 있어요. 요즘 와서는 딸하고 영화관에 영화도 보러 가요. 딸은 싫어도 엄마를 위해서 구경하러 같이 가줘요. 저는 슬픈 이야기 아니면 스릴 있는 게 좋아요.

영화를 보다 보니까 지금 연극 연습할 때 연기에 대해서 조금 느낌이 오더라고요. 지금은 자신 없지만, 말이 아닌 표정과 행동으로 표현해야 하는 게 있더라고요. 그리고 대사도 책처럼 읽는 것이 아닌 자연스럽게 말을 전하면서 쉴 때는 쉬고 "저 행님은 얼마나 바빴으면 신발도 짝짝이로 신고 나갔겠노, 그지 예?"라고 제 대사 연습을 많이 하고 있어요. 질문도 많고 제안도 하는 편이에요. 내 생애 첫 연극이잖아요. 옆에서 잔소리하는 남편도 없고 아이들도 다 자기 가정 꾸리러 나가고 요즘은 제 자유예요. 남보단 없이 살아도 지금이 가장 행복해요.

저는 "내가 앞으로 뭘 해야겠다!" 이런 게 아니라 '남들도 하니까 나도 뭐든 해봐야 안 되나.' 하는 생각이 들어요. 이제라도 내가 뭘 좋아하고 뭘 잘하는지 찾아야 하지 않나 싶어요.

생각이 바뀌는 시간

정승원 초등학교 5학년

착안과 변형

이 프로그램은 재작년에 했었는데 엄마가 또 해보라고 하시고 저도 재미있어서 한번 더 신청했어요. 프로그램에서 레진아트를 할 때도 만드는 과정에 따라 결과물이 바뀌기도 했어요. 저는 나무로 된 둥지 안에 있는 알을 만들려고 했는데 옆에서 엄마가 "이거 붙이면 새네!" 하시니까 '아, 새도 되겠다...' 생각해서 파랑새로 했거든요. 그런데 엄마가 꼭 펭귄 같다고 해서 결국에는 펭귄이 되었어요. 저도 혼자 만들 때 원래 만들려고 했던 거에서 다른 모양으로 바뀌기도 해요.

초등학교 1학년 때부터 만드는 것을 좋아하게 되었어요. 방학 숙제로 재활용품을 가지고 만드는 것을 했었거든요. 저는 무얼 만들까 고민하다가 택배 상자로 카메라를 만들어보는 것이 어떻냐고 엄마가 제안하셔서 만들었어요. 작동은 안 되는 카메라였지만 그때부터 재활용품을 이용해

287

서 만드는 것을 좋아하게 되었어요.

이번 코로나19로 집에만 있을 때도 심심해서 택배 상자로 큰 방독면을 만들기도 했어요. 마스크를 쓰면 답답해서 귀에 거는 것 말고 머리에 쓰는 방독면을 만들어보고 싶었었거든요. 만들어보니까 제가 필요한 것을 만들어보게 되어요.

관심의 연장

저는 식물하고 동물 쪽으로 관심이 있는 것 같아요. 그래서 동·식물 학자가 되고 싶어요. 식물 같은 것을 연구해서 연구 자료를 세계에 알리고 싶고 동물의 특성 같은 것을 연구해서 숨겨진 미스터리를 밝혀내는 연구자가 되고 싶거든요.

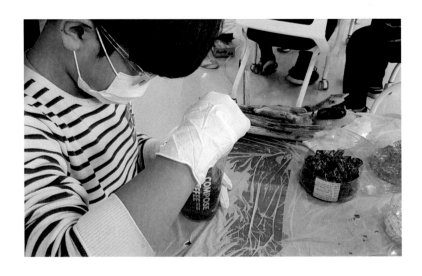

영화〈신비한 동물 사전〉에 나오는 상상의 동물들도 그려보고 제가 상상하는 동물들도 그려봐요. 나무늘보의 발톱과 털을 가진 쥐의 형상을 한 커다란 동물을 그려보거나 동물들의 특징을 서로 조합하는 새로운 동물이요. 관심이 있는 것에 제 생각을 집중하고 그려보는 것이 좋아요.

지금 참여하는 프로그램은 저에게 도움이 되는 것 같아요. 저는 집 근처에 바다가 있어서 좋은 점은 여름에도 다른 사람들보다 바닷가로 빨리 갈 수 있거든요. 우리 동네의 바다하고 환경하고 관심 있는 해양생물들을 가지고 배우고 다양하게 작품도 만드니까요. 가끔 주말마다 나오는 것이 싫을 때도 있지만 학교에서 하는 것은 조금 지루한데 여기서 하는 것은 재미있고. 새로운 친구들을 만나서 함께 하는 게 좋아요.

조금 늦게 알게 된 재능

고은화 *예술강사*

입시미술이 싫었어요.

어릴 때는 미술 한다고 하면 잘 사는 집 아이, 입시 위주로 배웠기 때문에 크면서 제가 소질이 없다고 생각해서 그쪽으로는 관심이 별로 없었어요. 그런데 중학교 때 사생대회에 나갔는데 제가 그림을 잘 그렸었나 봐요. 저는 제가 잘한다고 생각을 못 했는데 선생님께서는 "네가 그림에 소질이 좀 있어 보여서 예고로 진학했으면 참 좋겠다."라고 하시는데 당시 예고는 입시 위주의 미술이라 미대 가려는 학생들이 진학하는 곳인데 저는 꿈이 이과 쪽이어서 예고 쪽으로는 가고 싶은 생각이 없었어요. 평범하게 입시 공부하다가 대학에서는 유아교육을 전공했어요.

유아교육을 전공한 이유는 제가 말도 없고 조용한 스타일이었거든요. 그러다 보니 제 성격을 바꿔보고 싶은 거예요. 어느 날 남 앞에 서서 내가 주도를 해야 내 앞길도 스스로 이끌고 나갈 수 있겠다는 생각이 들었어요. 유아교육은 아이들 앞에서 선생님이 말을 해야 하잖아요. 제가 당시만 해도 자신감이 없어서 말도 잘 못 했었어요. 그런데 나중에 유아교육 일이라는 것이 선생님보다는 업무적으로 처리해야 하는 것들이 많아서 스트레스 많이 받더라고요.

내가 그림을 하는 사람이었구나

영도에서 버스를 타고 출퇴근을 하는데 업무 스트레스로 너무 힘들어서 버스 창밖을 보는데 화실이 보였어요. 문득 '아... 저기서 그림 한번 그려보고 싶다...' 는 생각이 들어서 취미로 그림을 시작했는데 그릴 때 너무 심취해 있으니까 화실 선생님께서 미대를 한번 가보라고 제안하시는 거예요. "대학입시 앞두고 준비 기간이 짧을 것 같은데 되겠어요?" 하니까 한 번 해보라는 격려 덕분에 6개월간 집중해서 입시미술을 해 미대에 진학해서 산업미술 텍스타일 디자인을 전공했어요.

좋아하는 거니 너무 신이 나는 거예요. 잠 안 자고 밤새 그려도 신이 나고 내 속에서 에너지가 막 넘치는 거예요. 그때 알았어요. '내가 그림을 하는 사람이었구나. 예술을 좋아하는 사람이었구나...' 그 전에는 사람들 이목 때문에 "너는 공부를 잘해서 대학을 가야 한다.", "문과를 가야 한다.", " 이과를 가야 한다.", "너는 공대를 가야 한다.", "너는 선생님이 되어야 한다." 이런 주위의 말들 때문에 눌려 있었다는 생각이 들더라고요. 그런데 남동생도 뒤늦게 재능을 알게 되었어요. 다 커서 직장 다니면서 클라리넷을 배웠는데 음악만 들으면 그 음을 부는 절대음감을 가지고 있었다고 해요. 엄마가 저희 재능을 일찍 알아보셨으면 그런 쪽으로 보내 주셨을 텐데 모르셨기 때문에 그냥 학교 공부만 잘해서 대학 가고 졸업 하면 직장가고 그런 거라고만 생각하셨죠.

내면을 표출하는 기쁨

내가 하기 싫은 일을 할 때는 너무너무 힘들었거든요. 그림을 접하면서 깨달은 것이 내면에 있는 내 것을 표출하면 너무 기쁘다는 거예요. 너무 기쁘고 항상 생활의 활력소가 있고요. 제가 하고 싶은 일이었기 때문에 밤을 새워도 힘들지 않았고 돈을 못 벌어도 오히려 즐겁고 신이 났어요. 전에는 하기 싫은 것을 억지로 하니까 지겹고 하기 싫었어요. 자기가 하고 싶은 걸 해야 할 것 같아요. 저는 공모전에서도 작품이 전시되고 인정을 받다 보니 '내가 정말 잘하나.' 생각이 들면서 자신감이 넘쳐서 시야를 넓히고 싶은 욕심에 일본으로 유학도 다녀왔어요.

유학을 선택한 이유는 일본은 전통공예가 꾸준히 살아 숨 쉬거든요. 그런데 우리는 전통공예라고 하면 조금 무관심해요. 대대손손 이어서 하는데 우리는 은근히 전통 이어가는 것을 업신여기는 경향이 있어서 경각심을 가져야겠다는 생각이 들더라고요. 일본은 하나의 이슈가 있으면 그것을 상품화하는데 그때만 해도 우리는 상품화라는 게 없었어요. 예를 들면 〈센과 치히로의 행방불명〉이라는 애니메이션을 가지고 다양한 굿즈부터 콘텐츠들을 만드는데 우리는 애니메이션만으로 끝나더라고요. **지금은 시대가 빠르게 변화해서 우리도 콘텐츠 영역을 확대하는 것 같아요.**

선생이 먼저 바뀌어야

돌아와서 결혼하고 아이를 낳다 보니 경력 단절이 오더라고요. 10년을 아이 키우느라 활동을 안 하다 다시 학교에서 아이들을 가르치면서 활동을 계속하고 있어요. 그런데 학교 교육은 변화가 있어야겠더라고요. 미술 교과를 가르치는데 사립이라 교과 위주의 수업을 많이 했어요. 지금 변화 추세는 과목과 과목의 융합이거든요. 아직도 그날그날 고정된 교육을 하는 거예요. 선생이 바뀌지 않는 이상 아이들도 바뀌지 않아요. 그래서 모색하던 중에 부산문화재단에서 문화예술교육사 강좌가 눈에 들어왔어요. 이 강좌를 들으면 여러 예술 분야의 콘텐츠를 이해하면서 미술과 접목을 할 수 있겠더라고요. 그 교육을 받고 난 다음에 실습을 해야 하는데 우리 아들이 어리다 보니 〈꿈다락 토요문화학교〉를 같이 참여하게 된 거예요. 수업 진행하고 정리를 할 때 솔선수범해서 도와드리고 하니까 대표님이 저보고 무슨 일을 하시냐고 물으시더라고요. "제가 이런 일을 하고 있는데 실습 좀 와도 되겠습니까?" 해서 실습을 하게 되면서 지금은 모이다 협동조합에 강사로 오게 되었어요.

지역의 특화점으로 융합하고 확장

우리가 부산이잖아요. 부산은 환경적인 요인을 봐야 할 것 같아요. 산이 둘러싸여 있는 지역이면 산과 연관된 문화발달이 있어야 하고 우리는 바다가 환경자원이니 바다와 연관된 문화콘텐츠를 만들어가야 해요. 제가 몸담은 모이다 협동조합에서는 그런 사업을 잘하시고 있는 것 같아요. 바다에 접근할 수 있는 문화콘텐츠를 가지고 와서 아이들에게 이어주고 향토성을 가지고 아이들이 문화와 향토를 잘 연관 지어서 확대된다면 참 좋지 않을까 하는 생각이 들어요. 아직 아쉬운 점은 제가 융합

을 위한 시도를 하더라도 협력이 잘 안되는 점이 있어요. 뮤지컬을 하려면 호흡이 잘 맞아야 하는데 강사님들이 강사의 역량을 좀 더 발휘해야 한다고 생각해요.

요즘에는 교과과정도 여러 과목이 통합되어 있잖아요. 미술이 단순히 그리고 만드는 데 국한된 것이 아닌 동화책에 있는 요소를 가지고 그림으로 표현하거나 영상으로 제작하고 영상을 다시 연극으로 만드는 등 시각예술과 공연예술 분야를 연계적으로 융합한 과정이 좋을 것 같다는 생각이 들어요. 미술이 과학이나 수학 분야로도 이어질 수 있거든요. 한 교과의 선생님이 아닌 선생님들이 공조해서 과학을 재미있게, 수학을 재미있게, 풀어나가는 것이 실현되어야 한다고 생각합니다.

선생님들은 아이들이 자유롭게 표현할 수 있도록 많은 자료를 제공하는 것이 중요해요. 선생님이 많은 것을 알고 있어야 아이들에게도 풍부한 지도를 할 수 있거든요. 준비되지 않고서는 아이들에게 "이거 해봐라.", "저거 해라" 밖에 되지 않아서 이끌어가는 폭이 작아요. 선생님 각 개인의 역량 강화도 중요하고 각 분야의 선생님들이 다 같이 모여서 하나의 주제를 가지고 융합하고 통합해보고 추진하고 안 되면 다시 피드백해보고 그런 시도들을 더 많이 해봐야 할 것 같아요.

고정관념의 변화

이현주 학부모

예술에 접근하는 방법

제가 학교 다닐 때는 결과물을 보여주고 거기에 맞게 그리거나 채색해야 하는 고정관념이 있어서 완성작품과 거의 똑같은 작품이면 그게 좋은 작품이라고 생각했던 것 같아요. 그런 수업을 받다 보니 우리 아이 미술학원을 보내고 학교에서 완성품을 만들어 달라고 할 때는 제가 개입하게 되어요. 주관적인 개입으로 많이 참견했었던 것 같아요. 그런데 여기 와서 예술체험을 하니까 제가 아이에게 개입하면 강사님이 "이거는 창작물이기 때문에 이렇게도 될 수 있는 게 맞다."라고 말려주세요. 처음에 그 말을 듣고"아, 맞다!"라는 부분이 있었어요.

저는 책에서 보고 예전부터 알고 있었다고 생각했는데 직접 들으니까 '내가 맞다고 한 그 부분을 인식하지 못했거나 행동하지 못했구나…' 이 생각이 다시 들었거든요. 그래서 그 후로 순간마다 인식하다 보니 진짜

간섭이 멈춰지더라고요. "이렇게 하는게 맞아?" 하고 물었던 아이가 제가 멈추니까 더이상 묻지를 않아요. '그게 맞든 안 맞든 이건 내 거니까...'라는 생각을 하게 되나 봐요. 익숙했던 개입을 함으로써 아이들이 불쾌함도 느꼈었는데 제 입장에서는 부모 말을 안 따라주니까 싫을 수도 있는데 한편으로는 그게 옳다는 생각이 들어서 저 역시 교육의 변화가 조금씩 생기더라고요.

그냥 놔둬라

제가 여기에서 수업을 두 번째 하거든요. 가끔 엄마 참여가 있지만, 참여에서도 창작이 아니라 강사님의 행동에 제가 교육적인 부분을 배우게 되더라고요. 아빠는 가장이다보니 보수적인 면이 있는데 가끔 아빠가 따라오면 "야, 이거를 이렇게 하면 어떻게 해?" 하고 개입을 계속하니까 엄마인 제가 아빠한테 잔소리하게 되더라고요. "놔두라고, 아이가 한 게 더 낫다."

완성품을 봤을 때 아빠와 저의 작품에는 고정된 느낌이 있는데 아이들 작품에는 창의력과 독창성이 분명히 보이더라고요. 마무리 단계에서도 아이가 잘못하니까 아빠가 아이 창작품에 손을 대요. 저는 "그냥 거친 대로 놔 둬라." 이런 잔소리 아닌 잔소리를 하게 되더라고요.

예전에는 제가 생각하는 완성품 선에서 아이를 이끌었던 것 같은데 지금은 알 수 없는 선에서 도와만 주고 보고만 있어요. 작품이 예술적으로 창의적이지 않더라도 아이 것이기 때문에 굳이 점수를 매길 필요가 없다는 생각이 들어요. 여기에서 함께하면서 그런 것들이 느껴졌어요. 그리고 집에서 하다 보면 평면적인 것이 많은데 여기서는 입체적인 것이 많잖아요. 그래서 입체적이면서도 미술하고 다른 디테일 한 작업이 많아요. 재료도 우리가 접해 보지 못해던 것을 풍부하게 접할 수 있어서 학원하고 다른 좋은 점인 것 같아요.

또 다른 창의성

이번에 코로나로 비대면 인터넷 줌 수업[2]을 몇 번 했는데 처음에 저는 별로 마음에 안 들었었어요. 아이와 직접 안 보고 집으로 배송된 재료들을 가지고 모니터 속 선생님하고 마주 보면서 하는데 인형 동물을 만들었어요. 우리 아이가 모니터 화면에서 선생님을 바라보면서 과연 따라할까? 그 당시에는 백지 하나에 구도를 잡아 솜을 넣고 만드는 작업인데 아이가 의외로 잘했어요. 학교 비대면 교육에 적응하듯이 아이가 이 방식에도 적응을 하더라고요. 엄마가 개입을 안 하면서 다른 것을 안 보고 스스로 하다 보니 또 다른 창의성이 나왔어요. 물론 같은 룰 안에서 하다 보니까 작품들이 비슷해 보일 수는 있지만 자기가 만들어내니까 그것도 되게 좋더라고요. 코로나 2단계 때는 아이들이 아무 데도 못 나가잖아요. 그때 주말을 이용해서 3시간씩 줌 수업을 해주시니까 아이가 뭔가 한 것 같고 시간의 지루함도 없었어요.

---

2   화상수업

물꼬의 트임

스톱모션으로 애니메이션 프로그램도 했었는데 큰아이들은 조금씩은 알고 있었지만 자기가 뭘 만들지 몰랐는데 여기에서 큰 그림을 그려주면 아이들이 점점 그것들을 사진으로 찍어서 창의적으로 만들어 내더라고요. 기성세대인 엄마들이 못하는 것들을 시대에 맞게 새로운 기법들로 알려주는 것이 좋았던 것 같아요. 집에서 쉬는 날 무無의 상태에서 무언가의 자극을 주는 면에서 굉장히 좋았던 것 같아요.

딸은 모르는 부분을 더 배우려고 하고 알고 있었지만 뭘 해야 할지 모를 때 그 막힌 곳을 틔워주는 느낌이 좋았어요. 뭔가 하고 싶을 때 콘텐츠를 만들어야 하는데 아무 생각이 안 났다면 유트브 같은 걸 활용해 아이들이 여기서 배운 것을 확장해서 키우는 것 같더라고요.

저는 콘텐츠 문화도 잘 모르지만, 스톱모션도 알긴 알되 실행할 가치를 못 느꼈던 사람이었기 때문에 그것을 아이들에게 전달하는데 외부수업에서 건드려주니까 '아 이렇게 하면 되는구나...' 하고 물꼬가 트이면서 확장해 나가는 모습이 보여요. 오늘 같은 경우에는 레진을 활용해서 작품을 만들었는데 레진으로 된 장식은 우리가 일상에서 많이 봐왔던 거였거든요. '아, 기발하네. 요즘 이런 게 나오네.'라고만 생각했지 내가 만들면서도 '아. 이렇게 하면 레진이 만들어지는구나... 만들면서 느껴지는 창의적인 부분이 있구나... 일상생활에서 가볍게 봐왔는데 그 공들인 과정도 많구나...' 이런 게 느껴졌어요. 우리는 물건을 산다는 생각만 하지, 그것을 직접 만든다는 생각은 못했던 것 같아요. '기계로 찍어냈어도 이런 감각으로 연계되어 공산품이 나온 거구나...' 하고 개념이 달라졌어요. 일상에서도 비록 어떤 물건을 안 사더라도 한 번 더 보게 되고 공정 과정을 한번 생각할 수 있는 것을 알게 되었어요.

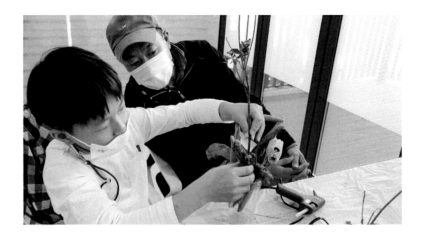

영감과 표현영역의 공존

표우종 일러스트레이터

동기부여

제 그림의 시작은 만화를 보고 캐릭터를 따라 그린 거였어요. 초등학교 때 미술 시간이 있잖아요. 남들보다 좋아하는 것을 그리고 싶은 욕구가 더 컸던 것 같아요. 초등학교 4학년 때부터 그림을 그리기 시작했는데 더 즐기게 된 계기는 주위의 반응들이었어요. 선생님들, 친구들의 잘 그린다는 칭찬이 좋아서 누가 시키지 않아도 더 그리게 되더라고요. 제가 그 관심을 좋아했던 것 같아요. 그리고 그냥 그리는 게 좋다 보니까 고등학교도 애니메이션 전공으로 들어갔어요.

그런데 입시 미술을 접하면서 그림에 대한 흥미도가 떨어졌어요. 제가 좋아하는 그림을 그리는 게 아니라 어쩔 수 없이 그려야 되는 그림을 그리다 보니까 그리는 것 자체가 과제처럼 느껴졌어요. 입시미술을 거치면서 그림의 완성을 위해 다른 생각 안 하고 집중해서 그려야 했어요. 대학을 가기 위해서 그 기간을 버텼어요.

대학에서 영상디자인을 전공한 이유는 애니메이션, 시각, 그 밖의 다른 디자인 분야에 포괄적으로 들어가는 요소가 '영상'인 것 같았어요. 그때는 제가 원하던 기준은 없었던 것 같고 정적인 이미지가 움직이는 과정이 매력적이었어요. 게임디자인이 부각하면서 입체적인 3D 애니메이션으로 졸업작품을 했고요.

모션그래픽을 보면 직관적 표현으로 드러내어 설명하기보다, 예를 들면 운동선수라면 숨이 가쁘게 숨 쉬는 장면에 슬로모션을 준다든가 한 장면 장면 구성의 의미들이 있어요. 그런 장면의 표현 방식을 고민하는 것이 굉장히 재밌거든요. 저는 뭔가 이렇게 하는 게 좋은데 학교 교수님들의 기준과 틀에서는 저의 표현방식이 "틀리다."고 하시고 그 틀린 부분이 대해서는 이해를 시켜주지 않았어요. 그런 의견은 동기부여가 아니라 오히려 창작자에게 절망을 주는 게 아닌가 생각합니다.

확대되는 기법과 영감

취업을 앞두고 늘 컴퓨터 앞에서 혼자서 작업을 하다 보니 갑갑해서 벽화작업 아르바이트를 하러 갔었어요. 우연히 참여했다가 그 길로 빠지게 되었어요. 똑같이 벽에 그리는 건데 동갑인 친구들과 팀을 이루고 현장에서 사람들과 소통하면서 제가 살아있다는 것을 느꼈습니다.

업체나 소규모 가게 작업을 했는데 페인트만으로 하는 게 아니라 빈티지 느낌을 내기 위해 시멘트나 다른 재료들로 벽에 입체적인 질감 표현을 많이 해요. 거기에서 배웠던 것을 가지고 캔버스에 그림을 그릴 때도 단순히 물감만 가지고 표현하는 것이 아니라 질감을 반영하게 되더라고요. 그리는 것에서 질감까지 표현방식에 고민하게 된 거죠. 이후로 저는 다른 영역에서 일하더라도 폭이 넓어지는 기법을 보면 긍정적으로 다 반영시키는 편이었던 것 같아요. 그러다 레진이라는 재료에 관심이 많아서 최종현 작가님 옆에서 배우면서 이 프로그램에 함께 참여하게 된 거예요.

프로그램을 하면서 '이 레진을 내 작품에 어떻게 반영시킬까?' 나름의 고민을 해요. 참여하면서 어린이들의 생각을 들어볼 기회가 있잖아요. 어떤 생각을 가지고 있는지, 어떻게 표현했는지, 이런 대화의 과정을 통해서 제가 생각하지 못했던 부분을 어린이들로부터 느끼고 영감을 받는 부분도 있어요. 수첩에 적어두기도 해요.

　요즘 아이들은 유튜브 영향인지 모르겠는데 궁금증도 많고 호기심도 많고 상당히 똑똑해서 말하는 거 자체도 조심스러울 때가 있어요. 아이들을 보면서 느끼는 점이 많습니다. 이 프로그램이 다양한 기법으로 진행하기 때문에 제 작품 세계에도 녹일 수 있는 부분이 많아서 단순한 참여가 아니라 도움을 많이 받는 것 같습니다.

자신을 이해하는 것

배정희·박서연 모녀

지혜를 알아가는 방법

제가 생각할 때는 저도 사람이고 우리 아이도 사람이잖아요. 살아가는 방향이 사람 대 사람으로 모든 것이 다 돌아가잖아요. 사람이 답이거든요. 학교에서 배우는 기초적인 지식은 그냥 그 사람들 안에서 소통하기 위한 로직, 베이스를 깔고 그것을 이용 혹은 활용해서 내 것으로 만드는 과정인데 그것을 공부로 풀어가는 친구도 있고 자기의 감각을 키워서 미술이나 음악으로 풀어나가는 친구도 있는 거예요. 그러니까 사람 사이에서 공존하고 같이 살아갈 방법을 알려면 나는 어떤 것으로 소통하는 것이 편할지 생각해봐야 하는데 아이이니까 어떤 것이 맞는지 모르잖아요. 그래서 이것도 해보고 저것도 해봤는데 지금 아이가 5학년 지나고 6학년을 바라봐서 사춘기가 왔는지 무언가를 해봐야겠다는 의욕이 없다는 생각이 들더라고요. 같이 해보자고 하면서도 막상 하는 것을 보면 '조금 그냥 놔 둘까' 하다가도 너무 멍하니 있으면 안 되니까...

공부 잘하는 아이보다 지식을 베이스로 지혜롭게 사는 아이가 되었으면 좋겠어요. 지혜를 알아가는 방법은 인문학이잖아요. 한 줄 글을 써서 사람의 마음을 얻을 수도 있고 한 줄의 글을 잘못 써서 마음의 상처를 줄 수도 있으니까. 공존하고 공생하는 것을 익혔으면 좋겠다는 마음으로 함께하는 것을 많이 해봤으면 하는 엄마의 욕심이죠.

저는 유치원을 안 보내고 집 주변에 숲 교실을 체계적으로 하는 어린이집을 보냈어요. 아이들이 학습지에 매달려 있는 대신 매주 한두 번 백양산에 올라가서 밧줄 놀이도 하고 낙엽이나 생물들로 창작물을 만들고 돌던지기도 해요. 자연물 자체가 놀잇감이 되잖아요. 저희 어릴 때는 집마다 대문이 다 열려 있었거든요. "누구야 놀자."하고 소통하기가 쉬웠는데 지금은 안 되잖아요. 엄마 친구가 아이 친구가 되니까. 너무 단편적인 모습만 보고 세상을 살 수도 있겠다는 생각이 저는 싫었어요.

다름과 다양

저희 아이는 네 살 때부터 초등학교 4학년 때까지 숲 체험을 계속 해왔어요. 자연을 느낄 기회가 없으니까요. 학교는 공교육이라 자유 체험의 기회가 적은 게 너무 안타깝더라고요. 부산, 양산 근교 산이나 공원에 가서 봄에는 도롱뇽 알도 구경하고 여름에는 다 갖추어져야 좋은 건 아니니까 페트병만으로도 물놀이를 즐기곤 했죠. 단독주택, 아파트, 빌라, 호화주택, 단칸방, 하꼬방, 한옥, 초가집 같은 다양한 사람들이 사는 주거

문화도 보여주고 싶었어요. 아이한테는 어려운 말일 수도 있었겠지만 "그냥 다르고 다양한 거야. 옳고 그르고가 아니야."라는 것을 이야기해줬어요. 틀리지 않고 다른 거라고 하니 아이가 혼란스러워했던 것 같아요. 또래 친구들과도 대화할 때 내가 알고 있는 것과 친구들이 말하는 게 다르다는 것을 안 거예요. 친구들은 맞다, 아니다가 명확한데 아이는 다를 수도 있다고 생각하니 혼자 정체성에 혼란이 있었던 것 같아요. 그 혼란에서 꺼내주는데 시간이 좀 걸렸던 것 같아요.

제가 늘 하는 말은 "너는 너만의 가치를 봐. 너만의 색깔로 살면 돼."였어요. 그러면서 함께 살아가는 방법을 이야기하니 아이 입장에서는 어려웠겠죠. 남들과 똑같이 하면서 함께 살면 더 편할 건데 남들과 다르게 "너는 너의 색깔이 있어."라고 말하면서 함께 살아야 한다고 하니 어쩌면 이면적인 모습을 요구하는 거니까. 어린아이에게는 너무 어려운 말이 아니었을까 지금도 미안한 마음은 있어요. 답이 없는 삶에 대해서 답을 만들어 놓고 이게 답이라고 밀어붙이면 아이들은 갈 수 있는 길이 없어요.

저는 지금도 기억 나는 게 오바마 대통령이 기자회견할 때 질문이 있으면 손을 들라고 했는데 우리나라 기자들은 아무도 손을 들지 않았던 거예요. 그건 뭐예요. 교육이 잘못되었다는 거잖아요. 그런 죽은 교육을 원하는 게 아니라는 거에요. 나는 내 아이가 자기가 무엇을 원하고 어떤 사람이고 어떤 색깔인지 자신을 알고 살았으면 좋겠어요. 저 자신이 무엇을 좋아하고 내가 무엇을 하고 싶은지 찾는 게 너무 힘들었거든요. 아버지 어머니 매일 장사하시면서 밥 먹고 살기 바쁘고 저는 아무 생각 없이 살다가 스무 살이 되어서 성인이 되었는데 뭘 할 수 있는지 모르고 세상이 어떻게 돌아가는지도 모르겠고 힘들었어요. 내가 되고 싶은 것이 있어도 자본이 필요한데 돈을 어떻게 벌어야 하나 이런 고민이 많았어요.

자기가 자신을 아는 것이 가장 먼저이고 그래야 자신이 원하는 것을 찾을 수 있겠더라고요. 요즘에는 사회에서 요구하는 게 정말 많잖아요. 말로는 학교에서 한글을 가르칠 것이니 입학 전에 하지 않고 와도 된다고 하는데 학교에서 체계적으로 한글을 가르칠 수 있도록 기다려 주지 않거든요. 아이들에게 "통합적인 사고를 해서 창의성을 발휘하라"고 하면 예전의 1차원적 지식 중심 교육이 아니고 이제는 문화적인, 지혜로운 교육을 원하는데 아직 학교에서는 그렇지 않고 있다는 거예요. 그러면 저는 어떻게 해야 하나요. 학교 교육을 그만둘 수는 없잖아요. 그런 혼란 중에 학교 밖에서 제가 아이에게 이렇게 저렇게 경험을 시켜주고 있는 거지요.

그 대안으로 진로 체험이나 학교 수업 말고 검색을 하다 보게 된 거죠. 이게 장기 프로젝트잖아요. 주말을 비워야 하는 거라서 고민이 안 되는 건 아니었는데 어쨌든 해보고 싶었어요. 지금 우리가 비치코밍 프로그램에 참여했는데 환경에 대해 이야기를 하면 우리 아이들에게 너무 미안하죠. 플라스틱 같은 것도 안 쓰면 좋겠지만 생활 속에서 너무 익숙하게 쓰니까 최소화하지 아예 안 써지지는 않더라고요. 우리 세대가 잘못했지만 너희도 함께 살아가야 하는 시대니까 좀 알고 함께 고민해가면서 그렇게 살았으면 하는 거죠. 이 프로그램은 다양하게 체험할 수 있게 되어 있어서 만족스러워요. 다루는 소재도 다양하고 다각도로 접목해서 아이들에게 표현해 보는 방법도 다양해서 그런 점이 좋았어요. 엄마 배정희

꿈을 결정하는 것은 나

엄마가 추천해 주셨는데 저도 다양한 것을 해보고 싶어서 하게 되었어요. 학교에서는 과제로 해오라는 것 때문에 억지로 한다는 생각이 드는데 이 프로그램은 하고 싶어서 신청한 거니까 재미있어요. 어릴 때 엄마가 한 가지 악기는 배워보는 게 좋다고 해서 피아노는 3년 정도 배웠는데 시간이 지나면서 제 적성에는 안 맞는 걸 알게 되어서 그만두었어요. 미술은 관심이 있어서 지금 배우고 있는데 강사님이 잘 가르쳐 주서서 재미있어요. 학교에서는 책을 가지고 혼자서도 할 수 있는 것들이 많은데 여기에서는 혼자서는 잘 못 하고 여럿이 같이해야 할 수 있는 것들이 있거든요. 저는 예전부터 신기하고 예뻐서 레진아트를 해보고 싶었

는데 이름을 잘 몰라서 못 하고 있다가 여기에서 배워서 집에서도 하고 있어요. 여러 가지 하고 싶은 분야가 있는데 그중에서 디자인에 관심이 있거든요. 유튜브를 보다가 코코 샤넬이라는 디자이너에 관심이 생겼는데 디자이너라는 직업은 다양하게 연관 지어서 해볼 수 있어서 하고 싶다고 생각을 했어요.

집에서는 학교 과제 이후에 책을 보거나 그림을 그려본다거나 디즈니 영화나 〈맘마미아〉 같은 영화도 종종 봐요. 엄마가 추천해 주신 거를 해보거나 재료를 주문해서 만들어보는 것을 하거나 할 거예요. 추천을 해주시는 것은 엄마지만 결정하는 것은 저죠. 딸 박서연

꾸준히 적극적으로

홍성연·김민하 모녀

좋은 것 같아요

아이들이 학교 교육에만 할애되다 보면 체험교육의 기회가 점점 적어지니까 어릴 때일수록 많은 경험을 시켜주고 싶었어요. 저 어렸을 때와는 다르게 다양하고 체험이 있는 예술교육의 기회가 많아 학교 생활이 아무리 좋고 예체능 과목이 있다 하더라도 아이들에게는 좀 더 활동적인 기회가 필요하거든요. 주위에 잘 찾아보면 복지 지원이나 큰돈을 안 들이더라도 교육 받을 기회가 종종 있으니까 어렸을 때 체험은 많이 할수록 좋다고 생각합니다.

지인의 정보로 우연히 참여해 본 이후에는 직접 찾아서 프로그램에 참여하고 있어요. 과학관 프로그램도 해봤고 무용 프로그램도 해서 작품 발표도 하고 전시도 하고 센텀 광장에서 무용 축제도 했어요. 고은사진미술관에서 하는 사진 프로그램에도 참여해서 사진작가들의 사진을 보고 느끼고 사진기를 빌려주시면 야외에 나가서 사진을 찍기도 했어요. 우리가 밖으로 나오지 않으면 체험하지 못한 분야에 대한 참여의 기회를 경험하니까 좋았어요.

어려움이 있다면 한 학기 프로그램을 신청하고 다음 학기 프로그램을 신청하려면 조금 힘들더라고요. 인원 제한이 있다 보니까 참여하고 싶다고 모두 할 수 있는 건 아니라서 프로그램을 찾아가는 과정이 항상 힘들었던 것 같아요. 프로그램에 참여하면서 이것이 주라고 생각 안 하고 잠깐 왔다가 시간 보내고 가는 분들이 종종 있어요. 적극적으로 참여하는 사람들을 생각해서 체험의 혜택과 기회를 주는 것인데 그래서 몇 번 추천하다가 참여도의 호흡이 맞지 않으면 주변에서 불편해하죠.

연계의 필요성

여러 프로그램에 참여했는데 모이다 협동조합에서 하는 1년짜리 프로그램은 환경 주제를 가지고 프로그램을 진행하더라고요. 아이들은 환경 주제로 예술 활동을 하는 기회를 잘 접하지 못했거든요. 바닷가에 나가서 환경에 대해 생각하게 되고 우리가 쓰레기를 버림으로써 생태계가 죽어가는 과정을 느끼게 해주니까 아이들에게도 직접 와 닿았던 것 같아요. 프로그램을 하면서 늘 다른 프로그램과 연계가 되었으면 했는데 이 프로그램은 코로나19로 잠시 주춤했지만 1년 동안 지속적으로 이어서 하니까 그 점에서 좋았던 것 같아요. 예술교육은 같은 프로그램을 하지 않잖아요. 저는 미술과 관련된 프로젝트가 좋은데 그 과정이 연속적으로 연관된 프로그램이 있다면 이어서 하고 싶은 바람이 있어요.

아이도 프로그램 전에 그 수업과 관련된 이야기를 먼저 들으니까 프

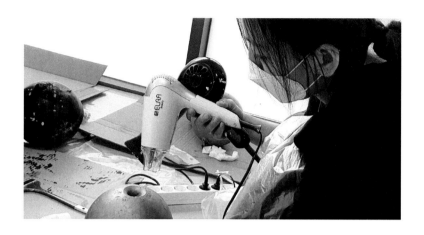

로그램에 대해 이해를 하게 되고 이어서 학교에서 그와 관련된 주제를 마주했을 때 경험했던 것을 일기에 적더라고요. 그런 모습을 보면 뿌듯해요. 우리 아이들은 성향이 다 틀리잖아요. 아이도 어릴 때부터 자유로운 환경에서 체험할 수 있는 다양한 경험을 가지게 되어서 새로운 프로그램에 참여하자고 하면 너무 좋아해요. 아이가 미술이나 무용 등 내면의 감정을 표현함으로써 스트레스가 치유되는 부분도 있거든요. 그리고 저하고 아이와 유대감이 깊어져요. 집에서는 함께 뭘 만들어보는 것을 잘 안 하게 되고 학원에 보내면 아이만 보내지, 엄마가 따라가지 않잖아요.

부산문화재단에서 가족프로그램을 가끔 해주니까 캠프 체험도 하면서 함께 있는 시간이 늘었고 프로그램 마지막에 전시를 하니까 아이들이 '내 작품이 전시된다.'는 것에 굉장히 뿌듯해해요. 다른 지역보다 부산에서는 이런 다양한 주제들로 하는 프로그램을 많이 해주는 것 같아요. 그런 면에서 주위도 프로그램 추천을 많이 하고 있어요. 엄마 홍성연

바다쓰레기를 보며

저는 4학년이에요. 어렸을 때는 놀면서 시간을 보냈어요. 미술이랑 체육이랑 그리고 음악을 좋아해요. 미술은 그림 그리고 만드는 게 재미있어요.

생각하는 대로 할 때도 있고 학교에서 이렇게 꼭 해라 하는 경우도 있어요. 학교에서 글로 읽은 것을 그림으로 표현해 보는 것도 해봤고 이 프로그램에서 했던 것도 집에 가서 따로 해보기도 해요. 이거 하기 전에는 무용, 미술, 사진 같은 것들을 해봤어요. 무용은 마지막에 같이 춤을 췄는데 그 게 기억이 나고 미술은 그리는 거였는데 이 프로그램은 입체라서 달라요. 새로운 친구도 사귀고 지내면서 좋았어요. 바다에서 쓰레기를 주우러 다녔는데 바다가 너무 불쌍했어요. 쓰레기로 작품을 만든다는 게 대단한 일인 것 같아요. 저는 바다에 있는 쓰레기들이 동물들을 아프게 하니까 아픈 바다 동물들을 도와주는 수의사가 되고 싶어요. 딸 김민하

가족이 함께 참여하는 시간

서상일·김은주·서지원·서준서 가족

가족이 함께하는 보람

아내가 부모가 참여하는 프로그램이라고 해서 참여하게 되었습니다. 평일에는 아이들하고 함께 할 시간이 별로 없으니까 주말에라도 함께 할 수 있는 프로그램을 찾은 거죠. 주말에 여행이나 다른 곳 놀러 가는 것은 흔하지만 가족이 같이 참여해서 무언가를 만들어보는 이런 건 처음이었습니다. 이 프로그램 같은 경우에는 전시회도 했으니까 아이들하고 같이 지나왔던 시간과 만든 것들을 다시 보며 보람도 느꼈습니다.

주말이나 여가 시간에는 아이들하고 함께 해야 한다는 생각은 있지, 뭘 어떻게 해야 아이들이 좋아할지는 잘 모르잖아요. 놀러 나갔다가 맛있는 음식 먹고 들어오는 것이 다인데 이 프로그램은 아이들의 눈높이에 맞춰서 무언가를 만들고 여러 가지 체험을 하면서 아이들하고 가까워지고 아이들의 생각을 느낄 수 있는 그런 계기가 된 것 같아요.

평소에는 해변에 쓰레기, 페트병이 있는 것을 대수롭지 않게 생각했는데 아이들하고 함께 가면 교육이라는 의미 부여가 되니까 바다 쓰레기에 대한 의미가 크게 와 닿더라고요. 주말에는 집에서 쉬고 싶은 마음도 있지만 누워서 TV 보면서 쉬는 것보다 아이들하고 무언가를 함께 만들고 해냈다는 게 보람이 있어서 힘들어도 감내할 수 있는 것 같습니다. 서상일

시야를 넓히는 요소

아이들 〈꿈다락 토요문화학교〉를 계속하다가 미술수업은 지금 3년째 하고 있거든요. 제가 학교 다닐 때는 미술 학원비도 굉장히 비쌌고, 있는 집 아이들만 한다는 편견이 있었잖아요. 미술을 너무 하고 싶었는데 공방이 흔치 않았던 시기에 저희 동네에 지점토 공방이 생겼어요. 초등학교 6학년 때 공방에 찾아가서 점토 가루만 사러 가니까 그 모형 틀을 빌려주셔서 만들어본 적이 있어요. 저는 어렸을 때부터 인테리어 소품 가게를 해보고 싶었는데 상황이 되지 못했지만, 아이들 키우면서 주위 환경이 좋아져서 프로그램에 계속해서 같이 참여하고 싶어요. 아이들도 다양한 것을 하다 보면 방향이 이루어지지 않을까 생각합니다. 보는 시각도 넓어지고 창의성도 넓어지는 것 같고 꼭 이 분야는 아니겠지만 '세상을 보는 시각이 넓어지지 않을까…' 라고 생각합니다.

체험하면서 과정을 경험하다 보니 미술관을 갈 때 작품 볼 수 있는 시야가 넓어진다든지 작품을 보면서 제목을 상상해 볼 수 있고 간판을 볼

때도 "어떤 요소를 더하면 달라지지 않을까?" 하는 대화를 많이 하게 되어요. 집에 가는 길에 이 간판에서 어떤 색이 더해지면 더 예쁠 것인지 많이 물어보고 아이의 대답에서 공감을 많이 끌어내려고 하는 편이에요.

미술은 한 가지 분야만 있는 게 아니고 여러 분야에서 시도해볼 수 있다고 생각하거든요. 이 프로그램 참여하면서 그때 생각이 나서 너무 좋은 거예요. 아이들이 하고 싶어 한다기보다는 여러 방향으로 많이 보여주고 싶은 거죠. 아이들이 디자인을 한다고 하면 꼭 디자이너가 그림을 그리는 사람만이 아니라 패턴디자인도 있고 캐릭터 디자인도 있고 시각, 물건에 조화를 줄 수 있는 산업디자인, 공간 크리에이터 등 다양한 분야가 있다는 것을 알려주고 싶어서 이런 프로그램이 좋다고 생각해요.

김은주

주말이 재밌어요

작년에도 다른 토요문화학교 프로그램을 참여했었고 주말에 재미있게 보낼 수 있어서 참여했어요. 참여하면서 주말이 좀 재미있는 것 같아요. 그전에는 학교에서 가는 곳이 있으면 가고 엄마·아빠랑 놀러 가거나 집에서 놀았어요. 처음에 여기 왔을 때는 친구들하고 되게 어색했는데 가면 갈수록 좋은 사람들인 것 같아요.

바다에서 쓰레기 줍는 거부터 했는데 나라도 쓰레기를 버리면 안 되겠다는 생각을 하게 되었어요. 쓰레기로 작품을 만들 수 있다는 게 신기

했어요. 저는 그림 그리는 것을 좋아해서 사람이나 캐릭터를 따라 그려요. 창작보다는 아직은 따라 그려요. 따라 그리다 보면 그림이 나아지는 것을 느껴요. 서지원

남들보다 잘하고 싶은 생각

학교보다는 여기서 프로그램 참여하는 게 더 재미있고 만들다 보면 남들보다 더 잘 만들고 싶다는 생각이 들어요. 생각하는 것과는 조금 다르게 나오는데 저는 만드는 게 재미있어요. 저는 게임 스트리머가 되고 싶어요. 어떻게 하면 스트리머가 되어야 할지 계속 생각하고 있어요. 게임에서 보았던 것을 표현하고 싶은 생각도 있는데 주제가 바다여서 아직은 표현을 못 해봤어요. 서준서

작품으로 소통하기

김기환·김민서 부녀

해 보고 싶어 한다면

우리 딸하고 친구가 작년에 이 프로그램에 참여했는데 좋다고 해서 올해부터 함께 참여하게 되었습니다. 그전에도 참여했는데 이번처럼 정기적으로 하는 체험은 없었고 문화센터나 가끔 단기간에 진행하는 프로그램을 했었죠.

저 어릴 때는 모여서 하는 프로그램이라는 것들이 없었고요. 부모님은 맞벌이하시니까 동생이랑 저랑 주로 집에 앉아서 놀거나 밖에서 뛰어다니고 놀았습니다. 이런 프로그램은 전혀 생각도 못 한 시기였죠. 지금 생각해보면 학교에서도 예술 분야에 대해서 그렇게 중요하게 생각하던 시대가 아니었고 공부해서 대학을 가야 한다는 이야기가 많았을 때였으니까요. 수업 시간에도 선생님께서 주로 이야기하시고 그 외 시간에는 입시 공부만 했었죠. 중학생, 고등학생 때 만화책을 볼 때 모험과 같은 그 내용들이 현실에서는 꿈꿀 수 없었던 것들이었잖아요. 만화책을 통해서 대리만족을 느꼈던 것 같아요.

아이가 손으로 만지고 만들고 그리는 것을 좋아해서 내가 못 했기 때문에 하고 싶어 하면 시켜줘야지 생각이 있었고요. 그래서 찾아보니까 시간이나 거리상의 문제들로 제약이 있는 것들이 있었어요. 그런데 여기에서 하는 프로그램은 주말이다 보니 잠깐 시간 내서 아이가 좋아하는 것도 하고 학교 친구들 외에 다른 친구들하고도 만날 수 있고 저도 참여할 수 있으니까 좋은 것 같습니다. 아이가 무언가 만드는 것에 흥미가 조금 더 생긴 것 같고 손으로 하는 것은 자기가 직접 나서서 해보려고 하는 마음은 더 생긴 것 같아요.

아이가 좋아하니까 주말이라도 가능하면 참석하는 게 좋을 것 같아요. 집에만 있으면 놀아주는 것도 가끔은 힘들기도 하잖아요. 밖으로 나와서 아이랑 작품을 함께 만들면서 이야기할 수 있는 시간이 생겨서 소통도 잘 되는 것 같고 집에서 아이가 뭘 만들 때도 관심 있게 유심히 보게 되었어요. 같이 참석할 수 있는 여건이 맞으면 정기적으로 같이 해보려고 생각하고 있습니다. 김기환

올해 초부터 프로그램에 체험했어요. 학교에서는 기본적인 것을 배우고 중요한 거나 알면 좋은 것들을 알려줘요. 버려진 쓰레기나 필요 없는 것들도 좋은 생활용품으로 바뀐다는 게 신기했어요. 만들기 할 때 배우는 게 재미있었어요. 친구들하고도 금방 친해졌고 주말에 나오는 게

힘들긴 한데 만들기 하고 나면 뿌듯하고 좋아요. 가족들하고 주말에도
별로 함께 있는 시간이 없었는데 같이 하니까 기분이 좋아요. 여기에서
모양도 만들고 끝나면 자리를 치우고 하는 게 힘들었지만 저는 요리사가
꿈이라서 다 연관이 있다고 생각하고 참여했어요. 김민서 어린이

제가 더 재미있어요

김보경 학부모

내가 생각보다 잘하네

제가 초등학생 시절 미술 시간은 크레파스하고 물감을 재료로 하는 그림이나 반공 포스터 그리기 같은 거 말고는 특별한 게 없었어요. 풍경화나 정물화 이런 것들은 학원에도 배워본 경험이 없었잖아요. 표현기법에 대한 안내 없이 무조건 그리는 거였어요. 그러다 보니 사생대회는 소수의 아이들 말고는 대충 빨리 그려 놓고 다른 걸 하며 노는 시간이었어요. 학교에서라도 그런 기본기를 배우는 기회가 없었고 기껏해야 찰흙 만들기 정도였거든요. 음악도 피리나 리코더, 캐스터네츠 말고는 다른 악기들을 접해 볼 기회가 없었어요. 피아노 학원도 보내 달라고 하면 집에서 안 보내주고 그나마 주산학원 보내주는 정도였거든요. 그러다 보니 주로 운동장에서 아이들하고 놀고 지냈죠. 공터에서 구슬치기, 고무줄놀이하고 오후 다섯 시에는 해가 빨리 지니까 집에 들어가서 저녁 먹고 TV 보다가 할 수 있는 게 없다 보니 일찍 잠을 잤어요. 제 학창 시절 예술교육은 이러한 것밖에 없었어요.

그러다 성인이 되고 아이를 키우면서 프로그램에 같이 참여하게 된 거예요. 아이를 키울 때 제가 꼼꼼한 성향이라는 것을 알았거든요. 아이랑 예술교육 프로그램을 참여할 기회가 생겨서 함께 해보니까 그 꼼꼼한 성향에 맞는 작품 작업을 접하면서 '어머, 내가 생각보다 잘하네.'하고 알게 된 거예요. 저도 창작에 참여하다 보니 예술 분야에 관심이 가게 되더라고요.

직장업무와 육아 병행하며 지내다가 오로지 저의 생각만을 가지고 집중해서 창작할 수 있는 시간을 오랜만에 접해 보는 것 같아요. 기존 프로그램은 아이가 앞에서 프로그램에 참여하면 학부모들은 뒤에 앉아만 있었지 함께 해보지는 않았거든요. 여기에서 강사님들이 재료 준비도 해주시고 또 직접 재료들을 구하러 밖으로 다니기도 하고 가르쳐 주시니까 할 수 있는 것 같아요.

주말엔 솔직히 잠자기 바빴는데 주말 프로그램에 참여한다는 의식을 하면 일찍 일어나게 되잖아요. 주말이면 저는 늘 자니까 아이는 친구랑 놀고 각자 시간을 보내고 했을 텐데 프로그램에 함께 참여하니까 아이랑 대화할 수 있는 시간이 있어서 좋아요. 저는 그런 일상을 개선하고자 신청한 부분도 없지 않아 있어요. 무엇보다 지금은 제가 프로그램에 참여하는 것이 너무 재미있어요.

할 수 있는 것에 만족

최종현 예술강사

비치코밍

저는 일러스트 작가인데 목공에도 하고 있고 표현물을 창작하는 분야를 종합적으로 다루고 있어요. 부산은 해양 중심도시이기 때문에 해양에 대한 문제점을 먼저 꼬집어 봐야겠다고 생각을 하던 차에 사회적으로 문제가 되는 바다 쓰레기를 가지고 비치코밍[3] 프로그램을 해 본 거죠.

제가 어릴 때만 하더라도 해변에 스티로폼이 하나 있을까 말까. 플라스틱 페트병도 보일까 말까 했고 게, 고동, 바다 근해에 산호까지 있었어요. 지금은 그런 것들을 보기 힘들어졌고 악조건에서 살 수 있는 말미잘이라든지 성게라든지 이런 종류들만 남아 깨끗한 환경에서 살던 생물들이 점점 안 보이는 것 같더라고요.

---

3   비치코밍 : 해변에 흩어진 쓰레기, 부유, 표류물을 주워 모으는 일.

바다 정화는 하루 빨리해야 한다. 늦었지만 지금이라도 환경을 위해서 해야겠다는 생각에 비치코밍 프로그램을 하게 된 거죠. 미술 시간에 찰흙 만들기라든지 나름 시간 할애를 많이 했었던 것 같은데 요즘 아이들은 공부, 공부, 공부 하다 보니 예술 분야에 할애되는 시간이 많이 빠진 것 같아서 아쉬웠고요. 제가 자라던 시대랑은 다르게 지금의 아이들은 자연과 친숙하게 노는 추억이 별로 없는 것 같았어요.

참여하는 친구들은 비치코밍을 하면서 바닷가도 보고 쓰레기도 주워서 그것이 멋진 작품으로 재탄생되는 것을 보게 돼요. '아, 이런 것으로도 작품을 만들 수 있구나…'라며 자신감도 많이 생기는 것 같아요. 프로그램을 처음 접할 때는 쓰레기 줍는 것도 싫고 '쓰레기로 뭘 만들 수 있겠어?'라는 생각이 있는데 결과물을 보면 생각이 바뀌는 것을 여러 번 보고 '어떻게 만드느냐'가 중요한 것이라는 생각을 하게 해주고 싶었어요. 생각은 친구들이 스스로 풀어나가야 할 숙제가 아닌가 생각이 듭니다.

이제는 어떤 사물도, 쓰레기도 허투루 보지 않고 좀 더 관심을 두고 보지 않을까 생각합니다. 여러 친구가 모여서 갖가지 작품들을 하다 보니까 친구들마다 관심을 가지는 소재가 있고 흥미 없는 소재가 있을 때는 아무래도 집중도가 떨어지는 것 같아서 의욕을 좀 더 북돋워 주고자 변화를 줍니다. 색에 반짝이는 것을 추가하던가 새로운 시각으로 유도하면서 다양하게 할 수 있다고 북돋워 주거든요. 서로 호흡을 맞추면서 볼품없던 상태가 점점 화려해지고 좋아하는 포인트를 물어보며 다양하게 재료를 사용하면서 본인이 원하는 이미지가 나오도록 합니다.

325

보면서 접한 경험들

저는 어렸을 때 바다에 나가서 해변에 있는 아기자기한 것들을 보는 것을 굉장히 좋아했었거든요. 예쁜 거. 필요하면서도 예쁜 것을 만들 수 있는 자신감이 있었어요. Y자 나무가 있으면 그걸 꺾어서 새총도 만들고 이것저것 붙여서 총도 만들어 봤었고 열악한 환경이었지만 장난감 같은 것이 귀하고 풍족하지 못할 때였으니까 어릴 때 주위 것으로 스스로 만들어서 했던 게 자연히 손에 익혀지고 발달하지 않았나 생각합니다.

초등학생 때부터 저는 그림을 잘 그리지 못해서 다른 사람이 그린 그림책 보는 것을 좋아했어요. 우연찮게 친구 따라 도서관에 갔다가 제가 공부에는 취미가 없었기 때문에 서가에, 그것도 가장 아래에 〈미술〉이라고 쓰여 있는 것을 보고 바닥에 쪼그리고 앉아 그 책들을 일일이 꺼내 보면서 마음에 드는 책을 빌려 읽기 시작했거든요. 그림책이라는 게 비

쌌기 때문에 늘 도서관에서 빌려 보곤 했어요. 그림책을 보고 있으면 밥을 안 먹어도 좋을 정도로 좋았어요.

그림은 무슨…

저는 체격조건이 좋아서 학교 권유로 초등학생 때부터 고등학생 때까지 수영을 했습니다. 수영선수가 되고 싶다기보다 공부에는 자신이 없었기 때문에 학교에서 하라고 하면 그때는 따라가야 하는 분위기였어요. 막상 하긴 했지만 힘들어서 그만둘까도 여러 번 생각했어요. 집에 와서는 피곤해서 그림 그릴 만한 시간도 없었고 기회도 적었었지만 그리는 것은 항상 좋아했어요.

학교 오전 수업 4시간은 정규 수업을 받고 오후에는 운동하는데 운동부는 진로를 미리 정했기 때문에 정규 수업 시간에는 앉아서 선생님 몰래 그림을 그렸던 기억이 납니다. 제대로 미술을 배운 것이 아니었기 때문에 연예인 얼굴을 따라 그리고 좋아하는 그림체가 나오면 주로 모사하는 정도였죠.

고등학교 2학년 때 학교 사생대회는 다 참가했는데 저희는 운동부라서 사생대회에 나가도 제외 대상이다 보니 그림을 제출할 필요는 없었거든요. 제 별명이 '물개'였는데 친구가 "물개! 그 그림 나 주면 안 돼? 너는 그림 안 내도 되잖아." 이래서 "어, 그럼 가져가." 한 적이 있는데 미술 선생님이 보시고는 친구에게 "이 그림 네가 그린 거 아니지? 누가 그렸어?" 하고 캐묻다 제가 그린 걸 아시게 되었어요. 선생님께서 저보고 그림을 그려보라고 하시더라고요. 저도 그림을 좋아했기 때문에 고민하다 운동부 선생님께 이야기 하니까 꼴값 떨지 말라는 식으로 "그림은 무슨... 운동이나 열심히 해!" 이러시더라고요.

고등학교 때까지 운동만 하다가 졸업하고 수영강사로 취업을 하면서 돈을 버니까 그때부터 그리고 싶은 마음이 너무 커서 미술책을 사서 보고, '이런 재료라면 어떻게든 표현은 되겠지...' 하고 미술도구나 재료들을 일단 사 모으기 시작한 거죠.

저는 식물의 세밀화, 건축물 같은 것을 그리는 걸 좋아했어요. 그러다 2~3년 지나면서 제 테마가 된 고래를 그리기 시작해서 40대가 넘어서부터는 고래 일러스트 작가로 활동하고 있어요. 나무를 좋아해서 나무 작업도 하다가 최근에는 레진이라는 신소재를 만나서 범위를 넓히고 있어요.

대화와 상생이 필요

저는 협동조합이라든지 사회적 기업이라든지 서로 기여할 수 있는 단체가 있으면 그런 단체를 통해서 간접적으로라도 참여를 한번 해보고 싶었고 제 그림이라든지 작품 의뢰가 오면 제가 개발을 하는 일도 하고 있어요. 모든 사회기관에서 선발할 때는 전공자를 최우선으로 채용하는 경향이 있지만, 전공자라 하더라도 방향성을 못 찾았거나 사업성이 없거나 생계를 유지하는데 어려우면 과감하게 손을 놓아버리는 경우가 있어요. 반대로 전공자가 아닌 분 중에 굉장히 센스 있는 분들이 있는데 전공자가 아니라는 이유로 지원을 받을 수 있는 문이 좁아요.

단체에 들어가더라도 비전공자라 소외되는 경우가 많거든요. 정부 부처나 지자체에서도 예술인들을 위한 지원을 다양하게 하는 것을 피부로 느낄 정도지만 예술 분야 비전공자들과도 대화의 틀을 열어서 서로 상생하고 전공자들과도 대화를 통해서 예술이 산업화할 수 있는 길을 함께 모색하면 훨씬 질 높은 작품이나 상품이 나올 수 있거든요. 물 위만 보는 것이 아니고 물 밑의 바닥에서 활동하시는 분들과 대화를 통해 화합하면 예술·문화 분야에 희망을 가지고 임하시지 않을까 생각합니다.

다양한 기회와 시도

이 프로그램에서는 한 가지만 하는 게 아니라 여러 다양한 작품을 하잖아요. '참여하는 친구가 흥미를 느끼면 다음에 스스로 한 번 해보지 않을까?' 자기에게 자질이 있는지 없는 느껴보기 때문에 고민을 지속적으로 하는 것도 굉장히 중요해요. 아이들은 꿈이 무언지 모르고 성장하기 때문에 지금은 하기 싫어도 엄마가 하라는 대로 움직이거든요. 이러한 다양한 경험들을 통해 '아, 내가 뭔가를 해보고 싶어.'라는 기회를 만들

어 볼 수 있는 시간이 주어지잖아요. 이런 생각의 연결이 계속되었으면 합니다. 저는 뒤늦게라도 제 작품을 할 수 있는 것에 만족하고요. 여기서 더 뒤처지지 말고 후회 없이 만들어보고, 이게 아니면 다시 부수고 다시 만들어보고... 저는 아직 청춘이라는 생각을 하기 때문에 늦지 않았다고 봅니다.

부산문화재단 B·ART·E 총서 2

지역·문화예술교육

© 2020, 부산문화재단 부산문화예술교육지원센터

글 쓴 이   이미연 이순욱 박창희 송교성 김부련 윤지영
          이은서 황정미 김지연 채성태 박소윤 탁경아
          모상미 이홍길 이상우 김정연

초판 1 쇄   2020년 12월 15일

기   획   부산문화재단 부산문화예술교육지원센터
발 행 처   부산문화재단
          부산광역시 남구 우암로 84-1
          T. 051-745-7283   F. 051-744-7708   www.bscf.or.kr
발 행 인   강동수
책임 편집   이미연 박소윤 남서아
출판·유통   ㈜호밀밭 homilbooks.com
          051-751-8001   anri@homilbooks.com